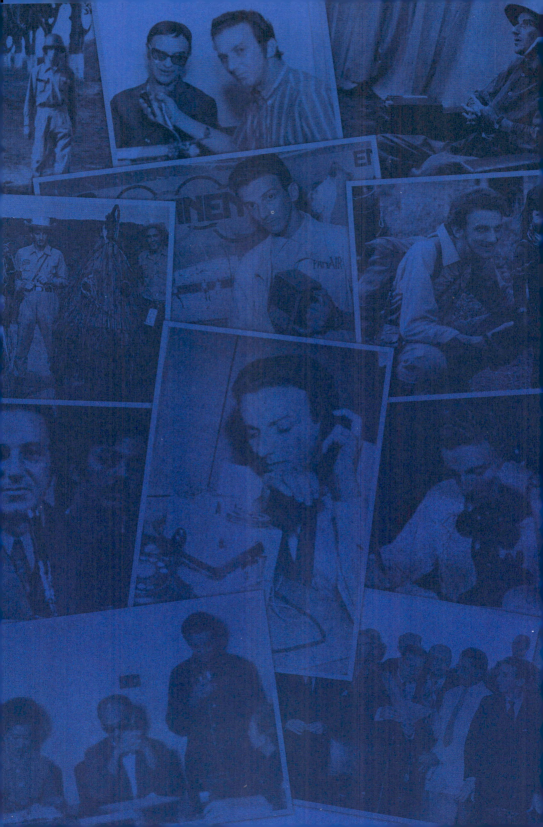

SAULO GOMES
O GRANDE REPÓRTER INVESTIGATIVO

SAULO GOMES
O GRANDE REPÓRTER INVESTIGATIVO

por ADRIANA SILVA

Catanduva, SP, 2016

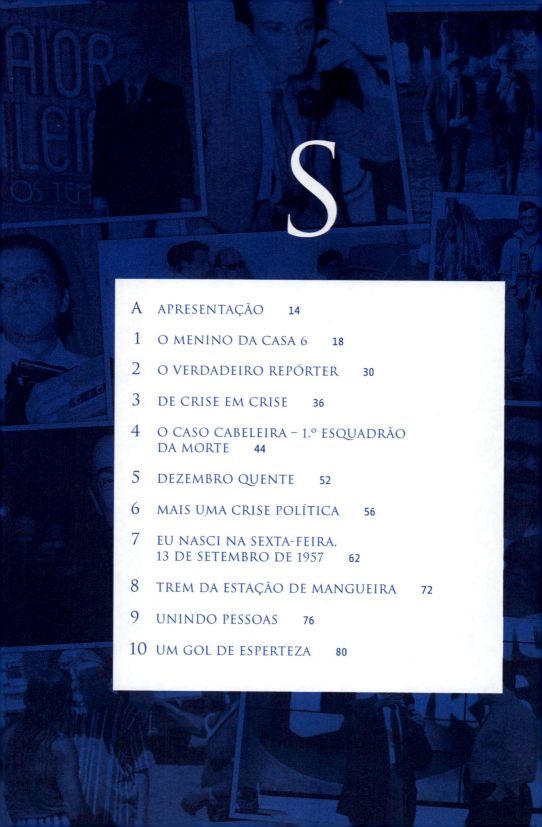

A	APRESENTAÇÃO	14
1	O MENINO DA CASA 6	18
2	O VERDADEIRO REPÓRTER	30
3	DE CRISE EM CRISE	36
4	O CASO CABELEIRA – 1.º ESQUADRÃO DA MORTE	44
5	DEZEMBRO QUENTE	52
6	MAIS UMA CRISE POLÍTICA	56
7	EU NASCI NA SEXTA-FEIRA, 13 DE SETEMBRO DE 1957	62
8	TREM DA ESTAÇÃO DE MANGUEIRA	72
9	UNINDO PESSOAS	76
10	UM GOL DE ESPERTEZA	80

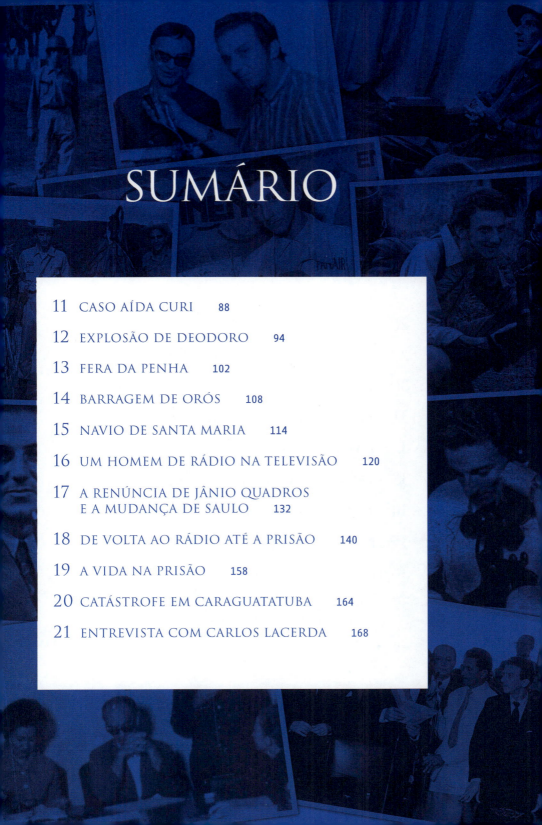

SUMÁRIO

11 CASO AÍDA CURI 88

12 EXPLOSÃO DE DEODORO 94

13 FERA DA PENHA 102

14 BARRAGEM DE ORÓS 108

15 NAVIO DE SANTA MARIA 114

16 UM HOMEM DE RÁDIO NA TELEVISÃO 120

17 A RENÚNCIA DE JÂNIO QUADROS
   E A MUDANÇA DE SAULO 132

18 DE VOLTA AO RÁDIO ATÉ A PRISÃO 140

19 A VIDA NA PRISÃO 158

20 CATÁSTROFE EM CARAGUATATUBA 164

21 ENTREVISTA COM CARLOS LACERDA 168

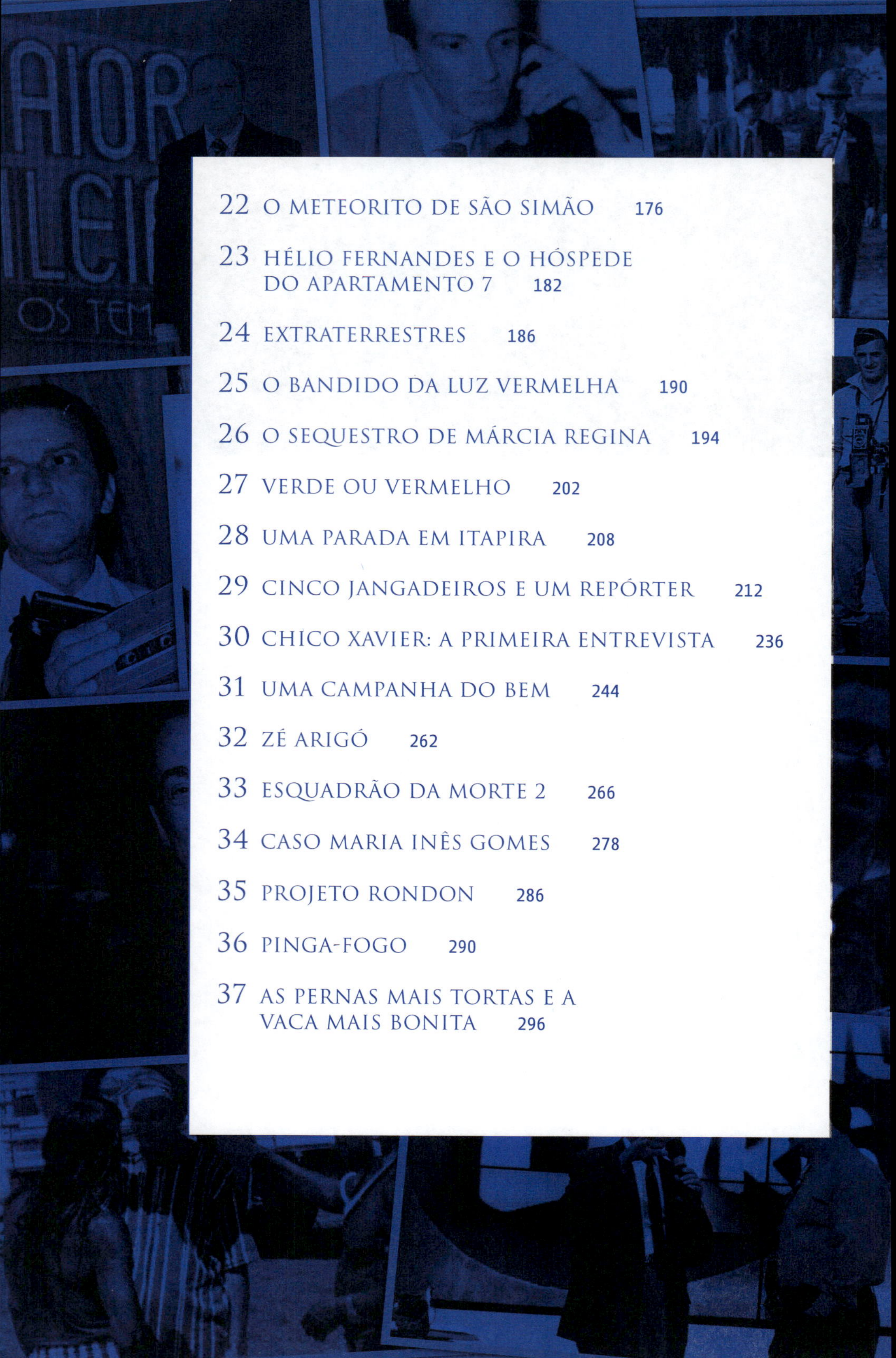

22 O METEORITO DE SÃO SIMÃO 176

23 HÉLIO FERNANDES E O HÓSPEDE
DO APARTAMENTO 7 182

24 EXTRATERRESTRES 186

25 O BANDIDO DA LUZ VERMELHA 190

26 O SEQUESTRO DE MÁRCIA REGINA 194

27 VERDE OU VERMELHO 202

28 UMA PARADA EM ITAPIRA 208

29 CINCO JANGADEIROS E UM REPÓRTER 212

30 CHICO XAVIER: A PRIMEIRA ENTREVISTA 236

31 UMA CAMPANHA DO BEM 244

32 ZÉ ARIGÓ 262

33 ESQUADRÃO DA MORTE 2 266

34 CASO MARIA INÊS GOMES 278

35 PROJETO RONDON 286

36 PINGA-FOGO 290

37 AS PERNAS MAIS TORTAS E A
VACA MAIS BONITA 296

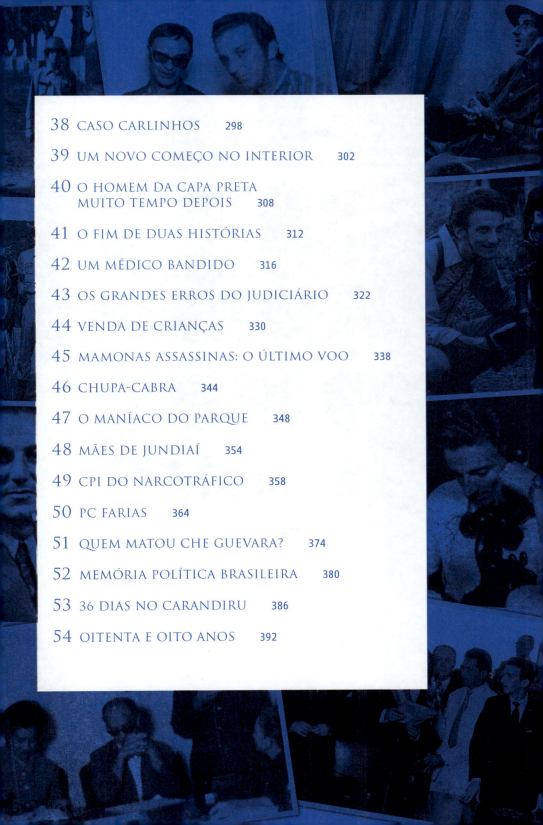

38 CASO CARLINHOS 298

39 UM NOVO COMEÇO NO INTERIOR 302

40 O HOMEM DA CAPA PRETA MUITO TEMPO DEPOIS 308

41 O FIM DE DUAS HISTÓRIAS 312

42 UM MÉDICO BANDIDO 316

43 OS GRANDES ERROS DO JUDICIÁRIO 322

44 VENDA DE CRIANÇAS 330

45 MAMONAS ASSASSINAS: O ÚLTIMO VOO 338

46 CHUPA-CABRA 344

47 O MANÍACO DO PARQUE 348

48 MÃES DE JUNDIAÍ 354

49 CPI DO NARCOTRÁFICO 358

50 PC FARIAS 364

51 QUEM MATOU CHE GUEVARA? 374

52 MEMÓRIA POLÍTICA BRASILEIRA 380

53 36 DIAS NO CARANDIRU 386

54 OITENTA E OITO ANOS 392

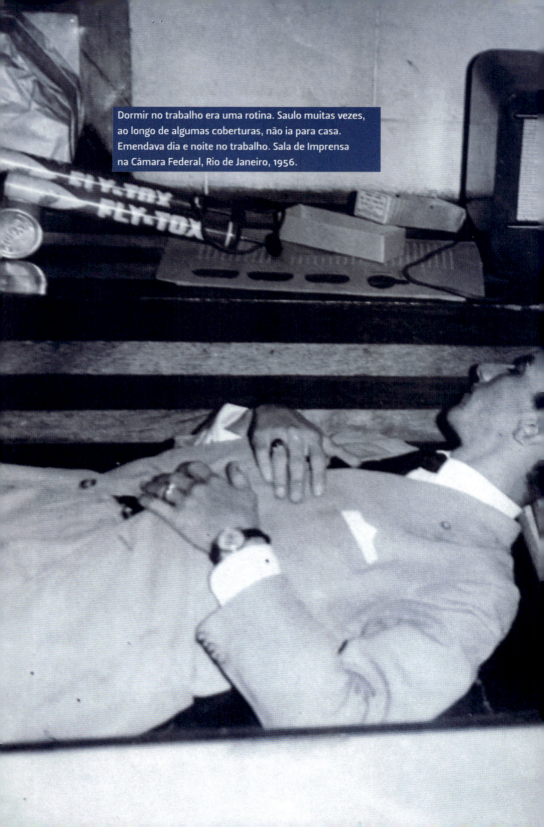

Dormir no trabalho era uma rotina. Saulo muitas vezes, ao longo de algumas coberturas, não ia para casa. Emendava dia e noite no trabalho. Sala de Imprensa na Câmara Federal, Rio de Janeiro, 1956.

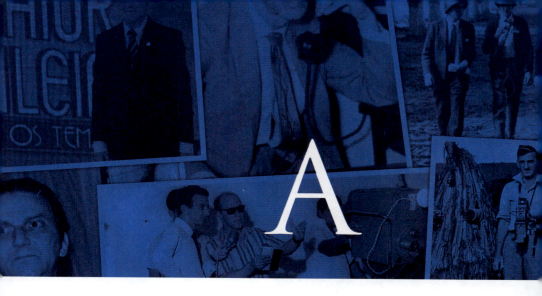

Terminado o primeiro dia de gravação, antes de ir embora, ele me rogou uma "praga". Estava andando devagar e, por isso, disse:

Quando chegar aos 87 anos, saberá como é.

Imediatamente comemorei:

Que esta praga me pegue! Quero chegar a esta idade com a sua memória e a sua vontade de viver.

Saulo Gomes é surpreendente. Ele tem uma memória não comum. Lembra-se de nomes, datas, fatos e ainda guarda sentimentos de vivências que, ao serem narradas, revelam um país e suas histórias.

Normalmente não se apresenta como jornalista porque de fato ele é repórter. Entretanto, essa nomenclatura sem um complemento não o define na essência. Saulo Gomes é repórter investigativo. Daqueles que descobrem as informações a serem noticiadas. Ele encontrou assassinos antes da polícia. Devolveu sequestrados para a família antes das autoridades. Foi o último a falar antes do fechamento da rádio *Mayrink Veiga*,

APRESENTAÇÃO

nos primeiros dias daqueles que viriam a ser repressivos. Liderou campanhas e deu sentido a muitos movimentos e causas. Transitou entre a polícia e a política, muitas vezes chegando primeiro ao fim das histórias.

Fez rádio, TV, escreveu para revistas. Bateu recorde de horas no ar, atingiu elevados índices de audiência, fez muitos amigos, mas também respondeu a muitos processos na justiça.

Foi preso, exilado, recomeçou em lugar diferente e ainda está trabalhando. Com 60 anos de reportagem investigativa, o também escritor, autor de quatro livros, dois deles sobre Chico Xavier, repercussão de seu famoso "Pinga-fogo", na TV *Tupi*, Saulo Gomes guarda mais do que lembranças. Ele mantém em seu acervo: documentos, imagens, áudios, recortes de jornais, revistas e objetos.

Este livro é resultado de 36 horas de gravação e quase 100% de aproveitamento. Saulo não tem lapsos de memória, não titubeia para falar, não gagueja, não é prolixo nem recorre a recursos de linguística para disfarçar esquecimentos. Ele fala do passado longe como se tivesse sido ontem. Essas entrevistas iniciais demandaram outras horas de pesquisa junto ao acervo do repórter.

Este é um livro múltiplo. Fato a fato, na cronologia do tempo, é a história de um país e de seus personagens que se apresenta. Mas também é possível reconhecer a trajetória do jornalismo brasileiro. Assim como ler a história de um homem que passou 60 anos de sua vida dando atenção às histórias de outros homens e mulheres. É a vida do menino da casa 6, nascido em Madureira, Rio de Janeiro, que de vendedor viajante se fez repórter de rádio, descoberto em um concurso. Do homem que foi preso pelos militares por perseguir uma verdade, àquela época proibida. Do repórter que, diante da possibilidade da morte, resolveu noticiar tudo. Saulo Gomes colocou a própria vida em risco, muitas vezes, para conseguir a desejada informação.

Casa número 6, no subúrbio de Madureira, Rio de Janeiro.

Assim que nasceu, ele não ficou com a mãe. Ela era nova, nova demais. Solteira ainda, precisava de outra chance. A melhor opção era que o menino Saulo Gomes ficasse sob os cuidados da avó, dona Sílvia. Tudo foi muito rápido. Ele nasceu no dia 2 de maio de 1928 e foi imediatamente levado para a rua Chuí, no subúrbio de Madureira, no Rio de Janeiro. Era uma vila onde moravam pessoas incríveis. Algumas delas fizeram a diferença na vida do menino.

Frequentar a escola não era para todos. Aquele era um Brasil de escolhidos. Saulo não estava entre eles. Não inicialmente, mas ele tratou de aparecer para a vida como pôde.

Até os 10 anos de idade, ainda era analfabeto. Dona Sílvia, a avó, sabia que estudar era importante, mas tantas outras coisas eram muito mais importantes para ela.

Dentre os meninos com quem Saulo brincava na rua do bairro, tinha um, o Dirceu, que era filho de uma mulher que ensinava as crianças que precisavam de reforço escolar. Dona Maria fazia o que podia para melhorar as chances daqueles

O MENINO DA CASA 6

meninos e meninas da vila. Dirceu pediu a ela que ajudasse o amigo, mesmo ele não sendo um estudante regular. Ela aceitou, e o pequeno Saulo não perdeu a oportunidade. Não sabia nada, mas tinha fome de letras. Juntou logo uma à outra e muito rápido estava lendo e escrevendo. Seu esforço impressionava.

Dona Maria resolveu contar a história do menino para amigos do colégio Juvenal, instalado na rua Carvalho de Souza. Em julho de 1938, Saulo fez uma prova e conseguiu, somente com seis meses de estudos com a dona Maria, matricular-se no segundo ano. Ele poderia estudar sem pagar nada. As portas estavam abrindo-se, e Saulo não hesitava, fazia ainda mais força para atravessar para o outro lado.

Ele se dedicou bastante. No final de 1940, teve que fazer uma prova de admissão. Como estava entre os melhores, foi convocado a participar de uma competição de conhecimento sobre a língua portuguesa. Saulo foi o primeiro colocado e ficou muito feliz com o prêmio que ganhou.

Vó, veja isso, ganhei um livro! Fiquei em primeiro lugar numa disputa na minha escola.

O neto contava entusiasmado os detalhes. Dizia que os outros meninos e meninas da competição eram mais velhos do que ele. Mostrava o livro folheando as páginas, exibindo a capa, repetindo o nome muitas vezes: *Cazuza: memórias de um menino de escola*.

Naqueles dias seguintes, Saulo só queria falar sobre o seu livro. A cada um que encontrava na vila, dizia "bom dia" ou "boa tarde" e logo convidava para ir à sua casa para mostrar seu prêmio. Imediatamente o lia, e o fazia mais de uma vez. Saulo, muitos anos depois, lembra-se de detalhes mínimos daquela sua experiência. O livro estava autografado por um professor alemão de prenome Dudenhoeffer, que deixou a escola, um tempo depois, ao ser deportado para a Alemanha, de volta ao seu país em guerra, liderado por Hitler. Um outro menino, também alemão, deixou a escola. Soube bem depois que os dois participaram das tropas de Adolf Hitler.

O livro serviu-lhe de amuleto. Ele guardou por muito tempo e, sempre que o via, certificava-se de seu potencial. O menino analfabeto até os 10 anos de idade fez-se vitorioso, graças à dona Maria, ao amigo Dirceu e ao professor do colégio Juvenal. Ainda que em uma simples competição sobre a língua portuguesa, era aquela uma vitória simbólica.

Mas o ritmo não se manteve. Ao final do período que pode estudar no colégio Juvenal, precisou sair da escola e não conseguiu nenhuma outra oportunidade. Saulo voltou para casa, e aqueles 2 anos e 6 meses foi todo o tempo que estudou em sua vida.

Em 1941, forçado pela circunstância, Saulo, com 13 anos, teve que arrumar um emprego. Ele foi trabalhar na loja do senhor Moisés, que vendia roupa para crianças. O gerente Lourival disse, já no primeiro dia, que Saulo não poderia ir para a loja Criança Chique de calças curtas, teria que vestir traje de adulto. Mas Saulo não tinha nenhum. Então, ganhou sua primeira calça de pernas longas.

Em sua rotina, o menino tinha que lavar as soleiras da loja, toda de mármore, dobrar as roupas que chegavam, limpar as prateleiras e, muitas vezes, na ausência de outros vendedores mais experientes, atender aos clientes. É incrível como o velho Saulo consegue lembrar os nomes dos fregueses. De uma menina, especialmente. Ela ia sempre à loja, muito magrinha e constantemente de cabelos amarrados. Era Bertha Rosanova, que depois se tornou a primeira bailarina no Teatro Municipal do Rio de Janeiro.

Em 1942, forçado pela circunstância, Saulo, com 13 anos, teve que arrumar um emprego. Ele foi trabalhar na loja do senhor Moisés, que vendia roupa para crianças.

Já naquela época, Saulo gostava de acompanhar a trajetória das pessoas que conhecia. Foi assim com o professor alemão, com a menina Bertha, e seria assim por um longo trajeto. As pessoas não ficavam para trás na vida de Saulo. Depois que as conhecia, acompanhava-as, sabendo falar sobre elas, mesmo não as tendo mais por perto.

O menino trabalhou um ano sem carteira de trabalho, porque pela lei só poderia ter uma aos 14 anos de idade. Quando a conseguiu, já estava empregado em outro local, desta vez em uma loja de confecção masculina, de propriedade de um português chamado senhor Taveira. Saulo aprendeu tudo sobre moda para homens enquanto esteve na Bom Gosto. As camisas de seda japonesa que eles diziam que era tecido para fazer paraquedas eram as mais caras.

Em busca de ganhar mais dinheiro para ajudar a vó Sílvia, depois que deixava a loja do português, Saulo dava expediente em um outro comércio. Era uma loja de tecidos de nome muito estranho: Casa do Barulho. Mas tinha uma razão. Era uma loja grande, e, bem no meio do prédio, ficava uma banda tocando música o dia todo.

Trabalhando os três turnos, sem mais estudar, Saulo seguiu sua vida no subúrbio de Madureira. Somente aos 17 anos fez uma primeira curva que o tiraria daquele lugar. Um senhor, certamente de sobrenome Dib e provavelmente de prenome Osvaldo, de uma família tradicional da região de São Joaquim da Barra, proprietários de um negócio de venda de miudezas de armarinho, convidou-o para trabalhar como viajante comercial.

O menino que morava na casa 6 da rua Chuí começou a viajar para perto e para longe, seguindo os trilhos da Maria Fumaça. Do seu vestuário, passou a fazer parte um enorme sobretudo, chamado de guarda-pó. Era preciso proteger-se das fagulhas que o trem levantava. Sentado nos bancos de madeira da segunda classe, Saulo começou a viajar para o estado de São Paulo.

Era tudo muito diferente. Eles iam de loja em loja tirando os pedidos e voltavam à capital do Rio de Janeiro para fazer as encomendas; só depois, os produtos seguiam. De mostruário em mãos, a rotina agora do menino moço era ir e vir vendendo miudezas de armarinho. Primeiro entre São Paulo e Rio de Janeiro pela Central do Brasil, depois o interior de Minas Gerais e de Santa Catarina pela Leopoldina, aí seguiu pelas cidades cortadas pela Mogiana, e assim ia viajando e vendendo, vendendo e viajando.

Logo no começo, antes de completar os 18 anos, era difícil para Saulo às vezes até conseguir se hospedar. Outro amigo viajante tinha que abonar sua ficha nas estalagens. Ele era muito novo para aquele trabalho.

Ei, você, não pode se hospedar aqui, não tem idade para ficar sozinho.

Sempre apontando para um outro viajante mais velho, respondia:

Não estou sozinho, estou com ele.

Saulo dava expediente em um outro comércio. Era uma loja de tecidos de nome muito estranho: Casa do Barulho. Bem no meio do prédio, ficava uma banda tocando música o dia todo.

Muito rapidamente, para melhorar as possibilidades de venda, Saulo aumentou a diversidade dos produtos. Um tempo depois, somou ao seu mostruário de peças para costura os sapatos femininos. Levava de cidade em cidade caixas e mais caixas com dois modelos de sapatos diferentes em cada uma.

Sempre quando voltava para casa, lá estava dona Sílvia, agora acompanhada da filha Iara, mãe de Saulo, que depois de um longo tempo se ajeitou na vida e começava a assistir ao filho de mais perto. Saulo tinha outros irmãos, mas sua rotina de viajante mantinha-o fora de Madureira, por isso os via muito de vez em quando.

Seu pai, senhor Oscar Gomes, era propagandista comercial. Ganhava a vida anunciando coisas e acontecimentos no meio da rua. Às vezes se vestia de Papai Noel, outras de Carlitos e do que mais os clientes pedissem. Quando não podia ir a algum compromisso e Saulo estava em Madureira, o filho o substituía. Certa vez, em 1948, senhor Oscar foi contratado para fazer a propaganda de uma peça de teatro chamada *O mundo em cuecas*, do produtor Chianca de Garcia. Era uma sátira da vida real. Ironizava Edmundo Barreto Pinto, deputado federal do PTB. Ele foi o primeiro parlamentar a ser cassado por falta de decoro. O jornalista David Nasser convenceu o deputado a tirar as calças e ser fotografado por Jean Manzon de fraque e cueca samba-canção. A imagem foi publicada na revista *O Cruzeiro* e, mesmo o parlamentar alegando que tinha sido enganado por Nasser, sua cassação foi inevitável.

A propaganda era *sui generis*: um globo na cabeça fazendo referência ao mundo, vestido de casaca, cueca branca, sapatos e meias. Saulo Gomes substituiu o pai algumas vezes e lembra, mesmo tanto tempo depois, exatamente o texto que gritava insistentemente pelas ruas do Rio de Janeiro:

Barreto Pinto escreveu e Chianca de Garcia apresenta: *O mundo em cuecas*, teatro João Caetano.

O vendedor que viajava de trem protegendo-se das fuligens em seu guarda-pó pesado encontrou, no meio do seu caminho, o circo. Primeiro para se divertir, e imediatamente como uma

Saulo Gomes em 1948, trabalhando como propagandista comercial, no lugar do pai, Oscar Gomes. Nesta foto, ele está divulgando a peça de teatro *O mundo em cuecas*.

nova chance de ganhar um pouco mais de dinheiro. O amigo Celestino, palhaço do circo Garcia, do Rio de Janeiro, foi quem apresentou a Saulo aquele lugar de música e festa.

A pedido do próprio Celestino, Saulo começou a fazer a locução do *show* apresentando os espetáculos artísticos. Quando estava no Rio de Janeiro, trabalhava à noite, no parque Shangai, de propriedade da família do uruguaio Manoel Cabalero. Quando estava nas estradas, ia de circo em circo.

Entusiasmou-se tanto que se aventurou a aprender a arte da pirofagia. Saulo aprendeu a engolir e a cuspir fogo e, algumas vezes, substituía o artista principal. Desta aventura, ele ainda guarda algumas marcas de queimadura.

Sua maior atuação cuspindo fogo foi no parque Fernando Costa. Era uma grande festa, em 1954, para comemorar o quarto centenário da cidade de São Paulo. O circo estava lá, e ele exibiu-se para toda aquela plateia.

Numa dessas idas e vindas pela região Centro-norte fluminense, passando por Niterói, São Gonçalo, Cantagalo, Cordeiro, Bom Jardim, vendendo de tudo um pouco, até abridor de lata e medalhinha de santo, Saulo Gomes parou em Nova Friburgo a pedido de um conhecido, dono da emissora de rádio *Difusora* PRF4. O homem, sabendo que ele animava as noites nos circos, convidou-o para ajudar em um novo programa de rádio que ele estrearia, aos sábados. Não era um contrato nem tinha pagamento, a oferta foi simplesmente o dinheiro do ônibus. Saulo aceitou e participou de três ou quatro edições. O programa chamava "PR Qua… Qua… Tro", tinha auditório e era bastante animado. Na fotografia que registra este momento, o nome do vendedor figurava como produtor, mas ele ironiza dizendo que não era produtor coisa nenhuma.

A vida não era muito sem graça daquele jeito. Viajando por um período, tirando pedidos ao longo do dia e pleiteando espaço nos circos instalados no caminho, ora como locutor, ora como homem do fogo, Saulo descobriu ali um jeito de se comunicar. Era bom com o microfone nas mãos, tanto que um dia, em Niterói, em uma apresentação do circo Garcia, o grande repórter policial Nilton de Souza quis saber quem era aquele moço magrinho que fazia a locução.

Saulo contou parte de sua história, e o repórter fez o convite:

Trabalho na rádio *Continental* e eles estão fazendo um concurso para contratar um novo repórter para o programa "Os Comandos Continental", com o Palut, por que você não participa?

O menino da casa 6, da rua Chuí, do subúrbio de Madureira, que andava de Maria Fumaça a maior parte do seu tempo, queimava-se com fogo fazendo pirofagia, andava pela rua com um globo do mundo na cabeça e destacava-se com o microfone anunciando os espetáculos e entretendo as plateias dos circos faria uma grande curva em sua vida. O neto da dona Sílvia, alfabetizado pela dona Maria, que ganhou o livro *Cazuza: memórias de um menino de escola* como prêmio pelo seu belo e correto português, vendedor de miudezas de costura e sapatos femininos, deixaria tudo aquilo para trás. Depois de 11 anos indo e vindo como viajante comercial, Saulo Gomes recomeçaria.

Auditório da rádio *Difusora* PRF4, Nova Friburgo, 1955.

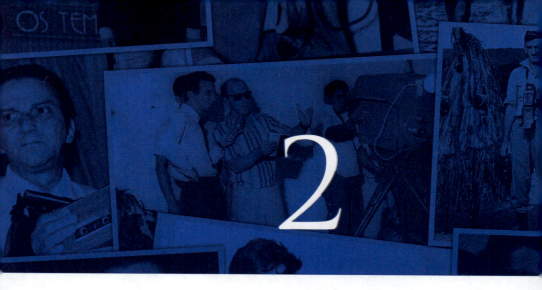

2

"Seis horas da manhã, aqui está muito quente, as labaredas de fogo estão tomando conta dos dois andares do imóvel. O Corpo de Bombeiros já está no local, mas as chamas não cessam."

Foi assim que um dos meninos que antes dividia a fila com Saulo Gomes narrou um incêndio fictício para testar seu vocabulário, sua narrativa e sua desenvoltura com o microfone. Este era o modelo de avaliação criado pelo repórter Carlos Palut para escolher dentre aqueles mais de duzentos candidatos, um único nome para a vaga de repórter na rádio *Continental*.

No outro canto da sala, uma nova narrativa. O homem olhava pela janela como se estivesse vendo uma batida policial. Os detalhes vinham da imaginação, mas isso era o suficiente para Palut saber do potencial de cada um. Saulo via e ouvia tudo aquilo ainda muito acanhado. Era um cenário novo.

Do quinto andar do prédio da rádio *Continental*, na rua Riachuelo, 48, perto dos Arcos da Lapa, seguiam todos os testes. Alguns eram simultâneos, como em uma transmissão ao vivo.

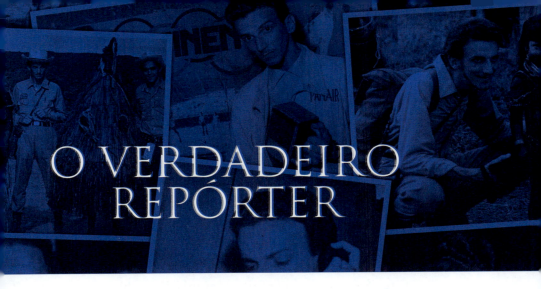

O VERDADEIRO REPÓRTER

Quando chegou a vez do viajante comercial, locutor de circo, engolidor de fogo e neto da dona Sílvia, Saulo Gomes, o mundo parou para ele. Sua tarefa era narrar uma batida envolvendo os punguistas da época. Sorrateiros, malandros e muito rápidos, os punguistas eram hábeis em tirar dos bolsos de terceiros, com as pontas dos dedos, carteiras que não eram suas.

Saulo foi intenso naquele desafio, narrou detalhes que não viu, descreveu o perfil de quem não conhecia, pensou na vítima como se ela estivesse na sua frente, declarou as várias versões da história, triangulando entre acusado, acusador e polícia. Ao final, foi o escolhido.

"Você é o verdadeiro repórter", disse Carlos Palut no momento em que deu a notícia de que Saulo Gomes seria o novo integrante da equipe *Continental*.

O menino de Madureira estava deixando para trás uma fase da vida em que os desafios foram muitos, mas que ele rodopiava enfrentando cada um deles sem uma lógica de futuro. Eram vitórias diárias que o mantinham vivo. A partir dali, Saulo tinha um caminho traçado e se faria caminhante.

O teste foi em dezembro de 1955, o menino que já não era mais adolescente, que há pouco invadira a maturidade, preparava-se, aos 28 anos de idade, para estrear 1956 com uma nova rotina de vida. No dia 14 de janeiro, ele lembra como se ainda ouvisse a música que tocava naquela noite, na sede da Associação Brasileira do Rádio, ABR, Saulo foi o escalado para transmitir o concurso da famosa *Revista do Rádio*. Ele acompanhava um repórter mais experiente, Antônio Peres Júnior, e juntos anunciaram a vitória de Dóris Monteiro como a grande rainha. Foi uma das edições mais comentadas. Assis Chateaubriand, dono das Emissoras de Rádio Associadas, fez o que pode para garantir a vitória daquela que todos diziam ser sua protegida.

Dóris não estava entre as favoritas. Na fase da votação, sua posição não garantia o resultado. Os ouvintes recortavam cupons, votavam e colocavam nas urnas. Era uma votação popular, e Dóris estava atrás de Bárbara Martins e Julinha Silva. Foi quando Chatô resolveu comprar cinco milhões de cruzeiros em revistas para provocar mudança nos números da eleição. Como seria impossível preencher todos aqueles cupons, o homem poderoso das comunicações pediu que levassem aquele dinheiro para o presidente da ABR, Manoel Barcelos, e para o Anselmo Domingos, da *Revista do Rádio*, e que eles considerassem aquele valor em revistas e computassem todos os votos para Dóris Monteiro.

No final da apuração, Saulo Gomes e seu amigo de transmissão anunciaram a segunda princesa com 76 mil votos, Julinha Silva; a primeira princesa, Bárbara Martins, com 161 mil votos; e Dóris como a rainha do rádio de 1956, com 875.605 votos. Aquilo foi inacreditável. Fez-se a vontade de Assis Chateaubriand.

Longe da disputa de poder e influência do alto comando das comunicações, Saulo estava empenhado em fazer o seu melhor. Ele, que nunca se imaginara repórter, descobriu-se um homem da notícia. Estava fascinado e disposto a impressionar. No começo, ele acumulou funções. Por influência de Nilton de Souza, que o descobriu no circo Garcia, o novo repórter havia enveredado para a reportagem policial, assim como seu guru, mas Dalvan Lima, o repórter credenciado na Câmara Federal, entrou de licença para assumir o cargo de assessor do ministro do trabalho, assim sua vaga estava aberta. Palut pediu que Saulo cobrisse as duas áreas.

O menino que já não era mais adolescente, que há pouco invadira a maturidade, preparava-se, aos 28 anos de idade, para estrear 1956 com uma nova rotina de vida.

A rádio *Continental*, no Rio de Janeiro, seguia o mesmo padrão da rádio *Panamericana*, em São Paulo. As duas só transmitiam jornalismo e esporte.

Heron Domingos, na edição do "Repórter Esso" das 8:25 h, na rádio *Nacional*, pautava todos os dias "Os Comandos Continental". Ele dava todas aquelas manchetes, em textos foguetes, e nós, da equipe do Palut, fazíamos as coberturas mais apuradas. Era sempre assim, e os ouvintes já sabiam.

Nenhum dia era igual ao outro como em seu passado de vendedor. Logo veio o carnaval e com ele o primeiro grande desafio de Saulo Gomes. O repórter iniciante foi o destaque da emissora naqueles dias de purpurina, confetes, colombinas e pierrôs.

A equipe era grande e estava dividida por muitos postos. Tinha repórter na avenida cobrindo os desfiles das escolas de samba; nas delegacias, informando as ocorrências; nas ruas, atrás dos blocos; no juizado de menores, acompanhando os fatos; e nos hospitais. Saulo dava expediente no hospital Souza Aguiar, um dos maiores do Rio de Janeiro. Do lado dele, outros repórteres das rádios *Globo*, *Mauá*, *Nacional*, *Guanabara*. Cada um tinha um telefone para fazer as transmissões. Por meio dos aparelhos, falavam com as centrais e reportavam suas notícias ao longo do dia e da noite.

Já no primeiro dia, quando chegou meia-noite e todos se preparavam para deixar o posto, com retorno previsto às seis horas da manhã, Saulo percebeu que tinha uma grande chance de fazer a diferença, resolveu ficar direto e utilizar todos os aparelhos para obter informações de locais sem cobertura. Ele ligava para outros hospitais, para delegacias de bairros distantes e seguia transmitindo todos os detalhes. Seu trabalho foi percebido. A revista *Mundo Ilustrado*, da capital carioca, registrou aquela iniciativa e, como legenda da foto que exibia o repórter com pouco mais de um mês de experiência atuando, destacou:

Saulo Gomes: 75 horas e 45 minutos ininterruptos no ar.

Carlos Palut estava certo: Saulo Gomes era o verdadeiro repórter.

Saulo Gomes bateu o récorde de horas consecutivas ao microtone. Começou a sua tarefa no sábado às 21 horas e terminou na quarta-feira de cinzas às 0,45 horas. Fêz a cobertura na Central de Informações, concatenando 1.607 ocorrências, 118 chamadas de ambulâncias, 492 informações de localizações de pessoas e 3 chamadas para incêndios.

Publicação da revista *Mundo Ilustrado*, matéria sobre o recorde de Saulo Gomes, no carnaval de 1956.

3

Já não havia mais resquícios do vendedor. Saulo era o repórter. Carlos Palut assim o considerava. A emissora reconhecia-o e o público ouvinte começava a identificá-lo.

Não existia monotonia naquele trabalho. Se um dia a pauta era acompanhar o movimento do cabaré Novo México ou entrevistar artistas que frequentavam o bar Capelinha da Lapa, como Lupicínio Rodrigues, por exemplo, outros dias eram cobrir enchentes, incêndios, acidentes de trem que tomavam a atenção de toda a equipe. Eles varavam noites e dias acompanhando todos os detalhes. A audiência da emissora nas coberturas dessas ocorrências aumentava significativamente. Ora no RC1, ora no RC2, viaturas de reportagem da rádio *Continental*, a missão do grupo, especialmente o de rua, era fazer verdade o *slogan*: "Comandos Continental não podem parar nem falhar." Ao final, a assinatura: "Senhoras e senhores, esta foi mais uma transmissão da rádio *Continental*, a rádio que está em todas."

As maiores referências que Saulo tinha da rádio, no Rio de Janeiro, eram os musicais famosos da *Tupi*, "Gaitinha do Ary",

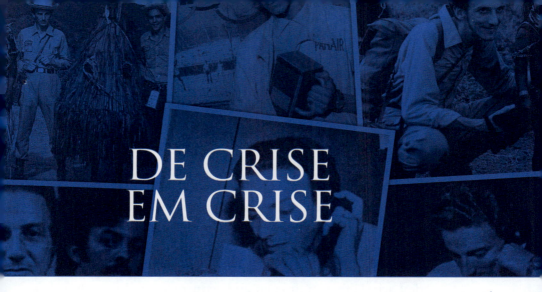

DE CRISE EM CRISE

por exemplo, ou da *Mayrink Veiga*, com o "Peça Bis por Telefone" produzido por Jair de Taumaturgo. Tinha ainda como referência o humor de Chico Anísio e Aroldo Barbosa, e o "Na Cadeira do Barbeiro", com Aloísio Silva Araújo. Sobre jornalismo no rádio, seu conhecimento vinha do "Repórter Esso", da *Nacional*, e também nessa emissora confessa ter ouvido radionovela. Algumas.

Aqueles eram dias muito diferentes, mas não menos exaustivos. Saulo já estava, nos primeiros meses, certo de que repórter não picava cartão, mas não tinha horário. O expediente seguia enquanto ainda havia informações para serem descobertas, apuradas, reveladas e noticiadas.

Quando a quarta-feira de cinza se foi, com ela o barulho do carnaval, Saulo Gomes retomou ao seu trabalho temporário na Câmara dos Deputados, naqueles dias não mais acumulado ao policial. A ele foi pedido dedicação total ao cenário político. Saulo tinha que ficar de olho nos 326 parlamentares que compunham a Câmara, mas com a atenção voltada para o governo de Juscelino Kubitschek, que vinha de uma crise política desde o período eleitoral com as sucessivas ações dos opositores, que não queriam sua ascensão.

Por trás de tudo aquilo estava Carlos Lacerda, da UDN, União Democrática Nacional. Conhecido como o "demolidor de presidentes", ele não queria, de forma alguma, a posse de Juscelino. Não concordava com a possibilidade de um presidente ser eleito sem a maioria absoluta dos votos. JK tinha obtido 35,6% dos votos contra 30,2% de Juarez Távora. A UDN de Lacerda tentou uma emenda constitucional para derrubar o artigo que garantia vitória com maioria simples, mas sem aprovação na Câmara. O político, que no dia 9 de novembro de 1955 tinha escrito na primeira página do jornal *Tribuna* que "esses homens não podem tomar posse; não devem tomar posse, não tomarão posse", não conseguiu impedir a entrega do governo do país a Juscelino.

Para combater possível ascensão de Lacerda ao longo de seu governo, ele que era responsabilizado pelo suicídio de Getúlio, JK introduziu uma cláusula aos contratos de concessão dos canais de rádio e de televisão. Ele fez constar que a concessionária que transmitisse programas "insultuosos às autoridades públicas" seriam punidos com suspensão por 30 dias. Muito tempo depois, Juscelino revelou que esta cláusula garantiu seu governo:

Se Lacerda tivesse tido espaço na imprensa, ele teria interrompido meu mandato.

Mas a União Democrática Nacional não era o único problema do novo presidente. Já na terça-feira de carnaval, jovens oficiais da Aeronáutica, que formavam a República do Galeão, comandados pelo major Haroldo Coimbra Veloso e pelo capitão Lameirão, iniciaram um levante, com ponto de concentração em Jacareacanga. Aquilo tudo era reflexo de um descontentamento da Força Aérea Brasileira que vinha desde o governo de Getúlio Vargas. Eles roubaram uma aeronave e seguiram em busca de adesão das três Forças para iniciarem uma rebelião contra o regime vigente. Era uma proposta de golpe militar que não se confirmou. Historicamente, ela só ganhou força em 1964, após a renúncia de Jânio Quadros.

Saulo Gomes estava no meio daqueles fatos acompanhando de muito perto embates verbais travados no púlpito da Câmara. Com destaque para o deputado baiano Vieira de Melo, do PSD, partido de Juscelino, que sustentava o ataque legislativo contra Lacerda, e para o deputado da bancada paulista Emílio Carlos, reconhecido por muitos como o contraponto lacerdista na Câmara Federal, naquele período.

Aqueles eram dias muito diferentes, mas não menos exaustivos. Saulo já estava, nos primeiros meses, certo de que repórter não picava cartão, mas não tinha horário.

Não se pode esquecer que o repórter de rádio Saulo Gomes estava começando em 1956 e que, antes mesmo de completar um ano de profissão, circulava pelo centro do poder político. A história que se fez oficial o tinha como personagem.

Superada a tentativa mal sucedida do levante da Força Aérea, Juscelino Kubitschek concentrou-se em cumprir sua promessa de campanha reiterada durante um comício feito na cidade de Jataí, no interior de Goiás. Em resposta a um eleitor que o ouvia, JK comprometeu-se a transferir do Rio de Janeiro para uma área do Planalto Central a capital da República. A trajetória da ideia não foi linear. Houve muitos discursos, embates, e o presidente teve que se fazer presente para conseguir os votos necessários no legislativo.

Vários deputados trataram do tema colocando projetos de lei em votação. A memória do repórter, ao ser apurada a partir dos documentos disponíveis no acervo da Câmara dos Deputados, organizados especialmente para a comemoração dos 50 anos da Câmara, em Brasília, é impressionante. Saulo guarda números e nomes de maneira não comum.

Do poder executivo partiu a mensagem 156, de 18 de abril, em que o presidente da República dispôs sobre a mudança da capital federal e autorizou o poder executivo a criar a Companhia Urbanizadora da Nova Capital do Brasil, conhecida como Novacap, então transformada no projeto de lei 1.234, no mesmo ano. Depois, foram apresentadas outras manifestações do legislativo com informações complementares. O deputado Taciano Gomes de Melo, do PSD de Goiás, foi o autor do projeto sugerindo Vera Cruz como o nome da nova capital. Ele também determinou a localização específica no Planalto Central. O deputado Bonifácio de Andrada foi quem fixou prazo para o governo relacionar os serviços da União e das entidades paraestatais, inclusive das autarquias. Emival Caiado da UDN, também de Goiás, determinou a data da mudança da capital federal.

Só em setembro ficou tudo resolvido. O novo distrito tomaria lugar no então conhecido "sítio castanho", com iniciais 5.783 km^2, e definiu-se o nome do lugar como Brasília.

JK pinçou, da Câmara, o primeiro gestor da Novacap: o deputado federal Israel Pinheiro. Tratava-se de alguém da confiança de Juscelino. Para fragilizar o novo presidente da autarquia, Carlos Lacerda fez ganhar volume uma piada política envolvendo Pinheiro. Ele dizia, com frequência, que quando o escolhido do presidente para a Novacap tinha estado à frente da então estatal Vale do Rio Doce, ele a teria deixado falida. De tanto que falou, o assunto virou manchete nos jornais da época. A piada era que Israel Pinheiro tinha, ao longo de seu período na Vale, bebido toda a água do rio, comido todo o doce e deixado um vale no caixa.

Não se pode esquecer que o repórter de rádio Saulo Gomes, antes mesmo de completar um ano de profissão, circulava pelo centro do poder político.

Entre uma crise e outra, envolvendo os poderes Executivo e Legislativo, Saulo dobrava em coberturas de ocorrências que levavam a audiência da emissora a aumentar significativamente, dando a ele, a cada novo trabalho, experiência, mas também notoriedade no setor.

Em uma dessas coberturas, logo no começo da carreira de repórter, o ex-vendedor voltou ao palco do auditório da rádio *Difusora PRF4*, em Nova Friburgo. Dessa vez foi acompanhar, pela *Continental*, a apresentação do maestro Eleazar de Carvalho.

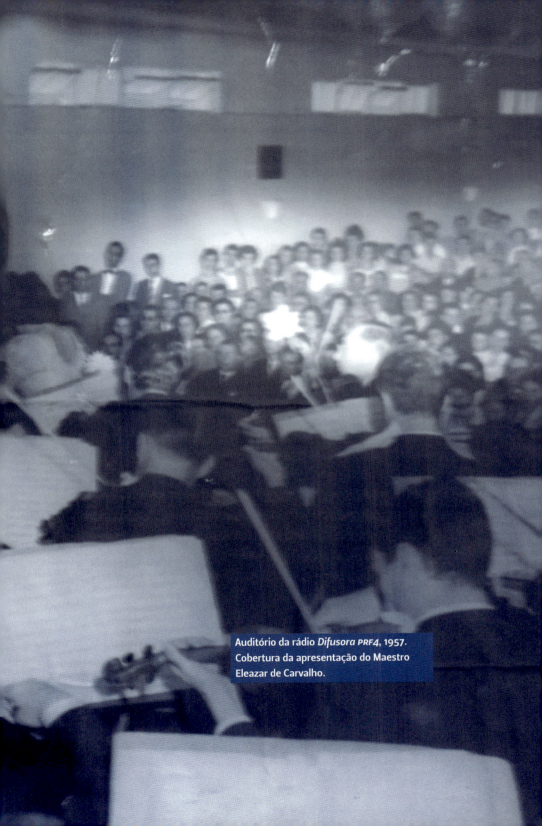

Auditório da rádio *Difusora* PRF4, 1957. Cobertura da apresentação do Maestro Eleazar de Carvalho.

4

Ainda em 1956, apesar da recomendação de se dedicar exclusivamente às coberturas políticas, Saulo Gomes dividiu-se entre a Câmara Federal e os fatos policiais, dos quais não conseguia ficar apartado. Ele gostava muito e, por isso, sempre se colocava à disposição para coberturas que, muitas vezes, ninguém queria fazer.

O Rio de Janeiro ainda não era cenário do tráfico de drogas. O destaque da criminalidade costumava ser para os rufiões, cafetões e punguistas que praticavam pequenos delitos. Isso se manteve até que alguns nomes despontaram como perigosos criminosos com o registro de ocorrências de sangue e grandes assaltos. Entre os mais procurados estavam Cabeleira, Cara de Cavalo e Mineirinho. Em uma batida feita pela polícia, houve um tiroteio, e o Cara de Cavalo matou, com um tiro, um policial muito conhecido no Rio de Janeiro, o detetive Le Coq, que, depois de um tempo, teve seu nome vinculado a uma escuderia, com grande destaque no estado do Espírito Santo.

O CASO CABELEIRA
1.º ESQUADRÃO DA MORTE

Aquela morte deflagrou muitas outras. A polícia queria ir à forra, vingar a perda de um dos seus, e, para isso, valia até aceitar o apoio de banqueiros do jogo do bicho. Surgiu ali o primeiro Esquadrão da Morte, criado pelos detetives Malta e Manga, na Invernada de Olaria. Era dezembro de 1956 e o tema ganhava a atenção de todos os veículos de comunicação no Brasil.

Falava-se abertamente sobre o apoio dos banqueiros do jogo do bicho. Um deles era da zona da Leopoldina, muito rico, bastante conhecido também pelos seus impecáveis ternos brancos de linho, fio 120, chapéu-chile e seus charutos, chamado Arlindo Pimenta. Outro era da Madureira de Saulo Gomes, um banqueiro não menos característico. Este, por sua vez, chamava a atenção por ter somente um braço, conhecido como Natal. Aniceto Moscoso era outro banqueiro do bicho que de tão rico mandou construir o estádio de futebol do Madureira. Um quarto bicheiro, da região de Casca Dura, Méier, Piedade e

Quintino, de apelido Vovô, estavam entre os mais falados. Eles apoiavam o Esquadrão da Morte e o Esquadrão protegia-os.

Saulo trabalhava três turnos e achava normal. Para conseguir informações privilegiadas, era preciso estar presente, construir relações, reconhecer fontes, e isso ele fazia até nas madrugadas. Com esses contatos, Saulo conseguia, não poucas vezes, chegar antes que a polícia nos lugares das mortes.

Um dia, o repórter, agora também policial, foi procurado pela mãe do Cabeleira, na sede da rádio *Continental*. Ela queria ajuda para evitar a morte de seu filho já anunciada pelo Esquadrão. Saulo, claro, não deixaria aquela oportunidade passar. Agendou uma entrevista com a mulher e foi até a sua casa.

Senhoras e senhores ouvintes, a reportagem da *Continental* e da *Metropolitana* neste instante passa a mais um trabalho de radiojornalismo, incorporado a uma pequena equipe de repórteres do Distrito Federal, quando estamos nós, no RCI, carro de reportagem da Organização Rubens Berardo... Estamos nós, desde as primeiras horas, visitando a cidade do Rio de Janeiro, que está ainda tomada de sobressalto diante das atividades policiais da capital da República. Centenas de policiais de nove entidades diferentes procuram ainda guardar o morro denominado Cruzeiro. Uma das mais populosas favelas da Penha está localizada nesse morro. Eles estão à procura de um jovem, de 20 anos incompletos, de nome Luiz Bernardino Cardoso da Silva, conhecido como Cabeleira, que tem dado grande motivo para o noticiário da imprensa falada, escrita e televisionada brasileira desde há dez dias até hoje.

Depois desta introdução, o repórter anunciou que falaria com a mãe do procurado Cabeleira. Seu objetivo era tornar público um apelo ao filho.

— Dona Lódia da Silva Matos, quantos filhos a senhora ainda tem sob sua guarda?

— Três. Um de 14, um de 11 e outro de 7 anos.

— Desde quando a senhora não tem contato com o Luiz Bernardino, o Cabeleira?

— Desde quando ele saiu do SAM [Serviço de Assistência ao Menor]. Ele saiu do SAM, foi ter a vida dele. Eu pedia pra ele viver sossegado, mas ele arranjou uma criatura com quem ele vive, e tem uma filhinha com essa criatura. Depois, ele fez uma arte em São João de Miriti e foi preso, onde ele estava cumprindo pena. Eu visitava ele, porque um coração de mãe é muito grande. O filho pode ser um assassino, tudo o que for, mas um coração de mãe perdoa. Coloquei os meus filhos no mundo, criei todos iguais, mas o destino dele foi diferente. Levaram ele pro SAM

Saulo trabalhava três turnos e achava normal. Para conseguir informações privilegiadas, era preciso estar presente, construir relações, reconhecer fontes, e isso ele fazia até nas madrugadas. Com esses contatos, Saulo conseguia, não poucas vezes, chegar antes que a polícia nos lugares das mortes.

e disseram que lá ele ia aprender educação e ia ser um menino bom. Ia aprender um ofício e poderia trabalhar, ser um menino honrado. E assim eu deixei ele no SAM. Ele ficou lá uns três anos. De lá, ele teve uma fuga.

— Por que ele foi para o SAM?

— Ele foi para o SAM porque ele participou de um tiroteio com um bicheiro... Diversas vezes, eu cheguei lá e encontrei ele machucado, preso num cubículo, sem comer, sem beber.

— Depois, ele já não era menor, foi preso em São João de Miriti. Qual foi o crime dele lá?

— Disseram que foi devido a uma arma que ele tinha e um pedacinho de maconha que encontraram no bolso dele.

Sem se intimidar, ao longo da reportagem, Saulo comentou a operação da polícia:

— Nós temos a impressão, senhores ouvintes, que nos perdoem os próprios dirigentes da polícia do Distrito Federal, mas temos a impressão que a polícia mais desordenada que temos, no mundo inteiro, é a polícia carioca. Não há entrosamento. Nós dizemos isso de cadeira. Passamos uma noite inteira no morro do Cruzeiro, acompanhando os trabalhos de nove entidades da capital da República, e, sinceramente, o que prevalece é o interesse da vaidade, dessa ou daquela entidade, em primeiro matar ou prender o Cabeleira. Nove entidades e nenhum entrosamento.

A mãe ouvia atentamente o repórter. Ela estava ansiosa e triste, aguardando a oportunidade de fazer seu apelo ao filho:

— Luiz, meu filho, quem pede é sua mãe, se apresenta meu filho, tenha uma oportunidade. Eu vou pedir, vou fazer um apelo ao chefe de polícia, ao juiz de menor que me deem esta oportunidade. Meu filho, faz de tudo para ter uma oportunidade de se entregar, é sua mãe que pede. Olha meu filho, você sabe que sua mãe quer que você tenha uma oportunidade. Procura, meu filho, um jeito de se apresentar.

A mulher não conseguiu concluir a frase e começou a chorar.

Antes de sair, Saulo Gomes firmou um acordo com a mãe do bandido. Se ela conseguisse qualquer informação de onde encontrar seu primogênito, Saulo o tiraria da mira dos homens que desejavam matá-lo.

Foi o que ela fez, e o repórter cumpriu sua promessa. Saulo conseguiu chegar até o Cabeleira. O fugitivo não resistiu aos apelos e entregou-se ao repórter. Utilizando a viatura da emissora, o RCI, e com a ajuda do motorista e do operador de rádio, o repórter deixou o morro rumo ao município de São João de Miriti. Ele queria sair do Rio de Janeiro.

Antes de sair, Saulo Gomes firmou um acordo com a mãe do bandido. Se ela conseguisse qualquer informação de onde encontrar seu primogênito, Saulo o tiraria da mira dos homens que desejavam matá-lo.

Era madrugada quando Saulo bateu na porta do advogado Wilson Mirza para pedir ajuda:

Eu estou escondendo o jurado de morte pelo Esquadrão, Cabeleira, o senhor pode fazer a defesa desse moço? Prometi para a mãe dele que, se ele se entregasse, sua vida estaria protegida. Mas não conseguirei cumprir minha promessa sem a ajuda de um bom advogado.

O doutor das leis não titubeou. Assim que o dia amanheceu, foi ao juiz daquele município e pediu a prisão de seu mais novo cliente. Ele contou toda a história de Cabeleira e, considerando que o rapaz tinha sido condenado pela justiça, em Niterói, era certo levá-lo para a prisão de lá. Mas o advogado e o repórter não tinham certeza alguma de que o filho de dona Lódia estava protegido. Poderia haver um membro do Esquadrão da Morte em qualquer instituição policial. Mesmo assim, Wilson e Saulo acordaram que aquilo era o mais sensato a se fazer e Cabeleira não tinha outra opção.

O trajeto de Miriti a Niterói não foi tranquilo. O juiz da cidade informou que homens do Esquadrão da Morte estavam fazendo cobertura nas entradas do Rio de Janeiro e que chegar à capital atravessando o mar de barca, já que não havia ainda a imensa ponte, não seria uma alternativa segura. Saulo decidiu fazer a viagem por terra. Saíram por volta de duas horas da madrugada de São João de Miriti, passaram por Teresópolis, Petrópolis, desceram a serra e chegaram às nove horas em Niterói.

Cabeleira foi entregue no presídio da cidade, na presença da mãe. Lá, ele cumpriu pena por algum tempo. O repórter, logo na sequência, contou toda a sua história aos ouvintes da emissora. Deste episódio, Saulo ainda guarda as gravações de suas entrevistas.

Publicação mostra Saulo Gomes em ação.

5

Mal tinha concluído sua participação na cobertura sobre o caso Cabeleira e a formação do primeiro Esquadrão da Morte, aproveitando a calmaria na Câmara dos Deputados pela decorrência do Natal que se aproximava, Saulo Gomes envolveu-se em outra reportagem policial. Agora, um sequestro.

Sérgio Haziot era um menino de aproximados 5 anos de idade. Seu sequestro foi confirmado pela polícia depois de anunciado pelo avô, após um pedido de resgate no valor de 500 mil cruzeiros. O garotinho tinha sido tirado do colégio Barilan, na rua Pompeu Loureiro, 48, em Copacabana, a partir da apresentação de um bilhete de que naquele dia ninguém da família nem mesmo a babá o poderia buscar.

O mensageiro do rapto era Raymundo Alcântara de Carvalho, e, de fato, ele não tinha nada que ver com aquele sequestro. Ele fora abordado na rua pelo mentor do delito e em troca de algum dinheiro foi até o colégio buscar o menino.

DEZEMBRO QUENTE

Dona Célia, mãe de Sérgio foi quem atendeu ao telefonema do raptor. Ela disse, na primeira vez, que não poderia resolver nada na ausência do marido. Pediu ao homem do outro lado que ligasse novamente. O marido já estava indo para casa. Na segunda vez, o pai falou com o raptor e foi assegurado que o menino estava bem. Na terceira vez, Michel Haziot, o pai, disse que não tinha todo aquele dinheiro. Ofereceram menos. O raptor disse que pensaria. No quarto telefonema, o raptor aceitou a oferta, mesmo sendo muito menor do que a solicitada.

O dinheiro e as joias prometidas deveriam ser colocados em uma caixa de sapato, que seria deixada no restaurante Cabeça Chata, de propriedade do nordestino, cantor de embolada, Manezinho Araújo. Depois de receber a encomenda, o raptor informaria a localização do menino.

Sérgio foi resgatado. A polícia tinha um suspeito. Foi feito retrato falado, e as pistas todas levavam a Júlio Mota de Carvalho. Alguns dias depois, ele foi preso. Aparentemente aquele caso estava resolvido.

Em entrevista que fez com o primeiro acusado, antes mesmo da polícia, Saulo afirmava em seu programa policial que a história de Júlio não estava convencendo.

O detetive particular Bechara Jalkh que trabalhava na investigação, contrariando o repórter, deu várias entrevistas em outras emissoras desqualificando o trabalho de Saulo Gomes, e, exatamente por isso, a reportagem ganhou bastante destaque. Entre os que acreditavam na versão do repórter, estava o advogado Alfredo Tranjan. A emissora apoiou seu contratado que, ao persistir, mostrou que realmente a história estava estranha. Júlio que se dissera culpado em seu primeiro depoimento, um tempo depois anunciou que tinha sido coagido a se declarar culpado.

Virou um rebuliço na imprensa. O destaque todo não era para a polícia, mas para o investigador particular Bechara Jalkh.

Um dos programas em que Saulo atuava era patrocinado pela rede Ponto Frio. Antes de começar a falar, uma vinheta com trilha sonora aterrorizante, digna de filmes de suspense, anunciava: "Ponto Frio divulga a verdade."

O apresentador no estúdio introduziu o tema:

— O Ponto Frio divulga a verdade com o radiorrepórter Saulo Gomes.

— Senhores, muito boa noite. Como havíamos anunciado, aqui já estamos para dar sequência à série de reportagens que tem uma única finalidade: trazer somente a verdade que concerne ao rapto do menino Sérgio Haziot. Ontem tivemos o nosso primeiro trabalho, ouvindo o dr. Alfredo Tranjan, convidado a patrocinar a causa como defensor, e Júlio Mota de Carvalho, o raptor, que se encontra na detenção do Distrito

Federal. Anunciamos naquela oportunidade que, dentre outras entrevistas, iríamos buscar trazer ao nosso microfone a palavra importantíssima do detetive Bechara Jalkh. Pela primeira vez, através da nossa organização, o senhor detetive irá falar aos ouvintes. Mas deem bastante atenção de que maneira vossa senhoria fala ao microfone da *Continental*, com o único intuito de trazer a verdade...

Antes de fazer as entrevistas anunciadas, Saulo pediu à técnica que repetisse o último minuto de conversa com o advogado Alfredo Tranjan, levada ao ar na noite anterior. O entrevistado disse:

Quanto a essa coisa de dizer que foi o Bechara que entregou o Júlio Mota de Carvalho ao general chefe de polícia, também não há, no processo, referência a isso.

O delegado Pires de Sá, a mando do seccional, foi quem assumiu o inquérito daquela ocorrência e, mesmo promovendo muitas confusões ao longo das investigações, conseguiu levar Júlio Mota de Carvalho para a detenção.

> *Um dos programas em que Saulo atuava era patrocinado pela rede Ponto Frio. Antes de começar a falar, uma vinheta com trilha sonora aterrorizante, digna de filmes de suspense, anunciava: "Ponto Frio divulga a verdade."*

Saulo acompanhou de perto o pronunciamento de Carlos Lacerda ao voltar ao Brasil, no início de 1957, depois de um tempo passado em Cuba. O político declarou, em um de seus emblemáticos discursos, que as agressões verbais feitas a ele pelos homens de JK davam-se exatamente porque todos do governo do presidente sabiam que ele tinha em seu poder um telegrama que expunha os negócios ilícitos que o Brasil, governado por Juscelino, mantinha com a Argentina:

Senhores parlamentares, tenho em mãos o telegrama 295 do Itamaraty. E nele está claro que os negócios ilícitos de venda de pinho superfaturado do Brasil para a Argentina são liderados pelo senhor João Belchior Marques Goulart por meio da empresa em que é sócio, Vale do Uruguai Ltda., com sede em São Borja, no Rio Grande do Sul.

Logo ao final do discurso de Lacerda, o deputado Ulysses Guimarães, presidente da casa, suspendeu a sessão e chamou ao seu gabinete todos os líderes de bancada, entre eles Afonso Arinos de Melo Franco. Em comum acordo, todos seguiram

MAIS UMA CRISE POLÍTICA

para o Ministério das Relações Exteriores. Foi naquele dia, pela primeira vez, quebrado o código de segredo do Itamaraty.

Muito rapidamente os repórteres que cobriam o cotidiano da Câmara não estavam mais sozinhos. Representantes da imprensa de vários locais do mundo, que tinham correspondentes no Brasil, seguiram para a casa do legislativo. O Sol já tinha se recolhido, a noite seguia tarde, quando os líderes retornaram à Câmara. Reaberta a sessão, o deputado Vieira de Melo usou o microfone para comunicar à nação que aquele telegrama, anunciado por Lacerda, não era verdadeiro:

Não consta do telegrama 295 o nome do senhor vice-presidente da república João Goulart.

Aquela declaração tumultuou ainda mais a sessão. Vieira de Melo iniciou, ali mesmo, um movimento para cassar o mandato de Carlos Lacerda. A Comissão de Constituição e Justiça interviu, e os dias que se seguiram foram aquecidos. Saulo estava envolvido de tal maneira que suas participações nos programas de jornalismo da *Continental* eram constantes, dando a ele contínuo destaque. O repórter das 75 horas no ar, no período do carnaval, da proteção de Cabeleira contra o Esquadrão da Morte e do rapto do menino Sérgio Haziot revelava-se um conhecedor das questões políticas.

Mas como podia aquele jovem de 29 anos, recém-descoberto pelo rádio, tão rapidamente se fazer especialista? O menino da casa 6, alfabetizado pela dona Maria, leitor de *Cazuza: memórias de um menino de escola*, viageiro pelos trilhos do trem, estava fazendo o que melhor sabia: aproveitando muito bem suas oportunidades. Ele seguia atento àquela intensa movimentação, acompanhava de muito perto e o tempo todo. Sabia identificar as pessoas e relacionava-se com facilidade. Saulo era perspicaz. Se fosse preciso, ele subia na mesa para receber mais diretamente do alto-falante o som dos discursos. E foi assim que ele não perdeu nada enquanto esteve ali acompanhando aquela polêmica.

O processo de cassação de Lacerda estendeu-se até maio. No dia em que o político fez seu discurso de defesa, que durou dez horas, Saulo estava lá. Foi um dia muito diferente. O discurso composto de palavras difíceis, citações elaboradas, referências históricas, fatos passados, enunciador de nomes ilustres, evidenciava uma realidade de dimensões macro. Era o Brasil como uma parte do mundo que desfilava na sua frente. Inevitável lembrar do menino do subúrbio de Madureira. O homem que sabia engolir fogo sem se queimar falava a todos e era ouvido por uma multidão.

Lá estava Lacerda defendendo-se, e Saulo reportando.

Senhor Presidente, impedido de votar, estou no dever de depor. Não como acusado, pois não vejo acusação digna de honesta consideração. Até agora tenho ouvido apenas as razões do lobo, de uma alcateia faminta cujos "argumentos" La Fontaine tornou clássicos. Venho a esta comissão como testemunha de um tempo de subversão de valores, na qual, como na sátira de George Orwell, fala-se em liberdade para matá-la, em democracia para destruí-la, em legalidade para negá-la na sua própria essência. As palavras adquirem um sentido oposto ao seu significado, e os homens afetam sentimentos nobres para justificar, na perplexidade das ideias, a política dos mais baixos instintos. Vossas excelências, senhores membros da Comissão de Constituição e Justiça, não vão decidir do destino político de um jornalista a quem a confiança de uma parte considerável do eleitorado incumbiu de aqui representar a Nação. Vão decidir do próprio destino do Poder Legislativo e, por via de consequência, do futuro próximo da própria Nação e do regime democrático, que ainda é, no Brasil, uma promessa há muito tempo adiada.

O repórter das 75 horas no ar, no período do carnaval, da proteção de Cabeleira contra o Esquadrão da Morte e do rapto do menino Sérgio Haziot revelava-se um conhecedor das questões políticas.

A sessão de dez horas revelou argumentos que ao final garantiram a vitória de Lacerda. Ele não foi cassado, e Juscelino Kubitschek perdeu aquela batalha.

As horas do dia não bastavam para deixar claro aos ouvintes o que acontecia na política do país. Saulo participava ainda do jornal que a *Continental* mantinha no ar, das dez à meia-noite, e, quando era preciso, entrava madrugada adentro, sempre com audiência. A autodefesa de Lacerda, por exemplo, começou às três horas da tarde e seguiu para além das duas da madrugada. Aquela cobertura mudou até mesmo o perfil da audiência. Normalmente com mais ouvintes na área central, na zona Leste e nas periferias, naqueles dias, por conta especialmente do interesse dos lacerdistas, a zona Sul também ligou o rádio na *Continental*.

Nem só de dentro da Câmara, Saulo comunicava. Para ouvir a opinião do povo, ocasionalmente seguia para a Central do Brasil, para o centro da cidade, em uma das viaturas da emissora. As reportagens eram completas. Da linha telefônica, conectada às famosas caixinhas pretas de transmissão radiofônica, usadas até o começo da década de 1990, só abandonadas a partir dos celulares, ele dava as notícias, fazia as entrevistas e, quando era pedido, comentava os fatos.

Era um consenso entre todo o elenco da emissora que fazer a cobertura no Parlamento era um *status*. O novo repórter estava subindo rápido. Saulo contava ainda com o apreço do dono da *Continental*, Rubens Berardo Carneiro da Cunha, que na condição de deputado federal, pelo PTB, conseguia ver de muito perto o trabalho do ex-vendedor de calçados femininos. De atividade temporária, em substituição a Dalvan Lima, licenciado, Saulo tornou-se titular, mesmo depois do retorno do companheiro de rádio. Ele se deu bem e ficou naquela função até a transferência da Câmara para Brasília, em 1961.

Quando o parlamento entrava na calmaria, Saulo, inquieto, envolvia-se em outras histórias, confirmando sempre que ele era o repórter de verdade.

As reportagens eram completas. Da linha telefônica, conectada às famosas caixinhas pretas de transmissão radiofônica, Saulo dava as notícias, fazia as entrevistas e, quando era pedido, comentava os fatos.

Existem várias publicações que narram o tiroteio de Alagoas. Em muitas delas, Saulo Gomes é mencionado. Como, por exemplo, no livro *O impeachment: arquivo histórico*, de autoria do deputado Oséas Cardoso, autor do processo de impedimento do governador de Alagoas em 1957. Quando não, lá está ele na fotografia, sujo de sangue, entrevistando os deputados envolvidos, muitos também ensanguentados.

Mas como ele foi parar naquele lugar, naquele dia, naquela hora?

Um mês antes, Saulo tinha estado em uma cidadezinha de Pernambuco, Ribeirão, conhecida como Princesa dos Canaviais, para fazer a cobertura de uma denúncia de desmandos trabalhistas, especialmente em duas fazendas próximas. Ali ele ficou três dias, ao lado de outros repórteres, de emissoras de todo o Brasil, relatando aquela barbaridade de trabalho escravo, desumanidades e até mortes.

Já se preparando para voltar, durante uma conversa com alguns políticos que também acompanhavam a investigação

EU NASCI NA SEXTA-FEIRA, 13 DE SETEMBRO DE 1957

de maus tratos nos canaviais, ali mesmo no saguão do hotel Guararapes, Saulo trocava palavras com o senador Freitas Cavalcante, do estado de Alagoas:

Gosto muito do seu trabalho como repórter político. Dê um jeito com sua emissora de estar em Maceió no dia 13 de setembro, porque nós vamos votar o impedimento do governador Muniz Falcão. Ele não pode mandar matar um parlamentar e sair impune.

O deputado Humberto Mendes, que era sogro do governador, já havia declarado que não aconteceria votação alguma na Assembleia. Dizia aos quatro cantos que, somente passando por cima do seu cadáver, iriam expor, daquela maneira, o seu genro. O presidente do poder legislativo do estado, Lamenha Filho, garantia que o *impeachment* seria votado.

O anúncio prévio era de que haveria muita confusão naquela sessão. Falavam até em tiroteio.

Claro que Saulo chegou ao Rio de Janeiro já pedindo autorização para viajar para Alagoas. Ele não poderia perder a cobertura da votação. E foi autorizado. Na noite do dia 12 de setembro, a bordo do Constellation, da Panair, Saulo seguiu para conferir de perto o que viria a ser uma barbárie política.

Já no aeroporto de Recife, ainda em trânsito, ele encontrou com Márcio Moreira Alves, também repórter do jornal *Correio da Manhã*, Arnóbio Vanderlei, que ali estava como observador do ministro da justiça Nereu Ramos, e o general Juraci Magalhães, presidente do Senado Federal. Dali pegaram um outro avião rumo a Maceió. Era um desafio chegar a tempo para acompanhar todos os acontecimentos.

Saulo, Márcio e Vasco, fotógrafo do jornal *O Globo*, foram os únicos que conseguiram pegar, junto à Casa Civil, na sede do governo, no Palácio dos Martírios, as credenciais para a cobertura da votação. A sessão estava agendada para as três horas e 15 minutos da tarde, mas às dez horas da manhã eles já estavam na Assembleia, recebendo orientações de como deveriam portar-se diante das muitas ameaças de violência.

Antes de tudo começar, o radiorrepórter fez uma gravação para ser inserida no jornalismo das emissoras organizadas em rede para aquela cobertura. Durante a contagem de alerta para a central técnica, entre o número 1 e o número 5, Saulo pediu que enviassem notícias da patroa, dos garotos, recomendou a reprodução de todo o conteúdo para São Paulo e reclamou que estava sem roupa, talvez pelo extravio de alguma mala. Então reportou:

Alô, Rio! Alô, Brasil! volta a reportagem da Organização Rubens Berardo a falar da cidade de Maceió para dar sequência ao seu trabalho radiojornalístico que teve início nas primeiras horas da manhã do dia 13, uma sexta-feira de setembro, no território alagoano, focalizando os acontecimentos políticos. É ainda com satisfação que voltamos a dizer que de modo geral o panorama apresenta-se tranquilo e as tropas do Exército brasileiro, desta vez irmanadas em uma só ação... É com satisfação que voltamos a ter contato com todo o Brasil. Não só com o Rio de Janeiro, pela organização Rubens Berardo *Continental* e *Metropolitana*, mas também com as nossas coirmãs *Bandeirantes*, que neste instante estão em cadeia conosco, TV *Tupi* de São Paulo e *Difusora PRF3*, que nessa cadeia procuro levar os maiores esclarecimentos possíveis aos ouvintes de todo o Brasil.

Ao voltar a atenção para a sessão que logo começaria, todos se espantaram com a reação do presidente da casa, deputado Lamenha, que, ao invés de suspender o encontro dos parlamentares, diante de todas as ameaças, deu ordem para que caminhões das docas levassem sacos de areia para fazer uma trincheira, a fim de proteger a mesa diretora e a área da imprensa.

Exatamente às três horas, debaixo de um calor de aproximados 40 graus, adentraram ao plenário da casa legislativa os deputados de situação, apoiadores do governo, vestidos com capas de shantung, escondendo, debaixo delas, revólveres e metralhadoras.

Assim que eles entraram, os que já estavam dentro, entre eles o deputado Oséas Cardoso, autor do pedido de impedimento do governador, um homem reconhecido pela sua braveza e coragem, liderou o início do tiroteio que durou 15 minutos e fez algumas vítimas.

Márcio Moreira Alves, de repente, começou a gritar de dor. Ele tinha levado um tiro na perna, na altura da coxa. Saulo deixou o microfone do lado e imediatamente retirou seu cinto, fazendo dele um garrote na tentativa de estancar o sangue do amigo. Mas não deu certo. O tiroteio seguia intenso, e os dois homens da imprensa ficaram ali, escondidos atrás de sacos de areia. Márcio gritando muito e Saulo tentando melhorar a situação do amigo. Mas estava claro que levantar não era uma opção segura. Enquanto esperava a melhor oportunidade para retirar Márcio daquele lugar e fazer o socorro necessário, Saulo seguiu fazendo o registro de tudo.

Poucos minutos depois do tiro que acertou o repórter carioca, outra vítima caiu sobre a mesa com um ferimento enorme. Uma bala tinha atingido o peito do deputado Onias Barbosa e saído pelas costas. Era uma cena de horror. O embate armado terminou somente 15 minutos depois do primeiro tiro, com o resultado de onze feridos e um morto, o deputado Humberto Mendes que, depois de ter sido atingido logo na entrada do plenário, caminhou cambaleando até a salinha do café e caiu com a cabeça entre a parede e uma geladeira que tinha no lugar.

Vendo que estavam em desvantagem, os deputados do governo deixaram o prédio sem mesmo tentar socorrer o líder deles. Os tiros cessaram e o silêncio autorizou todos os que estavam abaixados a se levantarem. Parecia que tinha terminado, mas, de repente, um homem entrou no plenário gritando:

Tem um major da polícia militar comandando uma tropa lá fora. Eles estão cercando o prédio com granadas nas mãos. O governador mandou bombardear a Assembleia.

Aquela informação deixou a todos em pânico. Algumas vítimas precisavam de socorro urgente, e por segundos houve uma paralisação.

A situação normalizou somente quando o coronel Carlos Luiz Guedes, comandando os Caçadores do Exército, chegou com sua tropa e deu voz de prisão ao major que seguia ordens do governador.

Assim que o Exército entrou no prédio, logo eles procuraram os feridos para os atendimentos necessários, e o repórter Márcio, assim como os deputados e os funcionários, vítimas das balas, foram levados para o Hospital do Câncer, o único que tinha gerador e que poderia recebê-los. Os homens do governo cuidaram de cortar o fornecimento de energia, e a cidade ficou cinco dias seguidos sem luz, somente à base de geradores.

Saulo Gomes conseguiu, mesmo ainda sujo, fazer algumas entrevistas:

Inicialmente vamos trazer as palavras do deputado Augusto Machado, do Partido Social Democrático, líder do governo alagoano na Assembleia Legislativa. Senhor deputado, com nossos cumprimentos, gostaríamos que vossa excelência, respondendo a uma única pergunta que preparamos, trouxesse esclarecimentos do porquê o senhor estava ausente na sessão, sendo ela tão importante?

Márcio Moreira Alves, de repente, começou a gritar de dor. Ele tinha levado um tiro na perna, na altura da coxa. Saulo deixou o microfone do lado e imediatamente retirou seu cinto, fazendo dele um garrote na tentativa de estancar o sangue do amigo.

O deputado foi bastante detalhista na resposta. Resumindo, ele estava atrasado e, ao chegar, verificou que seria impossível conseguir entrar.

Todos os sobreviventes do tiroteio ainda estavam ameaçados. O governador tinha homens nas ruas, e a situação não era totalmente tranquila, por isso eles foram levados dali para o quartel do Exército e ficaram sob proteção alguns dias.

Saulo estava inquieto querendo transmitir sua gravação para a base da emissora, no Rio de Janeiro. Os recursos de comunicação eram limitados. Normalmente, eles alugavam uma linha de transmissão na empresa de telefonia, mas, sem energia, estava tudo muito difícil.

Ao longo daqueles cinco dias no interior do quartel, Saulo e outros repórteres conseguiram, com a ajuda do Exército, sair para se comunicarem com suas emissoras. Uma patrulha os levava até a praça do Relógio, e dali em diante cada qual era responsável por si. Eles iam até o Hospital do Câncer, conhecer a realidade dos feridos, fazer entrevistas, e depois voltavam para a praça, onde a patrulha os esperava para levá-los de volta ao quartel.

A fim de transmitir sua reportagem para a rádio *Continental* e todos os associados à sua rede, Saulo Gomes pediu ajuda na sede dos correios de Maceió. Era o único lugar que possuía o recurso necessário. Na noite do dia seguinte ao tiroteio, com a proteção do Exército, o repórter colocou a sua matéria no ar. De todo o conteúdo gravado, somente um trecho não pode ser aproveitado. Quando Márcio foi baleado, ele estava perto do gravador, e seus gritos e palavrões precisaram ser editados.

No dia seguinte, o "Repórter Esso", da rádio *Nacional*, no Rio de Janeiro, noticiou:

O repórter da rádio *Continental*, Saulo Gomes, é um dos sobreviventes do tiroteio ocorrido ontem, na Assembleia Legislativa de Alagoas.

Mesmo depois deste anúncio, outro foi feito, colocando Saulo como uma das vítimas fatais, o que causou muita estranheza. No final, até virou piada. Como poderia Saulo estar nas duas listas, a dos sobreviventes e a das vítimas fatais.

No acervo do repórter sobre o assunto, muitas fotos, inclusive a da ata da sessão ainda não concluída, que ele retirou de sobre a mesa, já ensanguentada, e guardou consigo até apodrecer totalmente.

Um mês depois, a revista americana *Life* deu a notícia do tiroteio com fotos e fatos e reservou como título a sua constatação: *"This Is Brazil".*

Todos os sobreviventes do tiroteio ainda estavam ameaçados. O governador tinha homens nas ruas, e a situação não era totalmente tranquila, por isso eles foram levados dali para o quartel do Exército e ficaram sob proteção alguns dias.

Sem condições de voltarem para o prédio da Assembleia, que ficou fechado para todas as perícias, os deputados que desejavam seguir com o trabalho de votação do impedimento do governador Muniz Falcão usaram a sede do Instituto de Educação de Maceió como base provisória do poder legislativo.

Oito ou dez dias depois, lá estavam todos os deputados de oposição, entre eles Teotônio Vilela, da UDN. Um dos destaques desta sessão foi a presença do deputado Carlos Gomes de Barros que, impedido de falar em razão da cirurgia que fez depois de ter sido atingido por dois tiros no pescoço, limitou-se a acenar positivamente.

Aprovado o *impeachment* do governador Muniz Falcão, quem assumiu seu lugar foi o vice Sizenando Nabuco. Saulo Gomes estava lá no dia da posse e foi quem, a pedido do novo governador, em nome da imprensa, leu a ata que empossava o novo chefe do executivo do estado de Alagoas. Em entrevista ao repórter da rádio *Continental*, o vice explicou que o cargo a ele foi transmitido por um ofício assinado pelo governador Muniz Falcão, a quem ele respondeu com outro ofício. Ao longo da entrevista, ele leu o documento:

Senhor governador do estado, acuso o recebimento do ofício datado de hoje, no qual o senhor comunica me ter transferido o cargo… em virtude de ter a necessidade de se deslocar do estado em curto prazo. Nesta oportunidade, comunico a vossa excelência que amanhã, às dez horas, entrarei no exercício do cargo, onde espero poder desempenhar o meu mandato dentro da linha de conduta que sempre tracei na minha vida pública. A minha preocupação em assumir o governo será sempre a de servir ao meu povo, em favor do bem-estar e tranquilidade…

Mas não havia promessa de paz em Maceió com a sucessão do governo. Nabuco era continuidade e, com receio de novos embates violentos, o presidente Juscelino Kubitschek nomeou imediatamente como interventor no estado o marechal Âncora.

De volta ao Rio de Janeiro, Saulo foi mais notícia do que noticiou. Entrevistado por vários veículos de comunicação como um dos sobreviventes daquele tiroteio, ele então declarou em uma das suas reportagens:

Eu nasci no dia 13 de setembro, em Maceió, Alagoas.

Em publicação da época, Saulo Gomes atrás do deputado Oséas Cardoso, ainda com duas pistolas em suas mãos. Maceió, 1957.

8

1958 FOI UM ANO DE MUITAS NOTÍCIAS SOBRE ACIDENtes de trem, no Rio de Janeiro. Saulo e a equipe da rádio *Continental* cobriram todos eles. O primeiro foi na estação de Magno, que ficava perto do antigo Mercado de Madureira. Era uma via auxiliar de bitola estreita. Neste local, houve um engavetamento com 20 pessoas mortas e dezenas de feridos. O segundo aconteceu pouco tempo depois, perto de Campo Grande e Santa Cruz, num lugar chamado Paciência. Este foi ainda maior, com mais de 50 mortos e cerca de 100 feridos. Os dois acidentes assustaram muito a todos que utilizavam o trem como meio de transporte.

A maior catástrofe, no entanto, estava por ocorrer. Foi na estação de Mangueira, o engavetamento de dois trens da Central do Brasil, com aproximados 120 mortos e cerca de 500 feridos. Um trem entrou no outro. As pessoas ficaram presas entre as ferragens, pedindo socorro. Algumas amputações foram feitas a sangue frio como a única opção de sobrevivência. Era aquele,

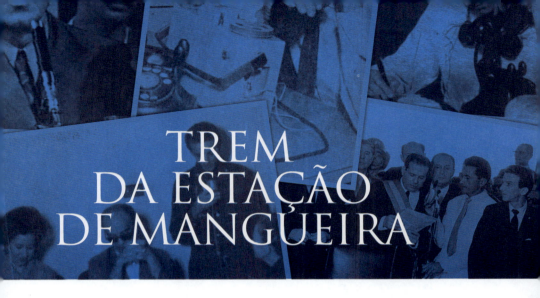

TREM DA ESTAÇÃO DE MANGUEIRA

o único jeito de tirar algumas vítimas ainda vivas do meio das ferragens.

Entre a equipe que prestava socorro, estava o próprio secretário municipal de saúde da época, Guilherme Romano, comandando o grupo formado por médicos e socorristas.

Uma das cenas mais horrorosas que o repórter Saulo Gomes documentou, aquele acidente exigiu a presença de vários profissionais da equipe de reportagem. Estavam lá Carlos Palut, Antônio Peres Júnior, Paulo Carinji, revezando-se com outros para darem conta de toda a cobertura.

Não havia rabecões suficientes para a retirada dos corpos. Em um momento, as autoridades resolveram transportar as vítimas fatais em caminhões do serviço de limpeza.

Os gritos eram lancinantes. O cenário, infernal. A lembrança, tenebrosa. Saulo percebeu ali que seu estado de espírito transcendia em momentos de conflito, assim como já ocorrera em Maceió. Ele conseguia atuar reportando a tragédia, ainda que tocado pela tristeza, com serenidade, sem a perda do controle. O cansaço, resultado de horas seguidas de permanência no trabalho, não o abatia. Quando os companheiros saíram de tão perto, para reportar ao longe a ocorrência, Saulo permaneceu no interior do vagão, acompanhando a equipe de Guilherme Romano e outras equipes médicas que se somaram, vindas do hospital Souza Aguiar e de outros postos de atendimento de saúde do Rio de Janeiro. O repórter deixou o local somente quando o último cadáver foi recolhido, depois de todos os feridos.

Uma das cenas mais horrorosas que o repórter Saulo Gomes documentou. Não havia rabecões suficientes para a retirada dos corpos.

Nessa hora, ele e os dois operadores de rádio que compunham sua equipe foram para o Instituto Médico Legal acompanhar as identificações dos corpos. Aquele foi um trabalho de vários dias. O mais impressionante, além do odor do lugar, foi ver uma pilha de aproximados dois metros, em um dos cantos da sala de autópsia, de braços e pernas, anteriormente amputados.

O tratamento dado para a situação foi inusitado. Saulo não sabia se era legal, mas não se lembra de ter perguntado. Em cada caixão já com vítimas identificadas, era colocado um braço ou uma perna extra.

Nem política, nem policial, aquela reportagem revelava o cotidiano frágil de pessoas que saíram de suas casas com diversos destinos e não chegaram a seus pontos finais.

Cobertura de jornais sobre o acidente.

9

Lá estava, outra vez, Saulo Gomes cobrindo o carnaval, quando recebeu a notícia de que um menino, identificado como Zé da Hora, tinha sido raptado. Quem suplicava por ajuda para encontrar o garoto era o avô, membro da marinha mercante que precisava embarcar a trabalho e seguia desolado pela ausência do neto.

O senhor explicou que estava com o menino em uma rua próxima de sua casa, em Bento Ribeiro, quando um bloco se aproximou. Todos acompanhavam embalando o corpo e cantando as marchinhas. Assim que os foliões se foram, os familiares perceberam que Zé da Hora, de 7 anos, havia desaparecido. Depois de uma longa espera em vão, houve a constatação de que ele tinha sido raptado.

Procurar a rádio *Continental* para pedir ajuda era uma lógica naquele caso. A ideia era informar a todos sobre o desaparecimento do menino e esperar que alguém retornasse com notícias. A apreensão do avô era pelo fato de ter que embarcar em uma viagem para a Alemanha. Seu coração estava partido,

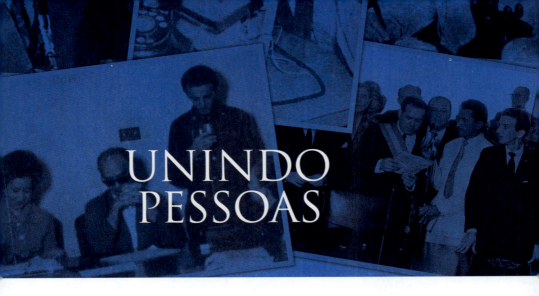

UNINDO PESSOAS

e o repórter Saulo Gomes comprometeu-se em fazer tudo que estava ao seu alcance para encontrar Zé da Hora.

Saulo noticiou, descreveu a criança, relatou a situação, focou o pedido para a região do local do rapto e a resposta veio em dois dias.

Senhor Saulo, um guarda municipal encontrou um menino aqui na estação de Riachuelo. Ele parece muito com a descrição que vocês estão anunciando aí na rádio. O garotinho está muito assustado, não sabe dizer o nome.

Saulo seguiu para a estação, pegou o menino e voltou para a emissora. Ele realmente estava muito abalado e não conseguia dizer nada a seu respeito. Por sorte, a esposa do senhor Rubem Berardo estava na rádio e, com muito jeito e simpatia, conseguiu acalmar a criança que, para ela, disse ser Zé da Hora.

Contou ainda que ele seguiu o bloco até muito longe e quando a festa acabou não soube voltar para casa. Ficou lá na estação de Riachuelo por dois dias. Voltar para a família era tudo o que ele queria. Saulo, no entanto, queria mais. Seu desejo era fazer contato com o avô em alto-mar e dar a ele a boa notícia do reencontro de seu neto.

Para isso, o repórter procurou a estação do Arpoador, que tinha contato com todos os navios em águas brasileiras. Àquela altura, dois dias depois de zarpar, a embarcação que levava o avô de Zé da Hora ainda estava ao alcance das comunicações. Muito rapidamente um capitão confirmou que o marinheiro anunciado era membro de sua tripulação.

Depois de informado sobre o que se tratava, ele resolveu fazer mais do que simplesmente comunicar ao marinheiro sobre o encontro de seu neto. O capitão reuniu seus homens e retransmitiu, pelo alto-falante do navio, a reportagem de Saulo Gomes conversando com Zé da Hora. Foi muito emocionante. Não dava para voltar ao Rio de Janeiro para abraçar o neto, mas o avô seguiria de Vitória, onde ainda estavam, para a Alemanha tranquilo e em paz.

Essa reportagem rendeu a Saulo Gomes uma homenagem prestada pela presidência da República. Em um evento no Palácio do Catete, o presidente entregou ao repórter uma medalha de ouro pelo excelente trabalho realizado. Dessa honraria, Saulo só guarda a foto ao lado de Juscelino Kubitschek. A medalha, por mais incrível que pareça, foi-lhe roubada, muitos anos depois, pelo próprio Zé da Hora. O menino reencontrou Saulo no período em que o repórter vivia clandestino, escondendo-se no apartamento de um amigo, para não ser pego pela polícia política. O jovem alegou que não tinha onde ficar e pediu abrigo. Dois dias depois, ele sumiu levando vários objetos do lugar, inclusive a medalha de ouro.

Saulo Gomes recebe medalha de ouro das mãos do presidente Juscelino Kubitschek por reportagem em 1958.

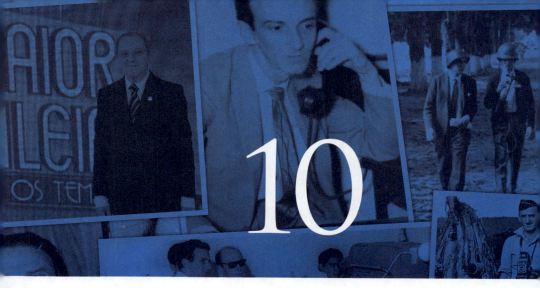

10

À DISTÂNCIA, SAULO GOMES E OUTROS MILHÕES DE BRASILEIROS acompanharam a vitória da seleção do Brasil na final da Copa do Mundo, em 1958. A última partida foi contra os donos da casa, a Suécia, com um placar de 5 a 2. Dois gols de Pelé, dois de Vavá e um de Zagallo. O time que jogou a final ainda contava com Garrincha, Zito, Nilton Santos, Didi, Orlando Peçanha, Bellini, Djalma Santos e o goleiro Gilmar.

A seleção era esperada com entusiasmo, e Saulo Gomes havia sido escalado para reportar a chegada do grupo. As informações iniciais eram de que eles viajariam pelo Constellation, da Panair, em rota comercial.

Quando do credenciamento da imprensa para a cobertura da chegada da seleção, lá estava o coronel Ventura, que era sempre o responsável por eventos que envolviam chefes de estado e grandes autoridades. As determinações eram claras:

Está rigorosamente proibida a presença de vocês junto ao avião. O governo e a Aeronáutica estão construindo, no Galeão, um palanque muito grande, a uns 50, 60 metros de distância

UM GOL DE ESPERTEZA

da aeronave que vai trazer os campeões do mundo. Lugar adequado, com conforto e todas as condições para a cobertura dos senhores, especialmente para as fotografias e as filmagens.

Concluindo, o coronel foi mais específico recomendando a todos que não fizessem gracinha e, olhando para o Saulo, sentenciou para que não tentasse nenhuma maluquice. Reiterou que a segurança daquele evento era uma responsabilidade da Aeronáutica.

A bordo do avião, embarcado na Suécia, o porta-voz da Panair, Murilo Nery, estava produzindo material de divulgação com os jogadores, e todo o conteúdo seria posto à disposição das emissoras do Brasil e do exterior.

Aquela reunião com o coronel Ventura havia sido no dia anterior à chegada da seleção. Depois de receber as instruções, todos os profissionais da imprensa deixaram o local e seguiram de volta para suas emissoras. Saulo fez o mesmo.

A previsão de chegada do avião era para as dez horas da manhã. As equipes jornalísticas começaram a posicionar-se no

Galeão de madrugada. Todos em busca de boas localizações, fazer testes para as transmissões e garantirem acesso aos campeões do mundo.

Saulo também estava lá, junto dos demais, pelo menos por um tempo. Absorto como sempre, desejoso de conseguir algo que diferenciasse seu trabalho dos demais, ao ver que a maioria dormia, uns espalhados pelo chão, outros nos bancos do aeroporto e outros ainda encostados nas mesas dos restaurantes, ele saiu de perto e começou a circular pelo espaço.

Por volta das três ou quatro horas da madrugada, enquanto olhava um galpão no hangar da Panair a uma certa distância, o repórter da rádio *Continental*, não mais principiante, observou que naquele instante estava acontecendo uma troca de turno de trabalho. Muitos funcionários saiam e vários outros entravam. Ao ver algumas luzes acesas, Saulo aproximou-se, olhou todos os lados e, de longe, viu muitos armários, alguns com as portas abertas. Dentro deles tinham fones, aparelhos e roupas. Muitas roupas. Ele mexeu sem qualquer receio de ser visto e, de repente, retirou um macacão bem maior que ele, escrito em letras verdes o nome da Panair.

Saulo deixou aquele lugar levando consigo o uniforme. Já no banheiro do aeroporto, vestiu o uniforme certo de que com ele se passaria por funcionário e conseguiria romper as barreiras impostas pela Aeronáutica. O repórter não voltou para onde estava o grupo de jornalistas. Muito pelo contrário, ele foi para o lado oposto, mais perto do local onde chegaria o avião. Com medo de ser identificado, Saulo Gomes resolveu ficar andando o tempo todo, fazendo parecer que estava em atividade.

Era cinco da madrugada quando ele começou a circular. O avião que chegaria às dez da manhã somente apareceu por volta das duas horas da tarde, e Saulo ficou todo aquele tempo driblando a segurança. Para sorte do repórter, a direção do Galeão tinha deliberado que os funcionários do aeroporto Santos Dumont que não estivessem trabalhando e quisessem acompanhar a chegada da seleção poderiam, com suas credenciais, participarem do evento. Aquela situação ajudou muito. Próximo de um mecânico do Galeão, ao não ser reconhecido, Saulo passaria por um mecânico do Santos Dumont, e vice-versa. Assim, ele não foi importunado por ninguém.

Com seu rádio de pilha escondido no bolso, o repórter acompanhava toda a programação da emissora e ficou sabendo sobre o atraso da chegada da aeronave no Rio de Janeiro. Ao parar primeiro em Recife, a delegação participou de alguns atos de homenagens.

Era cinco da madrugada quando ele começou a circular. O avião que chegaria às dez da manhã somente apareceu por volta das duas horas da tarde, e Saulo ficou todo aquele tempo driblando a segurança.

Andando de uma pista a outra, tentando cada vez mais ser confundido com alguém que realmente trabalhava no aeroporto, Saulo sofreu bastante com o Sol quente que fazia naquele dia. Da pista, ele via seus companheiros de imprensa a uma boa distância. O nervosismo não o desconcentrou, e redobrou a atenção quando soube que o avião se aproximava.

Somente o chefe da equipe de Saulo, Carlos Palut, e os técnicos de áudio sabiam que o repórter estava na pista e que faria a transmissão pelo seu microfone BTP, em uma frequência específica. Aquele aparelho era mais que um simples microfone, ele permitia a transmissão direta por meio da fixação da frequência. Com o peso mais ou menos de um quilo e o tamanho aproximado de 30 centímetros, Saulo manteve o equipamento dentro do macacão. Na perna direita, ele escondeu a antena de 50 centímetros.

Em decorrência de todo o tempo que carregou aquela maleta, esfregando em sua pele, o repórter sofreu um ferimento na barriga que, na verdade, só sentiu a dor depois de tudo terminado.

Quando o avião tomou a posição da cabeceira e começou a taxiar, Saulo saiu do grupo de trabalhadores do aeroporto e correu pela grama, depois pela pista, rumo à entrada da aeronave. Então, tirou de dentro do macacão seu equipamento de transmissão. Ao subir a escada, Saulo inibiu o profissional do aeroporto que estava escalado para fazer aquilo e, novamente, não foi denunciado.

Repórteres de rádio não eram famosos por suas imagens. Ainda que já bastante conhecido, Saulo era uma voz, não um rosto. Ao ser visto pelo relações-públicas da Panair, a primeira pessoa a surgir de dentro do avião, novamente o repórter passou por mecânico. Ele foi abordado, já que mesmo um mecânico não estava sendo esperado, mas enrolou dizendo que ia entregar um aparelho para alguém da tripulação.

Saulo desembestou aeronave adentro e, de microfone em punho, seguiu a entrevistar todos os que por ele iam passando. O repórter lembra que os jogadores já estavam de pé, felizes, cantando e loucos para deixarem o avião. Ninguém conseguiu parar o carioca atrevido, vestido de mecânico da Panair.

O cerimonial previa que a seleção seria recebida pelo presidente Juscelino Kubitschek na sede do governo federal. Um carro de bombeiros esperava pelos jogadores para um desfile pelas ruas do Rio de Janeiro. No palanque, aguardando a delegação, estava o vice João Goulart, os ministros e as demais autoridades. Quando todos tinham sido autorizados a deixarem a aeronave, Saulo posicionou-se para sair na frente. Ao ser visto pelos que estavam do lado de fora, causou muito impacto. Seu primeiro entrevistado foi o vice-presidente:

Para ser repórter, algumas vezes é necessário se passar por mecânico. O que o senhor acha deste momento tão importante para o futebol brasileiro?

Depois que recebeu a resposta, Saulo sentiu um puxão na perna, dado por um segurança do aeroporto. Ele caiu, mas conseguiu fugir antes de apanhar.

Na rádio, Saulo Gomes foi cumprimentado por todos. Sua audácia tinha garantido um furo de reportagem da PRD-8 *Continental*. Aquele feito repercutiu e, um tempo depois, ele recebeu um prêmio concedido pela rede de lojas Ponto Frio. Seu dono, Alfredo Monte Verde tinha um programa na TV *Rio* e convidou Saulo para receber um presente. Dom Hélder Câmara foi quem passou para as mãos do repórter um gravador portátil que, naquela época, somente a polícia federal americana, FBI, tinha um igual.

Saulo Gomes, ainda com o macacão da Panair, mostrando o microfone BTP que guardou na roupa.

11

O MENINO DA CASA 6 ERA, NAQUELE ANO DE 1958, SOMENTE uma referência do que tinha sido, em sua infância, o radiorrepórter Saulo Gomes. Madureira ainda era a sua origem, mas há tempo não mais seu lugar. Saulo era do Rio de Janeiro. Reconhecia cada espaço da cidade, porque, ao reportá-la, detalhava aos ouvintes as especificidades, as características, as vantagens e as desvantagens de se estar e viver na ainda capital do Brasil. Aquele Rio do final da década de 1950 era o cenário de uma juventude chamada de transviada que, desejando romper com o estático, extrapolava.

A rua Miguel Lemos, especificamente entre os postos 4 e 5, quase no final de Copacabana, onde o carnaval de rua fazia-se tradicional com seus blocos de alegria, foi o local de um crime que marcou a época e envolveu a sociedade carioca.

O episódio policial, depois identificado como caso Aída Curi, revelou uma juventude disposta a curtir a vida a qualquer custo. A capital era o lugar para estudar preferido dos filhos ricos nascidos em outros estados mais acanhados. Ronaldo

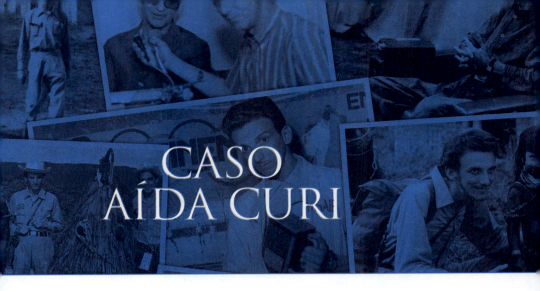

CASO AÍDA CURI

Castro, então com 19 anos, era do Espírito Santo e estava morando no Rio de Janeiro. Seu pai era um dos diretores do Instituto do Café e membro da Assembleia Legislativa do seu estado.

Amigo de Cássio Murilo, na época com 17 anos, os dois gostavam de convidar moças para ouvir músicas no apartamento do edifício Rio Nobre. A facilidade de entrar e sair provavelmente era pelo fato de o padrasto de Cássio, o coronel do Exército Adalto Esmeraldo, ser o síndico do edifício. Isso Saulo descobriu entrevistando moradores do prédio. Entre eles, uma mulher que fez questão de desabafar:

Eles entram e saem como se o prédio fosse deles.

Na gíria da época, esses jovens costumavam "currar" moças, abusar sexualmente, com ou sem a anuência delas. Um dia, a história tomou um rumo diferente e ganhou as páginas dos jornais. Na rádio *Continental*, Saulo Gomes ficou com a incumbência de revelar e narrar os fatos. Ele apurou, em sua investigação, entrevistando moradores do prédio, da rua e até mesmo da região, que Aída Curi, uma jovem bastante tímida, tinha acabado de deixar o colégio interno e estudava inglês em uma escola próxima da rua Miguel Lemos. Ela era de uma família tradicional de Minas Gerais, de classe média-alta.

O que se sabe é que um dia Aída subiu até o 12º andar do Rio Nobre, em um apartamento sem morador, para ouvir *rock and roll* com Ronaldo e Cássio. O porteiro Antônio não interpelou a entrada e, depois, precisou explicar o porquê. Foi quando a imprensa interpretou que Cássio, enteado do síndico, que era coronel, aproveitava-se de uma suposta influência ou mesmo intimidação.

As perícias feitas no corpo de Aída deram os detalhes que ninguém viu. Ela teria resistido às carícias dos meninos e, por isso, foi espancada. Os hematomas falavam. O que se manteve oculto, sem imagem nem narrativas, que nem mesmo os anos posteriores revelaram, é se Aída, desesperada, jogou-se do 12º andar ou, se desobediente, foi jogada.

Comprovado o envolvimento de Cássio e Ronaldo naquela morte, Cássio foi recolhido ao Serviço de Assistência ao Menor (SAM), e Ronaldo foi para julgamento.

Aquele teria sido mais um caso policial, entre tantos que Saulo reportava, se um dia ele não tivesse sido procurado por Ana Lúcia Mazi Riso, prima de Ronaldo. A mulher, bem jovem ainda, precisava contar o que sabia e escolheu fazê-lo justamente a Saulo.

Os dois conversaram durante um tempo. Era uma espécie de revelação e confidência. Mesmo não sendo uma entrevista, Saulo resolveu gravar, ainda que Ana Lúcia não soubesse. Ela contou que, no dia do seu casamento, Ronaldo entrou em seu quarto e tentou molestá-la. Sua intenção era evidenciar ao repórter que seu primo era capaz de ser o responsável pela morte de Aída.

A gravação não foi fácil. A conversa dos dois deu-se no estúdio do segundo andar. Saulo cuidou para que a luz vermelha, característica de quando se está transmitindo, não acendesse. A central com os equipamentos para o registro das falas ficava no sétimo andar. Os operadores de áudio monitoraram pela frequência, e só assim foi possível gravar o depoimento de Ana Lúcia.

Ainda que entendendo aquela gravação como um fato bombástico, Saulo não a usou nos dias que se seguiram. Somente quando o julgamento foi agendado e o assassinato ganhou destaque novamente na imprensa, ele ponderou melhor e resolveu, na véspera da reunião do tribunal do júri, colocar a conversa no ar. Antes de fazer isso, na tentativa de se precaver, Saulo Gomes contou

A gravação não foi fácil. A conversa dos dois deu-se no estúdio do segundo andar. Saulo cuidou para que a luz vermelha, característica de quando se está transmitindo, não acendesse.

toda a história para o dono da emissora, o também deputado federal Rubens Berardo Carneiro da Cunha, e, com a anuência dele, concluiu que exibiria a fita no programa das 22 horas.

O repórter procurou Ana Lúcia antes de divulgar a gravação. Ela demonstrou descontentamento com o fato de sua conversa com Saulo ter sido gravada. O marido da moça interpelou o repórter reiterando, sob ameaças, que eles não queriam a divulgação do fato. Tudo aquilo foi ponderado pela equipe de profissionais da emissora que, ao final, decidiu, apesar dos problemas que poderiam ter, veicular a gravação.

Mais uma vez, ao dar notícia, Saulo foi notícia. Chamado pelo juiz e interpelado a entregar a fita para ser juntada aos autos, ele ficou em evidência e diante do interesse de todos pelo caso, concedeu entrevistas para colegas de vários outros veículos de comunicação.

O clima ficou bastante nervoso. No dia do julgamento, logo depois que soube do conteúdo da fita, o pai do adolescente Ronaldo rompeu um círculo de repórteres no qual Saulo estava no centro e, muito contrariado com a situação, armado, ameaçou Saulo Gomes.

O embate judiciário foi desgastante. Os familiares de Ronaldo contrataram um dos melhores advogados do Rio de Janeiro, Romeiro Neto. Ronaldo foi condenado a 30 anos e meio de prisão. Eles recorreram e, no final do julgamento, o jovem foi inocentado da acusação de homicídio e condenado a 8 anos e 9 meses apenas por atentado violento ao pudor e tentativa de estupro. Cássio saiu do SAM direto para prestar o serviço militar, e o porteiro Antônio sumiu.

A gravação feita por Saulo, disseram muitos outros repórteres de várias emissoras, foi definitiva para a condenação do jovem carioca. A raiva da família rendeu um processo contra o repórter da rádio *Continental* que, ao longo de sua carreira na imprensa, responderia a 106 ações judiciais. Naquele caso, como em todos os outros, houve absolvição. Saulo sempre se respaldou de documentos de prova antes de se aventurar a fazer qualquer denúncia.

Na edição número 23 do 31º ano da revista *O Cruzeiro*, em 21 de março de 1959, David Nasser publicou uma matéria especial sobre o caso Aída Curi. Com o título "Ronaldo, absolvido pelo facilitário", o jornalista fez severas críticas ao juiz Souza Netto. Duas páginas da reportagem, Nasser dedicou a transcrever uma entrevista feita por Saulo Gomes com o juiz do caso, na rádio *Continental*.

Saulo Gomes em detalhe, na revista *O Cruzeiro*.

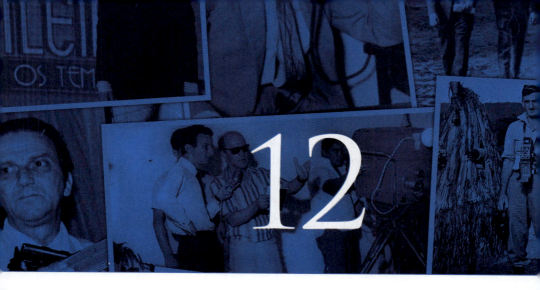

12

Saulo Gomes, que se descobrira repórter por um acaso, já não se imaginava mais fazendo outra coisa. Entre a política e a polícia, seguia atento a não deixar nada para trás que pudesse render uma boa reportagem. Com estilo próprio, Saulo não contava aos ouvintes só o que via. Ele era um investigador da informação. O que estava aparente lhe servia de guia para seguir em busca do que motivava as aparências. Suas histórias não habitavam a superfície. A profundidade é o que fazia daquele homem, definitivamente da imprensa, um repórter investigativo.

Com uma disponibilidade talvez irritante para outros companheiros de emissora, Saulo foi chamado para uma nova cobertura. Os dias na Câmara Federal estavam tranquilos, todos cuidavam de suas reeleições, por isso ele conseguia revezar entre a política e o cotidiano. Preferia os temas policiais, mas não se recusava a nenhuma reportagem.

Em direção ao subúrbio do Rio de Janeiro, no bairro de Deodoro, Saulo não imaginava o que estava por acontecer. Três

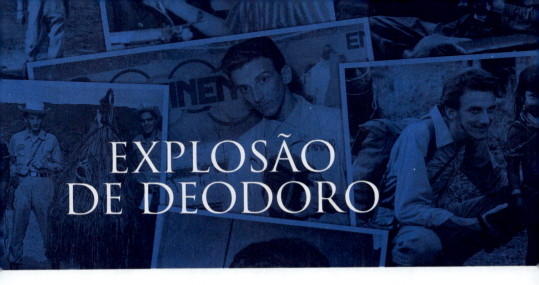

EXPLOSÃO DE DEODORO

ou quatro estações depois de Madureira, na região do Realengo, zona Oeste, especificamente em Guadalupe, tinha uma concentração de grandes prédios de aproximados três andares para cima da superfície e dois para baixo, que armazenavam a munição do Exército brasileiro, desde balas para armas de calibre .45 até as balas de canhão de calibre 105 e 305.

Era 2 de outubro de 1958. Véspera de eleições no Brasil para a escolha de 11 governadores, um terço do Senado Federal, toda a Câmara dos Deputados e as Assembleias Legislativas. Naturalmente Saulo deveria estar acompanhando o processo eleitoral, já que era o repórter credenciado da Câmara. Mas era noite quando chegou a notícia de que os paióis de Deodoro estavam explodindo, e a Saulo, então, foi demandado verificar a extensão dos fatos.

Naquele mesmo ano, em agosto, já haviam sido registradas explosões no mesmo local. A equipe de Saulo imaginava que seria algo semelhante e foi surpreendida quando pensaram estar chegando ao inferno. Os paióis estavam explodindo um a um em proporções assustadoras. Os aproximados 65 mil habitantes da região de Deodoro e Guadalupe, naquele ano, estavam aterrorizados. Nada, antes, tinha atingido aquela magnitude.

O impasse entre políticos e militares sobre a realidade dos paióis de Deodoro vinha sendo pauta na imprensa há algum tempo. O próprio Saulo já havia abordado o assunto. De um lado, tinham os políticos indignados com o Exército por manter aquele arsenal bélico tão próximo da população. Do outro, o então general Lott, especificamente e muito direto, rebatendo que a imprudência era dos homens da política por terem deixado um bairro de moradores surgir ao redor dos paióis.

Logo na chegada, uma barreira do Exército segurou a todos da imprensa a uma distância de cinco quilômetros do local das explosões. Não era muito. Distante dez quilômetros dali, vidros de casas e de estabelecimentos comerciais estavam estilhaçando em decorrência do deslocamento de ar.

Saulo foi para a ocorrência com o RC2. Equipado de um sistema de FM, a rádio *Continental* era a única que estava transmitindo ao vivo. Em um determinado momento, inconformado pela distância em que permanecia dos fatos, o repórter pegou seu gravador, pendurou no ombro e seguiu a pé até os portões principais da área de reserva militar. Ali, na frente da casa da guarda do quartel general, outros repórteres, antes de Saulo, já tentavam entrar.

Na gravação que ainda guarda, ele narra:

Atenção, senhores ouvintes, a contagem de tiros disparados por minuto não pode mais ser percebida. Observamos que agora o volume de tiros e explosões é de tal ordem que não há mais como fazer contagem. Perceba o ouvinte que as explosões estão avolumando, não pelo fato de eu estar me aproximando do local, é porque agora o fogo já está tomando conta de todos os paióis, e todos estão explodindo. São bolas de fogo no ar.

Não havia qualquer brecha para entrar. Os militares estavam em guarda, até que as explosões ganharam dimensão de extremo perigo. Com o deslocamento do ar, algumas pessoas estavam caindo desmaiadas. Neste instante, todos, soldados e homens de alta patente, começaram a fugir do local, rumo à estrada, deixando os portões totalmente desprotegidos e abertos.

Saulo e o técnico de áudio seguiam em direção oposta. Eles queriam chegar ao centro das explosões. O repórter pegou no chão um capacete abandonado, como se bastasse para ser protegido, e caminhou terreno adentro. A imagem era aterrorizante. Todos os paióis explodiam ao mesmo tempo. Árvores de 30, 40 metros haviam sido arrancadas, e os buracos deixados eram o único abrigo dos militares que, como Saulo, já não podiam mais sair daquele lugar.

Ao som de verdadeiras bombas, somavam-se gritos de pavor. Ao lado de Saulo, a esta altura jogado dentro de um dos buracos, um soldado chorava o seu medo. O repórter é quem o acalmava dizendo:

Não chore, não, soldado. Se Deus quiser, nós vamos sair vivos daqui.

Em um determinado momento, quando já não havia mais o que fazer, esperar que tudo passasse era a única coisa que restava. Foram mais de 30 horas de explosões seguidas. Relatórios posteriores do Exército deram conta de que 27 milhões de tiros haviam sido disparados.

Na memória do repórter, somente a cena da saída do buraco e o resgate em um caminhão do Exército. O tempo todo, Saulo manteve seu gravador ligado. No caminho de volta, antes que o veículo deixasse o local, o repórter saltou e seguiu para o RC2 com o objetivo de imediatamente liberar sua gravação. E foi o que ele fez.

Assim que o comando do Exército tomou conhecimento

do trabalho do repórter da rádio *Continental*, houve uma tentativa de proibir novas reproduções. Saulo acredita que a motivação para impedir a exibição da gravação era a de manter a instituição soberana diante do medo. Exteriorizar gritos de pavor e choro dos homens da corporação, entre eles, tenentes e coronéis, poderia, aos olhos dos grandes chefes do Exército, enfraquecer aquele poder constituído.

Saulo Gomes reportando a explosão do paiol de Deodoro. Jornalista Sarmento do *Jornal do Brasil*, Saulo, operador Claudio Lembo e um soldado do Exército. 1958.

Detalhes da explosão no paiol de Deodoro, 1958.

13

Chamado ao telefone, Saulo ouviu o que dizia a pessoa do outro lado, sem entender muito. A história parecia desconexa. Falava sobre uma moça loura, que depois de visitar o casal Nilza e Antônio, na casa deles, em Piedade, subúrbio do Rio de Janeiro, foi para uma escola e apresentou-se como da família da menina Tânia, de 4 anos, sendo autorizada a sair com ela, o que não era verdade.

Os pais da garotinha estão desesperados.

Imediatamente Saulo seguiu para Piedade e logo localizou a casa da família. Sua primeira entrevista foi com Nilza, mãe de Tânia. Ela contou a mesma história da pessoa ao telefone, só que com mais detalhes.

Um dia, essa mulher chegou aqui em casa dizendo que estava apaixonada pelo meu irmão, mas que não tinha coragem de falar com ele. Queria que eu a ajudasse. E com essa conversa, ela voltou outras vezes.

Antônio, marido de Nilza, motorista de caminhão em uma empresa localizada no centro do Rio de Janeiro, aconselhava a

FERA DA PENHA

mulher a não deixar estranhos entrarem em casa. Mas a loura era simpática, carinhosa com Taninha, por isso sempre era bem recebida, apesar dos alertas do marido.

Um dia ela trouxe, inclusive, presentes para minha filha. Uma boneca e uma chupeta. A menina adorava ela.

Assim que terminou a entrevista, o repórter voltou para o RC2 e, de lá, soltou a reportagem. Depois foi para a delegacia, o 24º distrito, perto da avenida Goiás. Sua conversa com o delegado não acrescentou nada ao caso. O que Saulo sabia era o mesmo que tinha conhecimento o profissional da Polícia Civil.

A terceira fonte do repórter foi o pai da menina desaparecida. Durante a abordagem, muito naturalmente, o marido de Nilza pactuou com Saulo que aquela haveria de ser uma conversa entre homens e que ele esperava que o repórter não complicasse a vida dele com a esposa.

Eu não estou assustado. Eu sei quem fez isso, e é somente para me perturbar. Acontece que eu tenho uma namorada. Encontro com ela todos os dias na Central do Brasil. Ela mora em

Jacarepaguá e se chama Neide. Nos últimos dias, ela vinha me ameaçando, dizendo que ela conhecia minha família e que eu deveria sair de casa para ficar com ela.

Antônio seguiu contando tudo a Saulo como se realmente aquela fosse uma conversa entre dois homens. Falou que jamais deixaria sua esposa e filhas, que ele nunca conseguiria ficar longe de Taninha. Disse que ele morreria de saudade dela.

Naquele momento, Saulo já sabia mais do que a polícia. Ele seguiu sua intuição e, com as informações de Antônio, foi para Jacarepaguá atrás de Neide Maia Lopes. Ele chegou à rua Ana Teles e conseguiu localizar a família da loura. Os pais dela disseram que ela estava estranha nos últimos dias.

Ela saiu hoje cedo como sempre e ainda não voltou.

Com nenhuma informação complementar, Saulo resolveu ir até a escola da menina Tânia. Lá ele soube que a criança tinha sido liberada às duas e meia da tarde, a pedido de Neide, que já tinha sido vista na escola ao lado de Nilza, por isso não houve qualquer resistência da diretora.

Quando Nilza deu falta da filha, ela já havia sido raptada há duas horas e meia. Dali, Saulo não tinha mais para onde ir. Até que, pouco mais de oito horas da noite, um trabalhador de um matadouro na Penha, depois de ouvir um tiro e em seguida ver fumaça, encontrou o corpo carbonizado de uma criança, perto do seu local de trabalho.

Como havia um anúncio geral sobre o desaparecimento de Tânia, todos se voltaram para aquele episódio, receosos de que se tratasse do mesmo caso. Em busca de informação na região onde o corpo foi encontrado, a polícia descobriu mais detalhes da criminosa no local em que ela comprou o álcool utilizado para atear fogo na criança. Houve uma perseguição, e Saulo tinha uma vantagem. Ele já sabia o endereço de Neide. Quando a polícia chegou à casa da loura, a única emissora no local era a rádio *Continental*. Por volta das dez horas da noite, quando ela chegou, tranquilamente, com os sapatos todos sujos de lama, foi dada voz de prisão, e Neide Maia Lopes, que passou a ser chamada de Fera da Penha, foi detida. Na bolsa que carregava, a arma do crime.

Saulo seguiu a viatura da polícia e passou a noite tentando uma entrevista com a mulher. Somente nas primeiras horas do dia seguinte, depois de mais de 12 horas de interrogatório, sem

> *Naquele momento, Saulo já sabia mais do que a polícia. Ele seguiu sua intuição.*

qualquer confissão, Saulo foi autorizado a conversar com ela. O repórter entrou e foi logo dizendo tudo que ele sabia. Falou do namoro dela com Antônio, das várias visitas à casa de Nilza, dos seus familiares, mostrando que conhecia todos os detalhes e que sabia que ela era a culpada.

Já começando a ficar nervosa, sem conseguir fumar durante todas aquelas horas, Neide foi definitiva:

O que você quer comigo? Pena que eu só tive tempo de matar a menina, queria matar toda a família de Antônio que me enganou durante muito tempo.

Nesse instante, a então Fera da Penha, resolveu contar tudo com detalhes. Falou que assim que comprou o álcool, a criança perguntou o que era aquilo, e ela disse para a menina que sabia que ela ia ficar doentinha, e que faria um remédio com o álcool.

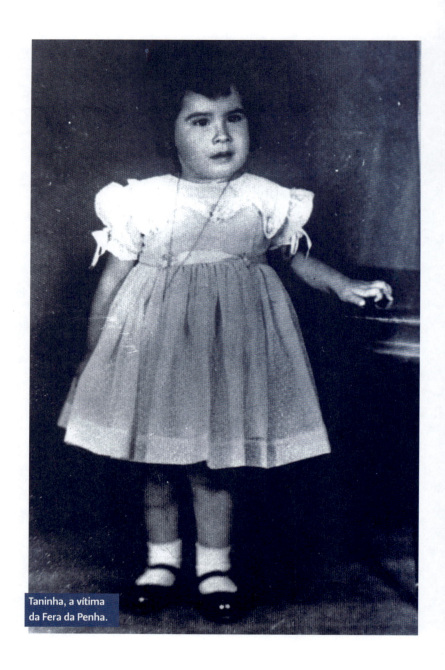

Taninha, a vítima da Fera da Penha.

A mulher deu detalhes do que fez depois que pegou Taninha na escola. O tempo que ficou na casa da amiga esperando escurecer. Falou sobre o tiro que disparou na cabeça da criança e como saiu rápido do local para não ser vista por ninguém. A mulher enciumada disse que escolheu o matadouro porque sabia que os urubus levariam partes do corpo da filha de Antônio e que não ficaria nenhum vestígio.

Neide Maia Lopes, a Fera da Penha.

Aquele crime foi cruel, não havia dúvida sobre a responsabilidade de Neide, mas, outra vez, a entrevista dada a Saulo Gomes serviu de confissão e foi juntada aos autos. Condenada à pena máxima, de 30 anos, a Fera da Penha cumpriu 16 anos na penitenciária Bangu 1 e, depois de solta, segue aprisionada em si mesma, fechada em sua casa, só na companhia dos personagens da televisão.

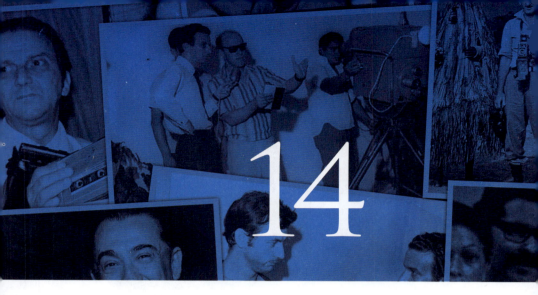

14

O INTERIOR DO ESTADO DO CEARÁ GANHOU DESTAQUE NA IMprensa do país, no segundo semestre de 1960, com a notícia do rompimento da barragem de Orós, ainda em construção. Localizada a 30 quilômetros da pequena cidade de Icó, a obra, iniciada três anos antes, durante o governo de Juscelino Kubitschek, tinha como meta represar o rio Jaguaribe e construir um reservatório hídrico de proporções monumentais, com a capacidade para 2 milhões e 100 mil metros cúbicos de água.

Faltando um ano para o fim da construção, uma chuva forte e constante fez o rio encher e os 36 metros já edificados de barragem não foram suficientes para segurar o acúmulo da água. Muitas cidades da região estavam sendo inundadas e a imprensa dirigiu-se ao local para a cobertura daquele desastre.

Saulo Gomes também queria ir transmitir os fatos pela rádio *Continental*. Aproximar-se da represa não era fácil, então o repórter recorreu ao oficial da Aeronáutica Carlos Niemeyer, criador da transmissão do futebol nas telas do cinema antes da exibição dos filmes. Ele mandaria dois cinegrafistas da sua

BARRAGEM DE ORÓS

equipe para registrar o acontecimento, assim Saulo pediu uma carona, que lhe foi concedida.

Na hora do embarque, no aeroporto do Rio de Janeiro, o piloto acusou um defeito no motor esquerdo da aeronave:

Nós estamos com um problema, o *starter* do motor está danificado. Ou trocamos a peça, o que demoraria dois dias, ou usamos o recurso de utilizar o motor de arranque. Vocês precisam decidir.

O técnico da rádio *Continental* Claudio Lembo, ao ouvir toda aquela conversa de uso de corda para acionar o motor, foi logo dizendo que não entraria naquela aeronave de maneira alguma.

Saulo respeitou a decisão do companheiro de emissora. Despediu-se dele e subiu com os outros dois cinegrafistas de Niemeyer. Até a cidade de Bom Jesus da Lapa, na Bahia, tudo tinha ocorrido com muita tranquilidade. Depois de reabastecer, no momento da decolagem, o piloto anunciou que o motor direito também estava apresentando problemas. Como ninguém queria ficar parado ali por dois dias, mais uma vez autorizaram a viagem, mesmo com o anúncio da precariedade dos dois motores. Saulo, como sempre, estava com o gravador perto e pronto. Não hesitaria em registrar os últimos momentos da tripulação, se, inesperadamente, aquela fosse a pauta do dia. Isso significa afirmar que, até mesmo a sua morte, ele pensava em deixar previamente reportada, se fosse o caso.

Quando o avião desceu em Icó, Saulo sentiu um alívio inenarrável, coisa bastante complicada para um repórter de rádio. O resto do trajeto até Orós não foi menos perigoso. A estrada era precária, a condução desconfortável e os desafios para seguir eram apresentados quilômetro a quilômetro.

Chegar foi o primeiro embate, era preciso criar recursos para transmitir as notícias diretas do interior do Ceará para a central do Rio de Janeiro. O departamento de combate à seca, recentemente criado, utilizava um sistema de comunicação com Fortaleza, retransmitido pela base da rádio *Dragão do Mar*. Assim que Saulo Gomes soube daquele recurso, solicitou a utilização do mesmo para reproduzir suas reportagens.

Mas ainda não era o bastante. Ele queria ter uma visão ampla de tudo o que estava acontecendo. Outra vez o repórter recorreu a seus conhecidos para conseguir sobrevoar a região atingida pelas chuvas e pelas águas descontroladas da represa. Dois ou três telefonemas e Saulo acessou o deputado Euclides Vica, proprietário de uma pequena aeronave.

"Deputado, precisamos ver tudo de cima", argumentou o porta-voz da *Continental*.

Enquanto o avião levava Saulo para ver tudo de longe, dali até a cidade de Aracati, as informações eram transmitidas por uma frequência liberada pela Varig, somente utilizada na Ásia, para evitar qualquer confusão de ondas sonoras em espaço aéreo brasileiro.

Aquele trabalho durou três dias.

Companheiros da *Dragão do Mar*, estou sobrevoando um prédio com a identificação do nome de Brasília, que tem ao lado um posto de gasolina de mesmo nome.

Com aqueles detalhes, a equipe da *Dragão* referenciava o nome da cidade, e Saulo seguia informando.

Já no final do Jaguaribe, ao sobrevoar Iguatu, o repórter narrou a presença de um grupo de pessoas com panos nas mãos, acenando

> *Até mesmo a sua morte, Saulo pensava em deixar previamente reportada, se fosse o caso.*

por ajuda. De repente, mais do que um repórter, Saulo era um ponto de apoio de identificação da realidade local e ligação entre quem precisava de ajuda e aqueles que podiam socorrer.

No ano seguinte, no dia 5 de janeiro, ele voltou a Orós para acompanhar o evento oficial de inauguração da barragem. O presidente Juscelino Kubitschek, muito criticado no ano anterior, inclusive por ter desviado verbas da obra, acelerou o término da construção para ter o direito de entregá-la ao povo da região, ainda em seu mandato, finalizado naquele ano. Oitenta pessoas foram congratuladas com um diploma pela ação de colaboração e ajuda quando do rompimento da barragem. Saulo Gomes foi um deles.

Barragem de Orós, 1960.

15

Para alguns, Saulo Gomes era ousado; para outros, irresponsável; para ele, valia tudo pela melhor reportagem. Tudo mesmo. Até entrar clandestinamente em um voo comercial. E foi isso que aconteceu. Sem tempo hábil para a emissora comprar sua passagem para Recife, onde chegaria o Santa Maria, navio sequestrado por revoltosos portugueses, Saulo foi para o aeroporto na tentativa de embarcar de qualquer maneira. Ele misturou-se entre os passageiros, aproveitando a falta de controle rígido, só implantada depois de 1964, entrou e escondeu-se no banheiro do avião. Trinta minutos depois, alguém reclamou da permanência da porta fechada, então o comandante tomou uma atitude. Quando Saulo saiu, tentou explicar a situação, anunciou que era repórter, mas não teve conversa, ele foi repreendido:

O senhor será detido e entregue à Polícia Federal assim que o avião pousar em Recife.

Era o que Saulo queria. Lá ele se entenderia com os policiais.

NAVIO DE SANTA MARIA

Uma pequena parte dos passageiros criticou a atitude do repórter que teria colocado a todos em perigo pelo excesso de peso. A maior parte aplaudiu a audácia.

Em terra firme, Saulo foi direto para a polícia e outra vez repreendido. Por sorte, dentre todos, muitos estavam a seu favor. Levou uma bronca e foi liberado. Imediatamente, ele seguiu para o porto de Recife. Queria logo se juntar aos outros repórteres e acompanhar o sequestro do navio.

Saulo já sabia que aquela era a viagem inaugural do navio português Santa Maria. Ele tinha zarpado de Lisboa no dia 9 de janeiro e sua rota inicial era para Miami, com parada no porto La Guaira, na Venezuela, no dia 20. A bordo do transatlântico, cerca de 300 tripulantes e aproximados 700 passageiros.

O sequestro vinha sendo planejado há muito tempo para marcar o descontentamento do general Humberto Delgado, asilado no Brasil até aquele janeiro de 1961, e o capitão Henrique Galvão, asilado na Venezuela depois de se declarar oposição ao regime Salazar, na década de 1950, ser preso, fugir e exilar-se na Argentina. Ele e outros três homens embarcaram clandestinamente em Curaçao, nas Antilhas Holandesas. Entre os que já estavam no navio, outros 20 homens da Direção Revolucionária Ibérica de Libertação aguardavam para agir. Juntos, eles surpreenderam a tripulação e conseguiram prender a todos. Imediatamente, o novo comandante mudou a rota do navio para a África. O desejo, depois revelado, era chegar à ilha espanhola de Fernando Pó, Golfo da Guiné, e, a partir dali, atacar Luanda, em Angola. A pretensão era derrubar o governo de Lisboa. Mas nem tudo deu certo. Um cargueiro dinamarquês, ao se deparar com o Santa Maria, alertou as autoridades. Como a maior parte dos passageiros era de americanos, um avião dos Estados Unidos localizou o navio, obrigando nova mudança de rota.

Estrategicamente, no dia 2 de fevereiro, o capitão Galvão parou o navio a três milhas da costa. Naquela época era a distância que demarcava a divisão entre as águas internacionais e brasileiras. Depois, essa limitação foi expandida para 200 milhas. Saulo estava lá acompanhando as negociações.

O interesse do repórter da rádio *Continental* em estar em Recife para aquela cobertura, sujeitando-se até a viajar clandestinamente, tinha explicação. Saulo conhecia bem a história daquele movimento português. Ele já havia estado, no Rio de Janeiro, com o general Delgado. Desde a apreensão do navio, o general e o capitão Galvão mantinham conversas por sistemas alternativos de áudio, e Saulo sabia das tratativas. O general havia garantido ao repórter que ele seria autorizado a subir no Santa Maria antes da saída dos passageiros. Saulo Gomes carregava consigo um bilhete de poucas quatro linhas, assinado pelo general Delgado, que, se conseguisse fazer chegar ao capitão Galvão, era seu passaporte para subir a bordo.

Com a ajuda de um marinheiro, o repórter investigativo conseguiu o que queria, somente ele de rádio e o jornalista do jornal *O Estado de São Paulo* Miguel Urbano Rodrigues entraram no Santa Maria para acompanhar as negociações. Saulo utilizou o sistema de rádio do navio para fazer a transmissão de sua reportagem. A entrada dos dois significou compromisso com a causa do movimento, o que, depois, gerou alguns problemas ao repórter.

Após muitas tratativas, o capitão Galvão percebeu que não tinha qualquer chance de tirar aquele navio dali e retornar à África. Sua rendição era inevitável, e foi o que ele fez. Até o dia 31 de janeiro, era presidente do Brasil Juscelino Kubitschek. Com ele no governo, seria um grande problema diplomático dar asilo político ao capitão Galvão e aos homens que o acompanhavam. Jânio Quadros, por sua vez, não tinha compromisso com o governo português e concedeu, como um de seus primeiros atos, o asilo aos homens do Santa Maria.

Para alguns, Saulo Gomes era ousado; para outros, irresponsável; para ele, valia tudo pela melhor reportagem. Tudo mesmo. Até entrar clandestinamente em um voo comercial. E foi isso que aconteceu.

Ao final daquela negociação, toda ela noticiada pelas ondas sonoras da rádio *Continental*, os passageiros desceram e voltaram a Lisboa, novamente pelo mar. Os revoltosos ficaram no Brasil, ainda por um tempo. Saulo retornou ao Rio de Janeiro, com poltrona numerada, sem problemas com a polícia.

Mas nem tudo seria como antes. Aquela reportagem provocou alguns desgastes à direção da emissora. Saulo foi proibido de fazer qualquer viagem a Portugal. Ele ficou bastante desgostoso com o comportamento de seus chefes imediatos, pois esperava maior apoio pela sua dedicação, mas não obteve.

Mas nem tudo seria como antes. Aquela reportagem provocou alguns desgastes à direção da emissora. Saulo Gomes deixou a rádio Continental depois de cinco anos e iniciou uma trajetória na televisão.

Com este episódio e diante do convite intermediado pelo amigo Paulo Goulart, Saulo Gomes deixou a rádio *Continental* depois de cinco anos e iniciou uma trajetória na televisão.

O ESTADO DE S. PAULO

JULIO MESQUITA (1891 - 1927)

ANO LXXXII — QUARTA-FEIRA, 1 DE FEVEREIRO DE 1961 — NUM. 26.310

Galvão permanece ao largo de Pernambuco; aguarda decisão do novo presidente do Brasil

A chegada da reportagem

Não produziu resultado positivo a conferência no "Santa Maria"

Jornal *O Estado de São Paulo* destaca em matéria de capa o incidente no navio Santa Maria. 1961.

A oficialidade do "Santa Maria"

EDIÇÃO DE HOJE 44 PÁGS EM 2 CADERNOS

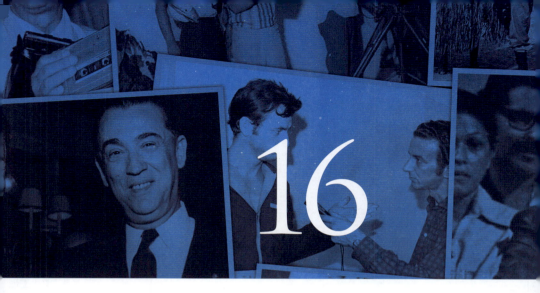

16

Assim que chegou à TV *Tupi*, como uma opção do elenco, Saulo Gomes foi chamado para trabalhar com o já bastante conhecido David Nasser. Ele aceitou rapidamente, seria um privilégio. A primeira grande reportagem foi uma sugestão de Saulo. Aproveitou que conhecia o sertanista Francisco Meireles do SPI – Serviço de Proteção aos Índios, que depois viria a ser a Funai, e agendou uma visita à tribo dos índios gorotires. Seu amigo, em 1947, conseguiu a mais difícil aproximação entre brancos brasileiros e índios xavantes. Meireles passou meses na mata, ocasião em que sofreu um acidente e fraturou uma perna fazendo com que ficasse mais tempo do que o planejado.

Depois de abordado por Saulo, Meireles contou que havia um conflito instalado na mata, entre duas tribos da nação caiapós: cubem-cram-quem, que significa gente da cabeça raspada, e gorotire. O sertanista explicou que as duas tribos brigavam muito por causa de mulheres, um roubava mulher do outro, e por causa dos garimpeiros. Eles não gostavam da presença dos homens nos garimpos. Naquela região das tribos, próximo a

UM HOMEM DE RÁDIO NA TELEVISÃO

Redenção, no Sul do Pará, há um enorme garimpo, chamado Santilli, e esses índios viviam em conflito para defender suas terras.

Saulo, Armando e Maurício compuseram a equipe da TV *Tupi* e seguiram, autorizados pelo SPI, para registrar os dias em três aldeias distantes alguns quilômetros uma da outra. A situação não era totalmente segura. Em ocorrência anterior, aqueles índios haviam atacado o garimpo e matado muitos homens. Foram destaque em vários noticiários porque entre eles estavam alguns pesquisadores ingleses que ficaram vivos para contar a história de horror.

A equipe foi de avião comercial até Belém e de lá para a margem da mata em um aviãozinho, por uma rota dita clandestina. Mas não era totalmente clandestina, pois era de conhecimento da Aeronáutica e servia para operações na bacia amazônica. O restante do trajeto foi feito a pé seguindo trilhas de terra, e em pequenas embarcações parecidas com caiaques, pelas corredeiras do rio que cortava a região.

Assim que chegaram, foi bastante difícil a comunicação. Saulo tentou de tudo para se aproximar. Eles ficariam ali 47 dias e, para aproveitar ao máximo, teriam que estabelecer meios de trocar informações.

Um dia depois do outro, com a ajuda dos profissionais do spi e um cacique que falava português, a equipe da *Tupi* conseguiu registrar importantes momentos da tradição cultural dos gorotires. Entre as manifestações dos índios, eles filmaram a dança das águas e o hino de guerra dos caiapós.

Os visitantes não entendiam nada sobre o que estava acontecendo. A soma das vozes dos índios com o barulho ritmado dos bastões de madeira que batiam no chão provocava um som único. Mas como o hino era de guerra, aquele ritual não era alegre. Saulo chegou a reclamar com os companheiros que não estava se sentindo bem. A sensação de depressão era comum entre os estranhos. Parecia que estavam sendo puxados para a terra. Aquele anúncio de guerra não era uma exibição para ser filmada, os índios estavam preparando-se para uma briga com tribos próximas. Eles tinham que conseguir mais mulheres para a aldeia. Precisavam delas, e a disputa era história naquele lugar.

Na cultura daquele povo, aos 9 anos de idade as meninas já se casavam com meninos de 13 anos. As cerimônias de casamento eram longas, eles festejavam dois, três dias, com música, cantoria, muita comida e danças durante o dia e a noite. Como os adultos, as meninas, agora casadas, ficavam em casa, e os meninos, agora homens, saiam para caçar. À noite, eles dormiam juntos, na mesma rede, mas sem manterem relações sexuais. Apesar de casados, só passavam a ter relações depois da primeira menstruação da índia.

Nenhum dia era igual ao outro. Comidas diferentes; carne de caça de animais muitas vezes nunca vistos; peixes de todos os nomes; ervas e plantas exóticas que alimentavam e curavam. Os banhos eram no rio, do jeito que dava. Eles não dormiam na aldeia, tinham um acampamento próximo, mas nunca ficavam sozinhos, os índios os protegiam da aproximação dos animais ferozes e dos rasteiros peçonhentos.

Com muita frequência, os índios reuniam-se em rodas de dança e cantoria. Fosse para anunciar a guerra, para chamar a chuva, para celebrar os casamentos ou para enaltecer os deuses. Eles vestiam-se de maneiras diferentes e aclamavam os deuses indígenas vários dias seguidos.

O maior susto que a equipe viveu foi durante a primeira tempestade. O silêncio da mata fazia os raios e trovões ecoarem mais alto. Árvores monumentais eram clareadas parecendo monstros com vida. A sensação daqueles pequenos homens brancos era de que todos os raios convergiam na direção deles, o que de fato não acontecia. Depois da tormenta, ao longo dos caminhos, sempre eram vistas muitas árvores rachadas ao meio. Naqueles 47 dias houve muitas tempestades. Mas aquilo era uma coisa que Saulo não queria se acostumar.

Como o hino era de guerra, aquele ritual não era alegre. Saulo chegou a reclamar com os companheiros que não estava se sentindo bem. A sensação de depressão era comum entre os estranhos.

Nem tudo deu certo como todos queriam. Um dos homens da equipe do SPI feriu-se na perna com um pedaço de pau, com muita gravidade. Ele perdeu muito sangue e o machucado infeccionou, levando-o a morte. Não havia outra opção, naquela situação, eles teriam que enterrá-lo ali mesmo, em terras amazônicas, longe de seus familiares, que só ficaram sabendo da morte do homem quando a comitiva chegou a Belém.

Depois da aventura no interior da mata, a equipe foi recebida pelo brigadeiro Camarão da Aeronáutica. Quase todos estavam fracos, muitos deles doentes, vários com malária. Ali, receberam atendimento para continuarem.

Coisas muito curiosas tinham acontecido naqueles 47 dias em que Saulo esteve na selva. Uma delas foi a ida de Yuri Gagarin ao espaço. Quando eles saíram da mata, alguns profissionais da imprensa questionaram se sabiam da aventura do soviético. A resposta de um deles foi destaque nos veículos de comunicação:

Se Gagarin passou pela Amazônia, eu não vi, ele jogou um martelo e foi-se.

A reportagem foi editada e exibida em vários programas. Até mesmo com repercussão em uma versão impressa, em uma edição da revista *O Cruzeiro*. A TV *Tupi*, David Nasser e Saulo Gomes ganharam prêmios com aquele trabalho. É importante lembrar que era 1961 e a reportagem era inédita. Pouco se tinha acesso à cultura indígena.

Meninas indígenas e um dos rituais da tribo, 1961.

Saulo Gomes segurando microfone grava o ritual das águas no rio Fresco, 1961.

Armando Barroso, Saulo Gomes e dois caciques da tribo, 1961.

Maurício Dantas, Saulo Gomes e Armando Barroso, ao lado de índios da tribo, durante um ritual, 1961.

O repórter com seu equipamento; destaque para uma criança da tribo, 1961.

17

Nas primeiras horas do dia 25 de agosto de 1961, Jânio Quadros condecorou Ernesto Che Guevara com a Ordem do Cruzeiro do Sul. Pouco tempo depois, no mesmo dia, ele renunciou.

Fui vencido pela reação e assim deixo o governo. Nestes sete meses cumpri o meu dever. Tenho-o cumprido dia e noite, trabalhando infatigavelmente, sem prevenções nem rancores. Mas baldaram-se os meus esforços para conduzir esta nação pelo caminho de sua verdadeira libertação política e econômica, a única que possibilitaria o progresso efetivo e a justiça social, a que tem direito o seu generoso povo. Desejei um Brasil para os brasileiros, afrontando, nesse sonho, a corrupção, a mentira e a covardia que subordinam os interesses gerais aos apetites e às ambições de grupos ou de indivíduos, inclusive do exterior. Sinto-me, porém, esmagado. Forças terríveis levantam-se contra mim e me intrigam ou infamam, até com a desculpa de colaboração. Se permanecesse, não manteria a confiança e a tranquilidade, ora quebradas, indispensáveis ao exercício

A RENÚNCIA DE JÂNIO QUADROS E A MUDANÇA DE SAULO

da minha autoridade. Creio mesmo que não manteria a própria paz pública. Encerro, assim, com o pensamento voltado para a nossa gente, para os estudantes, para os operários, para a grande família do Brasil, esta página da minha vida e da vida nacional. A mim não falta a coragem da renúncia. Saio com um agradecimento e um apelo. O agradecimento é aos companheiros que comigo lutaram e me sustentaram dentro e fora do governo e, de forma especial, às Forças Armadas, cuja conduta exemplar, em todos os instantes, proclamo nesta oportunidade. O apelo é no sentido da ordem, do congraçamento, do respeito e da estima de cada um dos meus patrícios, para todos e de todos para cada um. Somente assim seremos dignos deste país e do mundo. Somente assim seremos dignos de nossa herança e da nossa predestinação cristã. Retorno agora ao meu trabalho de advogado e professor. Trabalharemos todos. Há muitas formas de servir nossa pátria.

Brasília, 25 de agosto de 1961
Jânio Quadros

Saulo estava com sua equipe da TV *Tupi* entrevistando João Cândido, no entreposto de pesca, na praça XV de Novembro, no Rio. Aquele homem, já de idade avançada, fora o responsável pela Revolta da Chibata, em 1910. Ele incitou e conduziu o movimento que pôs fim no comportamento de marinheiros graduados em dar chibatadas nos homens alistados em fase de treinamento. Ali mesmo, ele foi informado de que algo estranho estava acontecendo com o presidente da República. A ordem era desligar os equipamentos, recolher o veículo e voltar para a emissora. Começava a censura dos 13 dias.

Como repercussão da renúncia de Jânio Quadros, os três ministros militares – Aeronáutica, Marinha e Exército – não queriam dar posse ao vice-presidente João Goulart, que estava em missão na China e já tivera sido rotulado de um homem com fortes ligações com a esquerda. Leonel Brizola, governador do Rio Grande do Sul e cunhado de Jango, muito rapidamente criou a Campanha da Legalidade para forçar que a lei fosse cumprida. Saulo sabia de tudo antes mesmo da divulgação em massa, isso porque tinha relações pessoais com o marechal Henrique Teixeira Lott que, naquele momento, estava apoiando a iniciativa de Brizola.

Com o desejo de fazer aquela cobertura, Saulo correu para a direção da TV *Tupi* e sugeriu a reportagem. Imediatamente, ele foi cerceado. O posicionamento da emissora seria o de isenção diante daquele episódio. Mas alguém sabia que Saulo gozava de prestígio com o marechal que estava no centro dos acontecimentos e o indicou para compor a equipe da TV *Rio*. O convite foi feito e Saulo Gomes não titubeou.

— Paulo, eu quero o meu desligamento da TV *Tupi*. Hoje.

— Mas por quê?

— Vou ganhar mais na TV *Rio* para fazer a cobertura da crise política brasileira.

Ninguém falou em aviso prévio ou em acertos. A carteira foi assinada. Após sete meses de trabalho na *Tupi*, Saulo estreou na TV *Rio*.

Na nova emissora, ele mal entrou no prédio foi direto para o apartamento do marechal Lott, na rua Dias da Rocha, esquina com a avenida Nossa Senhora de Copacabana, para se atualizar de tudo. O repórter ficou por lá muitas horas. Ali, ele acompanhou a leitura do manifesto do marechal em apoio a Brizola e, depois, foi incumbido de ler o mesmo manifesto para as emissoras de rádio de todo o Brasil.

Aos meus camaradas das Forças Armadas e ao povo brasileiro.

Tomei conhecimento, nesta data, da decisão do sr. ministro da guerra, marechal Odílio Denys, manifestada ao representante do governo do Rio Grande do Sul, deputado Rui Ramos, no Palácio do Planalto, em Brasília, de não permitir que o atual presidente da República, sr. João Goulart, entre no exercício de suas funções e, ainda, de detê-lo no momento em que pise em território nacional. Mediante ligação telefônica, tentei demover aquele eminente colega da prática de semelhante violência, sem obter resultado...

No geral, estava decretada absoluta censura quanto aos assuntos da presidência. Por 13 dias, houve controle das informações divulgadas. Saulo fez várias entrevistas, mas não levou nenhuma ao ar. Ele acompanhou a tentativa de prisão do marechal Lott pelo coronel Ardovino Barbosa, o que não aconteceu porque um coronel não pode dar voz de prisão para alguém de maior patente.

Frustrada essa primeira tentativa, o Exército mandou o marechal Sucupira para prender Lott. Às seis horas da manhã, o Exército entrou no apartamento e fez a prisão. Saulo estava lá e acompanhou toda a ação militar.

Logo em seguida, usufruindo de suas relações, Saulo infiltrou-se em outro grupo. O publicitário João Dória, da Bahia, militante de esquerda, um dos apoiadores de Leonel Brizola, reuniu um grupo de amigos e organizou um voo com saída de Nova Iguaçu para Porto Alegre. As ruas da cidade estavam tomadas, o palácio sitiado e os homens que faziam a guarda estavam fortemente armados.

Aquele grupo liderado por Dória permaneceu ao lado de Brizola enquanto alguns voltaram para o Rio de Janeiro, entre eles, Saulo Gomes. Sua missão era específica. Ele teria que difundir as informações permitindo que o povo fluminense soubesse o que de fato estava acontecendo. Com aquele grupo, seguiu para o Rio um engenheiro da rádio *Guaíba*. Assim que eles chegaram, o homem de Brizola buscou, em um lugar não revelado, um transmissor de áudio e instalou-o, com bastante dificuldade, no alto do morro da Rocinha. Eles formaram a Rede da Legalidade. Recebiam as ondas da rádio *Guaíba* e retransmitiam por grande parte do estado do Rio, de Minas Gerais e do Espírito Santo.

Aquela iniciativa não durou muito. O Exército soube da rádio clandestina e mandou o coronel Ardovino subir o morro. Os homens da rede conseguiram fugir antes de serem pegos, mas o transmissor foi destruído, jogado morro abaixo.

A reação de Brizola fez com que os ministros militares entrassem em contradição. O comandante do Terceiro Exército, Machado Lopes, desrespeitou a ordem do ministro da guerra Odílio Denys. Lopes resolveu apoiar Brizola e enfraqueceu o movimento militar.

Alguns políticos uniram-se para resolver aquele impasse, entre eles, Ranieri Mazzilli e Áureo Soares de Moura Andrade. De primeiro a sete de setembro, eles articularam e votaram, no Congresso Nacional, o parlamentarismo para o Brasil. João Goulart, o vice, assumiu a presidência, e Tancredo Neves foi feito primeiro-ministro.

Quando reuniu todo o material que tinha, terminado o grande período de crise, Saulo Gomes editou tudo sobre os 13 dias, e o seu trabalho repercutiu muito favoravelmente para ele e para a emissora.

No dia da posse de Tancredo Neves, um reconhecimento. O primeiro-ministro valorizou o papel da imprensa naquele episódio. Explicou que não seria possível que todos os profissionais de comunicação estivessem no cenário do evento de sua posse e, por isso, ele escolheria dentre todos um jovem jornalista que atuou muito diretamente naquele momento histórico:

Saulo Gomes, por favor, você representará a imprensa brasileira.

Saulo Gomes acompanhou a posse de Jango e Tancredo Neves, depois da renúncia de Jânio, 7 de setembro de 1961.

18

Depois da sua passagem pela TV *Tupi* e pela TV *Rio*, Saulo Gomes voltou para o rádio a convite de Leonel Brizola. Sua função seria a de organizar o departamento de jornalismo da *Mayrink Veiga*. Lá, ele era dirigido por Iran Aquino, que representava Brizola, na emissora. O político tinha comprado 25% das ações da rádio e se tornado sócio, ao lado dos donos originais e do deputado Miguel Leuzzi, que era o maior proprietário da Rede Piratininga de Rádio no estado de São Paulo.

A nova equipe passou a ser chamada de "os vigilantes da *Mayrink*". Ao longo de todo o dia, Saulo coordenava o grupo de rua e de retaguarda. À noite, das nove às dez horas, ele conduzia o programa "Frente Nacional de Notícia". Era o tempo de repercutir todo o trabalho do dia e anunciar o que seria notícia no dia seguinte. A tarefa era desafiadora porque a emissora tinha como maior referencial em sua audiência programas musicais e humorísticos. Ela figurava em segundo lugar na preferência do público, perdendo somente para a rádio *Nacional*.

DE VOLTA AO RÁDIO ATÉ A PRISÃO

Uma das primeiras grandes coberturas organizadas por Saulo Gomes ocorreu no Paraná. Chegou à redação da *Mayrink Veiga* um documento assinado pelo governador paranaense Ney Braga declarando calamidade pública em seu estado, com a presença de 300 mil flagelados, vítimas dos muitos focos de incêndio nas lavouras e nas áreas verdes. A situação era crítica, o fogo estava sem controle, as perdas eram incalculáveis e o Brasil todo estava sensibilizado com aquela tragédia.

A ideia de Saulo Gomes, logo depois de tomar conhecimento dos incêndios, foi iniciar uma campanha de apoio à população que recebeu o nome de "O Paraná precisa de você". Durante dois dias, a emissora somou-se a outras, e todos anunciavam o desastre e pediam solidariedade. O Rio de Janeiro movimentou-se para ajudar. As agências do Banco Paraná, uma na Treze de Maio, próximo ao Teatro Municipal, e outra em Copacabana, ficaram abertas no sábado e no domingo para receberem donativos vindos de vários lugares.

Enquanto a campanha seguia, Saulo organizou uma equipe formada por ele, Gilson Dote, Élcio Froes e um técnico de áudio e foi para o Paraná. O departamento de jornalismo era recente e ainda não dispunha de recursos como uma viatura, por exemplo. Para fazer a viagem, ele conseguiu, com a ajuda da diretoria, um automóvel Aero Willys emprestado pelo Instituto Brasileiro do Café.

Assim que chegaram a Curitiba, uma estranheza. O estado em calamidade pública, mas os dois maiores times de futebol estavam em campo, apresentando-se para uma plateia que lotava as arquibancadas em um jogo que não era beneficente. A equipe da rádio reportou a realidade de uma aglomeração de pessoas, vítimas do fogo, e seguiu para Castro, onde vários funcionários da fazenda do ex-governador Moysés Lupion, fugindo do incêndio, morreram em um acidente com o caminhão. O veículo que os retirava da proximidade do fogo explodiu no trajeto da fuga. Os 30 passageiros não resistiram.

Em Tibagi, o pior. Os repórteres assistiram ao descalabro do governo local que estava jogando fora, no rio, sacos de plasma de sangue e peles humanas para enxertos dos queimados no incêndio, doados pelo governo dos Estados Unidos. O armazenamento malfeito tinha provocado a deterioração dos materiais.

Uma cidade, depois outra e a constatação da inabilidade dos governos em tratar das questões emergenciais. Em Cambé, a propaganda política do candidato à prefeitura prometia leite em pó para a população. O mesmo que tinha sido doado para a campanha em favor das vítimas dos incêndios e estava armazenado numa propriedade particular.

O incêndio era real. Cento e vinte e oito cidades do estado tinham sido atingidas, mais de 120 quilômetros de mata nativa estavam queimando. O grande problema era a falta de seriedade no atendimento à população, especialmente em relação aos donativos feitos pelas pessoas de todo o país e até de nações estrangeiras.

Quando a equipe chegou a Londrina, procuraram o bispo Dom Geraldo, que disse:

Aproveito a presença da rádio *Mayrink Veiga* na minha paróquia para anunciar ao Brasil que nós não temos flagelados vítimas do incêndio como anunciado pelo governo. Nós temos

Saulo Gomes visita família do Paraná, durante incêndios, setembro de 1963.

pessoas pobres que, graças às doações feitas, estão sendo atendidas, mas não em decorrência do fogo. A proporção divulgada é muito maior do que a realidade, conforme vocês mesmos estão constatando.

Aquela experiência no Paraná tinha sido muito desgastante, mas o pior estava por vir. Quando 1964 chegou e a movimentação política exigiu tomada de posição, Brizola fez uma reunião com sua equipe da *Mayrink Veiga* para acertar o discurso. Saulo, logo no início daquele encontro, enunciou sua conversa com Emilson Froes, diretor da rádio *Nacional*:

Ele sugeriu que fizéssemos uma rede para combater tudo isso.

Brizola concordou com a ideia e autorizou Saulo a montar o *pool* de emissoras quando sentisse que fosse o melhor momento.

No dia 25 de março de 1964, o homem da imprensa, neste momento mais coordenador de equipe do que repórter de rua, escalou dois profissionais para cobrir a invasão do Sindicato dos Metalúrgicos, na estação de Riachuelo, subúrbio do Rio de Janeiro. Cerca de mil e quinhentos fuzileiros navais, comandados pelo cabo Anselmo, tinham ocupado a sede sindical e ali instalaram um movimento reivindicatório em favor dos marinheiros e militares de baixa patente. Do outro lado, reunidos em seus clubes, marechais, brigadeiros e coronéis pediam a Jango autorização para prender os líderes dos marinheiros.

O presidente não acatou o pedido e ali reforçou a fragilidade de sua relação com os ministros militares. Uns dias antes, em 13 de março, João Goulart tinha feito um discurso na Central do Brasil para uma plateia de mais ou menos duzentas mil pessoas. Ele defendeu as reformas de base de seu governo.

Saulo Gomes prepara equipamento para gravação em um local no Paraná, durante cobertura dos incêndios, setembro de 1963.

Seu discurso contrariou o grupo de direita e deixou os ministros militares certos de que Jango estava fora de controle. O episódio liderado pelo cabo Anselmo foi a gota d'água. Os dois repórteres enviados por Saulo Gomes ao Sindicato dos Metalúrgicos voltaram para a emissora afirmando que a permanência no local não era segura. O chefe de equipe sentiu-se instigado a cobrir, ele mesmo, aquela pauta. E foi o que fez. Seguiu para o sindicato, a fim de acompanhar tudo de bem perto.

Ouvintes da rádio *Mayrink Veiga* do Rio de Janeiro, ouvintes de todo o Brasil, muito boa noite.

Desde a noite de ontem que a equipe dos vigilantes acompanha *pari passu* os acontecimentos que traumatizam e causam tensão ao povo brasileiro e, particularmente, às autoridades públicas deste país: na sede do Sindicato dos Metalúrgicos onde se reúnem em assembleia permanente milhares de fuzileiros navais e marinheiros do Brasil.

Dentre os muitos acontecimentos, entre as notas divulgadas, entre os manifestos apresentados, além inclusive das manifestações de solidariedade traduzidas pelas principais entidades que congregam as forças populares do Brasil sediadas no estado da Guanabara, já nesta altura, de todo o país. Uma vez que a UNE (União Nacional dos Estudantes) e todos os sindicatos, confederações e federações brasileiras mantêm-se em assembleia permanente e enviaram a este local as suas manifestações, não poderíamos nós, diante de um fato histórico na política e na vida pública brasileira, estar ausentes deste acontecimento. Não nos cabe, nesta oportunidade, absolutamente, nenhum comentário, mas sim cumprir com nosso dever, respeitar as ordens emanadas do poder constituído no sentido de se transmitir tão somente notícias que possam representar uma palavra de tranquilidade ao povo brasileiro. Motivo pelo qual, desde as primeiras horas, aqui nos encontramos acompanhando todos os acontecimentos e registrando-os em nossa máquina gravadora, para que mesmo nos momentos de maior tensão, de maior gravidade, viéssemos a público com nossa palavra. Está nisso, portanto, uma satisfação ao poder constituído que na tarde de hoje solicitava à rádio *Mayrink Veiga* um cuidado especial para com suas transmissões e determinava que somente as notas oficiais fossem retransmitidas.

Neste instante, podemos ir ao ar falar deste assunto, porque vamos falar de tranquilidade. Neste instante podemos falar ao Brasil, porque há milhares de famílias de marujos, marinheiros e fuzileiros dos quatro cantos querendo saber uma mensagem de um marinheiro. Saber da tranquilidade de cada um deles. Saber como vai o ambiente dentro da sede dos metalúrgicos.

À família dos marujos do Brasil, podemos dizer, muitos estafados estão, entretanto a tranquilidade está assegurada. O conforto material e moral, eles têm recebido.

Material, uma vez que [se dirigem] cruzeiros com dezenas de quilos de mercadoria que já foram enviadas, inclusive por populares. Sociedades recreativas, esportivas, sindicais estão dispostas a alimentá-los até a palavra final de sua luta.

Assim como também a solidariedade moral chega pelas manifestações trazidas em todos esses documentos para aqui enviados e também através da palavra viva de cada um dos líderes que aqui se fazem representar nesta oportunidade, além dos destacados líderes nacionalistas que aqui se encontram e de uma grande comissão de senhoras da liga feminina.

Neste instante, a palavra de ordem, de tranquilidade dirigida à mulher, ao filho, ao amigo do marinheiro, sem quebra do respeito às determinações oficiais, a lhes apresentar um *flash* de matérias gravadas nas últimas horas. Portanto, o que os senhores vão ouvir agora se trata de uma gravação quando era mesmo muito tensa a situação e que algo no Brasil ia tomar proporção. Tudo é calma neste instante. Tudo é entendimento.

Vamos apenas lhes apresentar aquilo que foi focalizado pela equipe dos vigilantes na tarde de hoje. E, principalmente, no instante em que um grupo de oficiais de dez ou doze ônibus da Marinha brasileira despejava suas tropas pontilhadas de oficiais empenhando suas metralhadoras que tentavam, por todos os modos, retirar do interior do Sindicato dos Metalúrgicos os marinheiros e fuzileiros, que, aos gritos de não, cantando o hino nacional, empunhando o pavilhão brasileiro, dizendo a palavra "Brasil" com muita ênfase, negaram-se a atender tal solicitação...

Na sequência, Saulo soltou a gravação feita à tarde, com narrativas de cada acontecimento. Muitas vozes, gritaria, palavras de ordem. Os rebelados formaram uma muralha humana para impedir que os outros militares entrassem. O coordenador de equipe, sempre repórter, deixou gravando os discursos a partir dos autofalantes e estava retransmitido todas as falas. Os que estavam dentro do movimento tentavam convencer os que estavam fora a aderirem.

Saulo ficou lá por dois dias, quando os rebelados resolveram fazer uma passeata saindo do Riachuelo, indo até o quartel general da Marinha. Eles queriam derrubar o ministro. O repórter acompanhou o trajeto fazendo suas entrevistas. Na altura da avenida Presidente Vargas, Saulo conversou com o almirante Aragão que contou, em detalhes, a intenção dos marinheiros.

O levante não foi bem sucedido. Quando eles se aproximaram do quartel general, estavam sendo esperados por homens do ministério fortemente armados que não hesitariam em atirar contra qualquer um que se aproximasse demais. De volta à emissora, depois de reportar todos os detalhes do fim do manifesto com a derrota dos marinheiros, Saulo relatou todas as ocorrências a Iran Aquino e voltou a falar com ele sobre o

Saulo entrevista almirante Cândido Aragão por ocasião da rebelião dos marinheiros, 1964.

interesse do Froes, da rádio *Nacional*, em fazer uma rede de transmissão. Aquino reportou tudo a Brizola, no Rio Grande do Sul, que novamente autorizou Saulo a seguir com aquela estratégia e sugeriu:

Dê a esta união o nome de Rede da Legalidade.

E, dessa forma, nasceu a segunda rede da legalidade da qual Saulo Gomes participou, ativamente.

Às duas rádios iniciais, outras se somaram e a Rede ficou, muito rapidamente, grande.

Depois do discurso do dia 13 de março, na Central do Brasil, e do não apoio ao ministro da Marinha, no episódio do levante dos marinheiros, Jango cutucou mais certeiramente o estafe militar quando, no dia 30 de março, em um jantar nas dependências do Automóvel Clube, no Rio de Janeiro, ele, ao agradecer a homenagem feita pelos sargentos e suboficiais das Forças Armadas, fez um novo discurso.

Os militares construíram correntes políticas para operacionalizarem o golpe de 1964. Ao lado deles, Ademar de Barros, em São Paulo; Ildo Menegheti, no Rio Grande do Sul; Carlos Lacerda, no Rio de Janeiro; e Magalhães Pinto, de Minas Gerais.

Saulo Gomes manteve a *Mayrink Veiga* no ar durante todo o dia 30 e também o 31 de março, e algumas horas do dia 1º de abril, até a rádio ser ocupada pelos militares. Eles entrevistavam lideranças de todas as formações: o cabo Anselmo; o deputado federal, líder ferroviário, Demistóclides Batista; Paulo Schilling, seguidor de Brizola; Maia Neto, que escrevia textos para Brizola; e até homens que não se identificavam com a esquerda, mas estavam ao lado de Jango, naquele momento, como Tenório Cavalcante, o homem da capa preta. Miguel

Arraes que, após pronunciamento, foi preso, em torno das duas horas da tarde, pelo general Justino Alves Bastos, foi notícia ainda, antes do fechamento da Rede da Legalidade. A emissora passou a ser o foco antigolpista do Brasil.

Homens que resolveram compor uma milícia lacerdista, identificados por um lenço azul e branco no pescoço, tentaram invadir a rádio para interromper a transmissão. A proteção da emissora estava sendo feita por vários fuzileiros navais que dias antes tinham sido notícia naquelas mesmas ondas sonoras. O tenente Leite estava no comando, cuidando para que a *Mayrink Veiga* continuasse transmitindo mensagens de resistência ao militarismo.

Saulo acompanha discurso de Jango, no Automóvel Clube. Foto do acervo do Arquivo Público do Estado, publicado no jornal da ABI – Associação Brasileira de Imprensa, na comemoração dos 50 anos do Golpe.

A Rede da Legalidade desfez-se por volta das duas horas da madrugada do dia 1º de abril. À uma hora, a rádio *Nacional* foi invadida. Às três horas, as rádios *Guanabara* e *Mauá*. Somente a *Mayrink Veiga* ainda estava no ar, graças aos fuzileiros. Às quatro da tarde, quando eles não mais resistiam à pressão externa, deixaram suas armas, e a emissora foi também ocupada. Àquela altura, todos os profissionais do jornalismo tinham conseguido fugir para evitar que fossem presos. Aquela resistência da emissora repercutiria um ano depois. A *Mayrink Veiga* foi a primeira rádio com direitos de transmissão cassados pelo governo militar.

Nas primeiras horas do dia 2 de abril, Saulo Gomes, assim como muitos outros daquele grupo que resistiam nos microfones da *Mayrink Veiga*, pediu asilo político na embaixada do Uruguai, onde ficaram até viajarem para fora do país.

Os burocratas do Uruguai tiveram muita dificuldade em conseguir proteger a todos. O governo brasileiro recusava-se a dar o salvo-conduto para os brasileiros. Foram aproximadamente dois meses de negociação, só findada quando os líderes do Uruguai ameaçaram denunciar o Brasil para as Organizações das Nações Unidas. No dia 1º de junho, de 1964, Saulo Gomes estava entre os 12 primeiros brasileiros a viajarem para o Uruguai.

Um dia antes, eles tinham recebido seus familiares na embaixada para as despedidas. Todos entendiam que aquilo era o melhor a se fazer. Seus pais, filhos, irmãos... eram homens visados pelos militares no Brasil. Talvez, por isso, não houve tanta choradeira.

Depois de embarcarem em um avião comercial da Varig, escoltados pela Polícia Federal, os 12 homens, separados nos bancos finais da aeronave, já aguardando pela decolagem há mais de uma hora, foram postos para fora novamente, sem saber o que realmente estava acontecendo.

De volta para a embaixada do Uruguai, naquela mesma noite, o embaixador explicou o que tinha acontecido:

Oficiais da quarta zona aérea haviam ocupado os aeroportos de São Paulo, Santa Catarina e Porto Alegre. Se o avião que levava vocês decolasse, seria obrigado a descer em um desses aeroportos e todos os asilados seriam fuzilados no próprio local.

Aquela informação estarreceu a todos.

Jornal *O Dia*, Rio de Janeiro, noticiando o embarque de Saulo Gomes, Demistóclides Batista (Batistinha), comandante Mena Barreto e líder sindical Altran para o exílio no Uruguai, 1.º de junho de 1964.

Vinte e quatro horas depois, um avião militar do Uruguai conseguiu pousar no Brasil e resgatar os 12 homens jurados de morte por contrariarem a vontade de um grupo de militares. O voo saiu do Rio de Janeiro e desceu, com rota direta, às três horas da tarde, em Montevidéu, no aeroporto de Carrasco.

A vida naquele país não se deu sem contradições. Os asilados nobres foram recebidos com regalias. Leonel Brizola, por exemplo, ficou em um apartamento cinco estrelas, próximo do palácio do governo, cedido pelo cônsul brasileiro no Uruguai. João Goulart morou, no tempo em que esteve lá, em um bairro chique, chamado Positos.

Saulo Gomes, o engenheiro do Rio de Janeiro Heber Maranhão e o presidente da Associação de Sargentos e Suboficiais dos Marinheiros Narciso foram morar juntos, dividir um apartamento na capital uruguaia. Os dias não seriam menos difíceis. A proposta era trabalhar para sobreviver, mas em que atividade? Saulo foi chamado pelo presidente do Sindicato dos Jornalistas Uruguaios e informado que não poderia exercer a profissão:

Muitos jornalistas do país estão desempregados. Não podemos permitir que estrangeiros ocupem vagas de trabalho. Mas, por questões humanitárias, daremos a você, em apoio inclusive à liberdade de imprensa, 45 pesos diários para sua sobrevivência.

Por sete meses, Saulo manteve-se afastado totalmente de sua profissão. Era a primeira vez que ele deixava de trabalhar desde janeiro de 1956. O repórter não se lembrava de ter ficado de férias em todos aqueles seis anos de atuação na imprensa brasileira.

O grupo de asilados reunia-se ocasionalmente. Saulo estava acompanhando os planos de Brizola de retornar ao Brasil e retomar o poder. A ideia estava traçada. Um trem levaria a todos para o país. Estando no Brasil, Brizola contaria com o apoio de várias outras lideranças, entre eles, muitos militares, para dar um contragolpe. Eles chegaram à estação de Paloma e por lá ficaram em uma fazenda por dois dias, aguardando ordem para seguirem viagem. Dali, eles foram para Porto Alegre utilizando um táxi. De um lugar ao outro, fugindo como podiam, os que eram do Rio de Janeiro chegaram à cidade.

O repórter acreditou naquela possibilidade e embarcou no trem da esperança. Mas Brizola não saiu exitoso. O contragolpe não aconteceu. Dentre todos aqueles homens, alguns foram presos no DOPS, outros mortos e outros desaparecidos sem notícias por muitos anos. Saulo Gomes foi preso e a censura silenciou o repórter de verdade.

Dentre todos aqueles homens, alguns foram presos no DOPS, outros mortos e outros desaparecidos sem notícias por muitos anos. Saulo Gomes foi preso e a censura silenciou o repórter de verdade.

Saulo Gomes no centro rodeado à esquerda por um líder estudantil e à direita pelo deputado federal e vice–governador do Rio de Janeiro Eloy Dutra, na janela, nas dependências da embaixada do Uruguai, 1964.

EX-DEPUTADO ELÓI DUTRA
O RADIORREPÓRTER SAULO
GOMES E UM LÍDER ESTU-
DANTIL: SOLIDÃO A TRÊS

Exilados brasileiros no pátio da embaixada do Uruguai. Tesoureiro da CGT (Central Geral dos Trabalhadores) Severino Shinaipe, comandante Mena Barreto (atrás do jornal), coronel Dagoberto Rodrigues, Batistinha e presidente do Sindicato dos Aeronautas Mello Bastos, 1964.

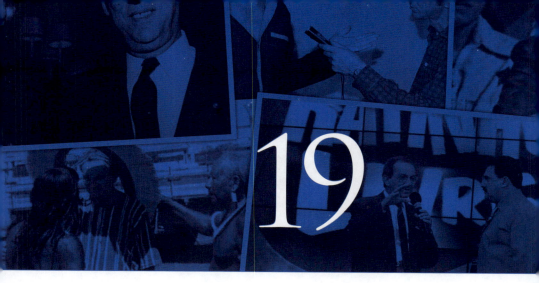

19

Ninguém, até aquele momento, tinha agredido fisicamente o repórter Saulo Gomes. As ameaças eram muitas.

Saiam, vamos, vamos. A ordem é levá-los para o pátio. Aproveitem, no caminho, rezem bastante. Peçam perdão pelos pecados cometidos.

Um após o outro, todos estavam sendo levados para o mesmo lugar. Saia gente de todas as celas. Alguns se reconheciam, mas não havia astral para sorrisos e conversas. Aqueles homens temiam pelo pior. Teria chegado a vez de todos eles? Seria aquele um fuzilamento coletivo?

Entre os bravos homens, um era poeta. Mário Lago estava entre eles. Seu sorriso destacava-se. Seu jeito calmo irritava os militares que queriam colocar medo naquelas vítimas.

Virem. Todos fiquem de costas para o paredão. Encostem seus rostos de lado para a parede.

Depois dessas ordens, dadas repetidas vezes, até que todos definitivamente se posicionassem como o desejado, o diretor do DOPS do Rio de Janeiro Cecil Boré começou a gritar:

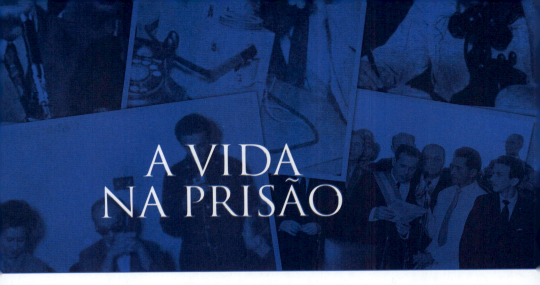

A VIDA NA PRISÃO

Brizola está tentando reiniciar o movimento revolucionário no Rio Grande do Sul. Se ele tiver sucesso lá, vocês serão os primeiros a serem fuzilados aqui. Não irão participar desta farra.

Eles ficaram ali por algumas horas. Ninguém podia sentar, olhar para trás, falar um com o outro. Aquilo era uma tortura.

Somente quando a noite escureceu o pátio, todos voltaram para suas celas. Não foi naquele dia o fim do repórter preso.

Uma semana depois, lá estavam alguns deles, levados para o gabinete de Cecil Boré. Talvez não por acaso, os escolhidos eram comunicadores de alguma forma. Um assistiu o depoimento do outro, o que não era nada comum. Mário Lago foi um dos primeiros:

— Seu nome?
— Mário Lago.
— Profissão?
— Radialista, compositor...

Antes que ele terminasse de responder suas várias atividades artísticas, foi interrompido:

— O senhor é comunista desde quando?

— Desde 1935. Fui para o partido levado por Carlos Lacerda. Ele traiu o partido bandeando-se para o outro lado. Denunciou o próprio pai Maurício Lacerda. Eu continuo comunista.

Aquela resposta longa não era comum. Normalmente, os presos limitavam se a dizer "sim", "não", "não sei". Talvez, particularmente, Mário Lago estivesse de "saco cheio".

As instalações do DOPS eram precárias. Não havia refrigeração, e no verão era tudo muito quente. Os uniformes eram parciais. Quando ofereciam calças, não ofereciam camisas, e vice-versa. Naqueles dias, Saulo estava no quarto andar, na cela chamada de "cela do ratão". O nome veio da presença constante do animal que fazia barulho frequente e muito comumente chegava até a superfície, vindo de um buraco aberto no encontro das duas paredes. A cela surda tinha 4,5 m de altura, 1,8 m de comprimento, por 1,2 m de largura. Foi muito difícil ficar ali por 26 dias. O banheiro ficava no corredor, e só podiam usar uma vez por dia, exatamente às dez horas da noite. Ou os presos resistiam, ou faziam suas necessidades no mesmo chão que dormiam.

Sem poder guardar consigo papéis e canetas, os presos não conseguiam fazer anotações. Nesse caso, as paredes das celas faziam-se páginas para desenhos, protestos, lembranças ou mesmo simples inscrições. Saulo e um amigo, Heber Maranhão, quando dividiram a cela, escreveram:

Feche, carcereiro, este sarcófago. Ele não consegue deter as ideias.

Depois desse tempo, o repórter foi removido, ainda no quarto andar, para um local onde convivia mais com outros presos. Saulo aprendeu, ensinado pelo próprio Mário Lago, o hino do companheiro, composto pelo músico. A vontade do artista era ter uma canção de protesto que pudesse ser entoada em todas as prisões do Brasil, exatamente às seis horas da manhã:

Companheiros, avante. Companheiros, de pé, já nasceu nosso sol retangular e é a hora do café, quem serve é José. Mais um dia, sem liberdade, mais um dia na prisão [...]

Aquela música era um alento, mas não amenizava o sofrimento.

Ninguém, até aquele momento, tinha agredido fisicamente o repórter Saulo Gomes. As ameaças eram muitas.

O café servido pela manhã era gelado, ralo, normalmente amanhecido. Vinha em um caldeirão e era distribuído em canecas de alumínio. Junto com o café, que era horrível, um pãozinho sem manteiga. Aquilo era tudo. O almoço não era melhor, mas não comer não era uma opção. Ninguém sabia quanto tempo ficaria por ali.

Saulo foi posto em liberdade duas vezes. Mas era preso novamente. A intenção dos militares era que, soltos, os presos políticos voltassem para seus grupos e entregassem seus correligionários. Saulo Gomes realmente não era um comunista. Sua prisão tinha sido por acreditar que os comunistas mereciam o direito de pronunciamento. Quando era solto, ele ia diretamente para as emissoras de rádio em busca de emprego. Mas todas elas já estavam avisadas, com recomendações expressas dos militares, de que, se dessem emprego a Saulo, sofreriam sanções impetuosas.

Modesto da Silveira, advogado do repórter, estava tentando conseguir um *habeas corpus* para seu cliente. Ele apresentou todos os argumentos no Superior Tribunal Militar. Recorreu a todas as brechas legais, até que conseguiu. Um ano e mais ou menos seis meses depois da sua primeira prisão, Saulo Gomes foi posto para fora do DOPS, porém não em liberdade total.

Saulo, você está livre, mas escolha viver fora do Rio de Janeiro. Se ficar aqui, será um homem morto em menos de uma semana.

O advogado, que já era amigo, deu um dinheiro para Saulo, e ele escolheu seguir para São Paulo. Não havia grades visíveis, mas a rua ainda era um lugar hostil para aqueles que se desejavam livres. Para um homem que desejava ser um repórter de verdade.

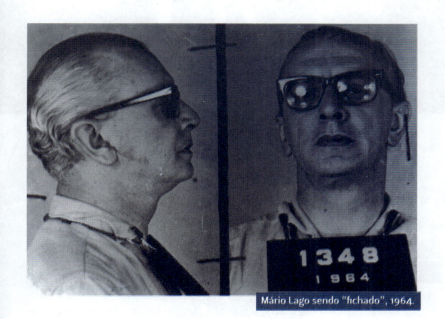

Mário Lago sendo "fichado", 1964.

20

De junho a agosto de 1966, Saulo Gomes manteve-se escondido em São Paulo. Ele não teria mais como se sustentar se não conseguisse um trabalho. Quando achou que já não estava mais na mira dos militares, resolveu procurar o diretor-presidente dos Diários Associados, o também deputado Edmundo Monteiro, que, ao lado de Gonzalo Parada e Armando Figueiredo, foi muito receptivo ao pedido de Saulo Gomes. Apesar das ameaças, até de cassação, Monteiro assegurava aos militares que, em suas emissoras, os profissionais de comunicação poderiam até ser comunistas que não faria qualquer diferença. Ninguém era autorizado a defender suas causas pessoais em seus veículos.

Nos primeiros meses, suas pautas eram amenas. Todos estavam de olho, e até mesmo Saulo Gomes estava intimidado. Além do que existia uma rivalidade histórica entre paulistas e cariocas. Para dificultar, a maior parte de seus contatos influentes era do Rio de Janeiro. Somente em 1967 o repórter viveu nova experiência significativa na imprensa.

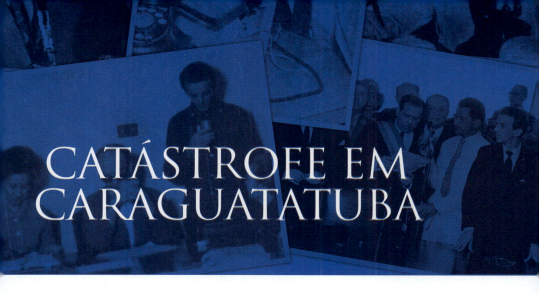

CATÁSTROFE EM CARAGUATATUBA

Oito ou dez dias antes da Semana Santa, a cidade de Caraguatatuba, no litoral Norte de São Paulo, ficou debaixo d'água. Uma forte enxurrada tirou tudo do lugar. Árvores, casas, pedras, terra, tudo estava deslizando e encobertando estradas, soterrando prédios e tirando muitas vidas. Saulo foi escalado para fazer aquela cobertura para a TV. A única maneira de chegar até a cidade era por Ubatuba. O trecho da estrada entre uma e outra, cerca de 48 quilômetros, estava comprometido. Bombeiros e viaturas socorristas de vários lugares faziam o atendimento. Era uma calamidade. Além dos habitantes do lugar, outros três mil turistas estavam ilhados, sem poder sair da cidade.

De Ubatuba a Caraguatatuba, Saulo e os técnicos de sua equipe fizeram o trajeto a pé. Saíram por volta da meia-noite e só chegaram 12 horas depois. O primeiro lugar visitado foi a Santa Casa da cidade. O prédio ficava perto de um rio e a ponte que permitia chegar mais perto estava fora do lugar. O Exército trabalhou prioritariamente em colocar uma ponte provisória para interligar novamente a cidade. O hospital estava incomunicável. Troncos imensos cobriam praticamente o primeiro andar do prédio. Para chegar até a área em atividade, os profissionais da imprensa, bombeiros e soldados do Exército tiveram que escalar aquelas árvores. Do outro lado, muitas pessoas enfermas, vítimas das sucessivas e intermináveis tempestades.

O atendimento das equipes médicas era precário. Saulo registrou tudo, mas teria muita dificuldade para enviar o material a São Paulo, o que ele conseguiu mais ou menos 24 horas depois dos registros.

Depois que saiu da Santa Casa, a equipe foi para o centro da cidade. Estava tudo debaixo da lama. Eles andavam afundando cerca de 20 centímetros. De frente ao edifício Caraguá, maior parte dele ocupada por turistas, portanto naqueles dias não totalmente habitado, um dos técnicos da equipe teve uma ideia:

Vamos colocar nosso FM no alto deste prédio. Talvez, assim, conseguiremos transmitir.

E deu certo. Não sem muito esforço. Foi preciso fazer uma conexão com São Sebastião. Eles acionaram amigos de uma empresa chamada Equipesca, que tinha um transmissor para comunicação com embarcações em alto-mar, e, por meio deles, ocupando a frequência e interligando os sinais, conseguiram chegar com áudio até a estação em São Paulo. Saulo colheu imagens e fez entrevistas para a TV *Tupi* e, logo na sequência, reportou toda a situação para os ouvintes da emissora.

Ali, eles ficaram vários dias, com trabalho em três turnos sem qualquer tipo de assistência especial. Faltava água, de tempo em tempo caia a energia, era difícil conseguir comer bem e tomar banho era um luxo. Antes mesmo das coisas melhorarem, a Polícia Militar autorizou um helicóptero descer diariamente para recolher material produzido pelos repórteres de todas as emissoras.

Saulo não quis ser substituído por outro membro da equipe. Ficou na cidade até que tudo se normalizasse. O repórter de verdade estava de volta.

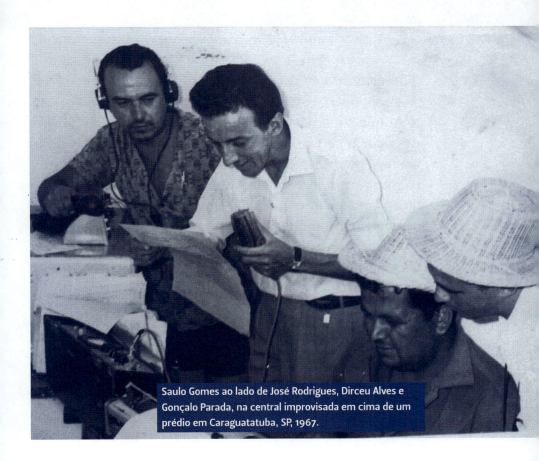

Saulo Gomes ao lado de José Rodrigues, Dirceu Alves e Gonçalo Parada, na central improvisada em cima de um prédio em Caraguatatuba, SP, 1967.

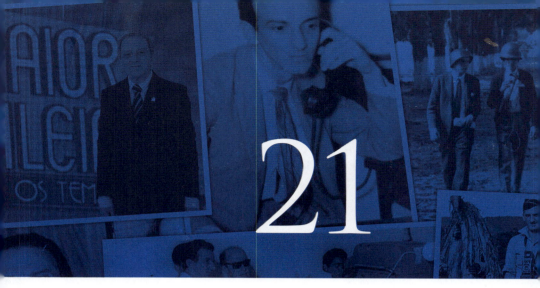

21

TODOS ESTAVAM CERCANDO CARLOS LACERDA. A IMPRENSA DO Brasil queria falar com ele sobre o que, de fato, era a Frente Ampla. Saulo Gomes também queria ouvir as explicações do homem da União Democrática Nacional. Lacerda tinha acabado de chegar de uma viagem ao Uruguai onde foi para conversar com João Goulart, asilado. O político brasileiro estava propondo uma união de forças, incluindo adversários de toda uma vida, contra os militares.

Aproveitando-se de suas relações da época em que cobria o Congresso pelo rádio *Continental*, Saulo rompeu a barreira e conseguiu sua exclusiva com Carlos Lacerda.

SAULO GOMES Doutor Carlos Lacerda, vossa excelência ganhou mais ou perdeu mais com o encontro de Jango ou o rompimento de Sodré?

CARLOS LACERDA Não sei se ganhei mais ou perdi mais, sei que o Brasil ganhou porque o encontro com o dr. João Goulart vem trazer novas forças. Milhares de trabalhadores passam a entender

ENTREVISTA COM CARLOS LACERDA

aquilo que para o nosso lado, nós compreendemos. Enquanto ao governador Sodré, eu acredito que ele ainda reveja sua posição, que, ao meu ver, foi tomada em um momento de incompreensão, de precipitação, que eu lamento, mas não considero definitivo.

sg É uma entrevista exclusiva, diretamente do Rio de Janeiro, para as câmeras da sua televisão *Tupi* de São Paulo. Qual o próximo grande passo da Frente Ampla?
cl O próximo grande passo da Frente Ampla é começar a luta dentro da lei para a recuperação do direito do povo votar. O voto direto, a retomada do desenvolvimento, a reforma da política econômica, aumento geral dos salários e vencimentos no Brasil, não só porque é necessário para o povo não morrer de fome, como porque é indispensável a expansão do mercado interno. Fala-se em aumentar a produção, mas não se fala em aumentar consumo. Se os consumidores não tiverem dinheiro para comprar os produtos, não adianta aumentar a produção porque não resolve.

sg   A reunião atual do fmi – alguma coisa de objetivo, de positiva em termos brasileiro, na opinião de vossa senhoria?

cl   Eu creio que os próprios delegados do fmi dos diferentes países que nos honram com suas presenças devem estar muito espantados de ver todo esse clima de expectativa que se criou, porque nunca foi intenção deles vir aqui fazer algo em particular no Brasil. Eles não têm nada que ver com isso. O problema é que, como o governo não está conseguindo fazer grande coisa pelo Brasil, transferiu essa responsabilidade para o fmi. Estão criando uma expectativa em torno do fmi que além do mais é injusta, porque o fmi não tem nada com isso. Ele não é nem de Niterói, ele é de Nova York, de Paris, de Londres. Não tem que ver com o problema brasileiro. Ele não tem nada para fazer pelo Brasil no momento, nem vieram fazer nada pelo Brasil.

sg   Voltando para a política brasileira, o deputado Adalto Lúcio Cardoso disse que Jânio não manteria contato com vossa senhoria, é o que se fala, ainda ontem esta declaração saiu publicada no jornal de São Paulo. O que se fala também é que o grupo dos cassados vai criar mais dificuldade nesse aspecto?

cl   Em matéria de recado dos deputados, eu fico um pouco discreto porque eu já recebi dois recados do dr. Jânio Quadros por outro deputado, o Veiga Brito, da Guanabara, de maneira que eu não sei bem como está esta relação, mas também não me interessa muito. O dr. Jânio Quadros sabe o endereço da Frente Ampla, já procurou duas vezes o dr. Kubitschek, já mandou procurar o dr. João Goulart até antes de mim. Há um oferecimento dele para mandar um emissário para entender sobre a Frente Ampla. De maneira que ele pode se dirigir a mim, pode se dirigir ao dr.

Juscelino, ao dr. João Goulart. Eu estou certo de que qualquer um de nós o receberá com muito prazer, porque acima de qualquer ressentimento pessoal, nós colocamos o interesse geral do Brasil. Ele, sem dúvida, representa uma força popular no Brasil e, portanto, nenhum de nós tem o direito de desprezar.

Entrevista com Carlos Lacerda disponível no canal *Youtube*. Arquivo da TV *Tupi*.

SG Vossa senhoria deixa curiosidade para o povo de São Paulo, vamos ver se conseguimos matá-la. Diz que dois recados o senhor Veiga Brito trouxe do dr. Jânio Quadros, pode traduzir um deles pelo menos?

CL Os dois foram no mesmo sentido. No sentido de que deseja se entender comigo sobre a Frente Ampla. Foi o que o Veiga Brito me disse já por duas vezes. Mas eu acredito que ele tem dificuldades, na área dele, maiores do que as minhas, na minha área. Mas as minhas eu vou vencendo. Espero que ele vença as dele também. Temos tempo. Daqui até 1970 dá tempo para conversar.

SG Finalmente, vossa senhoria referiu-se no início dessa entrevista que alguns setores ainda não tinham tido a devida compreensão ou não tinham sentido o alcance do seu encontro com João Goulart em Montevidéu. Vossa senhoria considera ter sofrido algum desgaste, assim como o senhor vice-presidente, na sua área popular?

CL Acredito que sim. Sinceramente, acredito que sim. Há muita gente que não compreendeu ainda. Há muita gente que põe a questão em termos estáticos. Há quatro anos passados, o dr. João Goulart é que era o perigo. Então, como é que agora eu posso me aliar ao que era perigo há quatro anos passados? É muito simples, porque o que era perigo há quatro anos passados é agora um aliado precioso, na direção da mesma luta que sempre travei a favor da democracia e pelo progresso do Brasil. O perigo agora é outro. O perigo é nós ficarmos passando pelas mãos de general para general, e o povo não ter mais liberdade nem possibilidade de fazer valer os seus direitos. Esse que é o perigo no momento. Esquematizando um pouco, se em 64 o perigo era o comunismo, neste momento o perigo é eles entregarem o Brasil a grupos financeiros americanos como entregou o governo de Castelo Branco. Ora, nós temos o dever, se exatamente queremos livrar o Brasil do comunismo, temos o dever de não dar razão aos comunistas. Os comunistas, no momento, teriam razão, se nós não nos levantarmos para lutar em defesa daquilo que se chamou a revolução, quer dizer, um movimento que não trouxe nenhum benefício direto para o povo brasileiro e trouxe benefício a grupos internacionais que estão aí dominando o Brasil. É isso simplesmente. Agora, isso não é fácil, sobretudo quando uma parte da imprensa chama de coerência, o que os meus caros amigos do *Jornal do Brasil*, do Rio de Janeiro, chamam de coerência. Eles pediam a intervenção na Guanabara porque achavam o governo de Negrão de Lima péssimo. Em 24 horas, passaram a achar o governo Negrão de Lima ótimo, depois que ele reestabeleceu a publicidade do estado no *Jornal do Brasil*. Isso é incoerência. Isso é incoerência. Quando você é pago para mudar de opinião é coerência, quando você muda de opinião de graça é incoerência. Assim não é possível argumentar.

> *Aproveitando-se de suas relações da época em que cobria o Congresso pelo rádio Continental, Saulo rompeu a barreira e conseguiu sua exclusiva com Carlos Lacerda.*

sg Viajando para o Rio de Janeiro, lemos um tópico em um importante jornal de São Paulo atribuído a importante figura do governo, que, neste caminho de vossa senhoria, até surgisse um encontro com o senhor Carlos Prestes. Se necessário para a Frente Ampla, o senhor iria a esse encontro?

cl Mas o senhor Luís Carlos Prestes não morde ninguém. Eu tenho absoluta tranquilidade sobre as minhas ideias, de maneira a encontrar com qualquer pessoa e discutir, até para chegar à conclusão de que não podemos nos entender. Eu não tenho medo e sempre sustentei isso, e creio que tenho autoridade para dizer isso. Porque quando essa gente estava toda batendo continência até para comunista, eu estava lutando quase sozinho. Então eu tenho o direito de dizer isso, eu nunca tive medo dos comunistas, sou contra o comunismo e, se amanhã o Partido Comunista pretender, dentro da lei, defender suas ideias, não sou contra que ele possa defender suas ideias. Eu prefiro um comunista defendendo suas ideias dentro da lei do que um partido comunista fora da lei conspirando contra a lei. Evidente que isso existe em todo o mundo. Por que o Brasil, com quase 90 milhões de habitantes, há de viver como se fosse menor de idade mental? Como se fosse uma menina amedrontada, apavorada com o comunismo? Quem tem medo do comunismo deve trabalhar pela democracia e não substituir a democracia por uma ditadura.

Entrevista com Carlos Lacerda disponível no canal *Youtube*. Arquivo da TV *Tupi*.

22

Na madrugada de 14 para 15 de agosto de 1967, um objeto explodiu sobre a cidade de São Simão, localizada no interior do estado de São Paulo. Ninguém sabia o que era, mas todos especulavam muito. As primeiras informações que chegaram à capital paulista eram alarmantes. Antes que outro repórter fosse escalado, motivado pelo seu tino jornalístico, Saulo se ofereceu:

Algo estranho está acontecendo em São Simão e eu quero ir reportar o que é.

Falava já se preparando para sair. Nem parecia um pedido, era quase um comunicado à chefia imediata.

Sua rapidez garantiu que a equipe chegasse poucas horas depois da explosão e antes das emissoras da capital. No local, só a imprensa do interior. Assim que chegou à pequena cidade, todos os habitantes não falavam sobre outra coisa. Saulo foi direcionado para uma estação da ferrovia chamada Cascavel, local onde o barulho foi mais intenso. Naquela estação só

O METEORITO DE SÃO SIMÃO

trabalhavam dois funcionários, os primeiros a serem entrevistados pelo repórter.

— Por volta de três e quarenta da madrugada, o trem cargueiro fez sua parada rotineira, e nós estávamos despachando a ordem de serviço quando ouvimos uma explosão – disse um deles.

— A noite virou dia – comentou o outro.

— Apesar do clarão e do barulho, a explosão deve ter acontecido há uns dois ou três quilômetros de altura – continuou o primeiro.

— Foi aterrorizante – concluiu o segundo.

Com aquelas informações, Saulo e sua equipe embrenhou-se mato adentro em busca de vestígios. Eles queriam encontrar qualquer forma que pudesse dar imagem à explosão. A área rural de São Simão é extensa e, naquela época, exibia um enorme serrado. Agricultores e apicultores de perto se ofereceram para ajudar a equipe da *Tupi* a encontrar o que todos procuravam.

Amanheceu e escureceu novamente, e ninguém achou nada. Tudo era ainda muita especulação. Algumas crateras eram visíveis, mas não havia qualquer certeza de que tinham sido formadas naqueles dias, já que nenhum objeto que as pudesse ter provocado era visto por perto. O falatório corria solto. Especulavam sobre a queda de uma nave espacial e até mesmo a presença de extraterrestres.

A procura continuava, quando Saulo recebeu a informação de que haviam sido encontrados objetos estranhos em uma área da Aeronáutica, que ficava perto, em Pirassununga, e em uma fazenda do médico, também major, Barbirato. Logo a segurança nos dois lugares foi reforçada. A imprensa foi impedida de se aproximar para além das cercas que delimitavam a área.

As pessoas falavam em meteoritos, fragmentos sólidos do sistema solar. Ninguém entendia muito sobre o tema. Uns falavam em asteroides, outros em cometas e até em pedaços da Lua que caiam na superfície da Terra. Os que sabiam mais conseguiam precisar a velocidade que eles poderiam atingir em queda: cerca de 11 a 72 quilômetros por segundo. Aquela informação era incalculável para muitos. A velocidade absurda é que fazia a matéria ficar incandescente. Quando se falava em estrela cadente, ou rabo do cometa, o assunto ficava mais claro. Tema de músicas e poemas, muitos já tinham ouvido falar nas duas figuras.

Quando Saulo estava quase desistindo daquela história, recebeu a informação de que alguns motoristas que estavam nas estradas, até mais ou menos 140 quilômetros dali, viram o clarão da explosão. Ele saiu atrás de alguns deles para completar sua reportagem.

Ouviu um, depois outro, até que alguém contou que em Buritizal, uma cidadezinha, bem pequena, ali próxima, tinha sofrido com aquele episódio:

Vários telhados foram atingidos com os estilhaços da explosão.

Saulo reanimou-se e convenceu a sua diretoria a alugar um pequeno avião, em Ribeirão Preto, maior cidade próxima a São Simão, para eles sobrevoarem a região.

Antes de decolarem, Saulo procurou um conhecido seu, também repórter e apresentador de rádio, chamado Antônio Carlos Morandini. Ele conhecia muito bem a região e foi no avião indicando todas as localidades.

Em Buritizal, previamente autorizado, o avião desceu em uma fazenda, e a busca continuou. O dono da propriedade falou com a equipe da *Tupi* e mostrou os estragos no estábulo. O telhado estava danificado, havia algumas crateras no chão e um risco de mato batido. Insistente, o repórter de São Paulo seguiu procurando qualquer coisa que se diferenciasse naquela imagem comum de fazenda. Na sua andança, acabou distanciando-se do restante do grupo, até que ele encontrou três pedras pretas, exóticas se comparadas às outras que estavam do seu lado.

Saulo ficou receoso em mostrar para os demais. Discretamente perguntou para o piloto do avião, Badu, se ele identificava aquela pedra. O homem respondeu negativamente e não se interessou em saber onde o cliente a tinha encontrado.

Na cidade, Saulo conseguiu muitas entrevistas, entre elas, uma com o dono da farmácia atingida pelos detritos. Em seu depoimento, o proprietário disse que só viu o dano no telhado, mas que não encontrou nenhum objeto diferente que pudesse explicar melhor aquela situação.

De volta a São Paulo, com as três pedras pretas na bagagem, Saulo manteve segredo. Recorreu a um amigo delegado para saber onde ele poderia levar aqueles objetos para análises mais apuradas.

Se são pedras decorrentes da explosão de São Simão, as outras encontradas foram para um laboratório na NASA.

Sem motivação para seguir com aquela investigação, Saulo transformou aquelas três pedras em mimos do seu acervo que os acompanhou durante muitos anos.

Somente em 2009, esse assunto voltou para a pauta de Saulo Gomes. Procurado pelo jornalista João Garcia, do jornal *A Cidade*, de Ribeirão Preto, ele contou toda a história dos objetos e aceitou mostrar para o professor Antenor Zanardo, do Departamento de Petrologia e Metalogenia da Universidade Estadual Paulista, em Rio Claro. O pesquisador da Unesp sugeriu o envio das pedras para análise em um Laboratório em Vancouver, no Canadá. Um dos únicos em condições de garantir a procedência dos detritos pretos.

Três meses depois de enviado, o material voltou com o laudo de que realmente se tratava de partes de um meteorito tipo condrito ordinário. Apesar da curiosidade, não havia o que fazer. A peça analisada tinha ficado com o professor Zanardo, e as outras duas tinham voltado para o acervo de Saulo Gomes.

Em 2014 o tema ganhou novo destaque. A museóloga do Museu Nacional da Universidade Federal do Rio de Janeiro Maria Elizabeth Zucolotto, informada sobre as pedras pretas de Saulo, visitou-o para pedir que ele doasse uma das unidades para exposição no Museu Nacional. O repórter, é claro, concedeu uma de suas pedras, ficando com somente uma em sua propriedade.

Depois de classificado o meteorito, ele é autenticado e sua existência é divulgada em publicação no Meteoritical Bulletin. Normalmente, o pedaço de pedra é nominado com identificação do local onde foi encontrado, às vezes com um número referente a uma data ou ainda com o nome da pessoa que o encontrou. No caso desse cedido por Saulo, recebeu o seu nome.

Meteorito Saulo Gomes em foto do laboratório do Canadá [imagem ampliada aproximadamente quatro vezes].

23

Antes de retornar a São Paulo, Saulo Gomes recebeu uma nova pauta:

O jornalista Hélio Fernandes, proprietário do jornal *Tribuna*, do Rio de Janeiro, que estava confinado em Fernando de Noronha, depois da publicação de um artigo em seu periódico desrespeitando o ex-presidente Castelo Branco, está sendo transferido para Pirassununga.

O companheiro de emissora referia-se ao artigo publicado no dia 19 de julho de 1967, intitulado "A morte do sr. Humberto de Alencar Castelo Branco". Nele, Hélio Fernandes expressou-se afirmando que nunca tinha entendido o fato de se chorarem e lamentarem todas as mortes indistintamente:

Se todos têm que morrer algum dia, se a morte é a finalização natural e inevitável da vida, sempre escapou à minha compreensão o fato de se nivelarem todos na mesma dor, moços e velhos, heróis e covardes, talentos e medíocres, gente que contribuiu para o progresso e dignificação da humanidade e gente que não fez outra coisa senão explorá-la.

HÉLIO FERNANDES E O HÓSPEDE DO APARTAMENTO 7

Como estava perto, o repórter da TV *Tupi* foi o primeiro a chegar. Saulo já sabia que o movimento de anistia internacional tinha criticado o Brasil pela maneira como estava tratando o jornalista, por isso o governo tinha resolvido transferi-lo. Ele imaginava que aquela matéria seria pauta até da imprensa estrangeira.

Assim que chegou à cidade, o repórter foi logo procurando fontes para suas entrevistas. O então vereador Nelson Marquezelli prometeu que ajudaria com informações diretas do Exército, onde tinha alguns amigos. E foi ele quem avisou que Hélio Fernandes chegaria na tarde do dia seguinte:

Mas não se anime. Fui informado também que ele não dará entrevista nem poderá ser feita qualquer imagem do jornalista.

Confirmado que Hélio ficaria no hotel Príncipe, Saulo tentou um quarto no mesmo lugar. Conversa vai, conversa vem com o atendente, ele descobriu que o jornalista ficaria no quarto de número 10.

— Qual o quarto de frente deste? – perguntou Saulo.

— O de número 7.

— Então, por favor, eu quero ficar neste quarto.

Feito isso, o repórter saiu do hotel para se encontrar com o restante da equipe e o vereador Marquezelli. Foi neste momento que Saulo Gomes teve uma ideia e voltou:

Por favor, rapaz, quantos outros quartos têm vagos no hotel, para hoje e amanhã?

O atendente respondeu que cinco quartos ainda estavam vagos.

Eu quero reservar todos. A equipe da TV *Tupi* está chegando.

A ideia do repórter era a de não deixar que outro profissional da imprensa conseguisse ficar no mesmo hotel que ele e o detido do Exército. Quando seus colegas de *Folha*, *Estado*, TVs *Globo*, *Bandeirantes*, *Record* chegaram à cidade, tiveram que se hospedar no hotel Comércio.

O Exército chegou mesmo na tarde do dia seguinte. O esquema de segurança estava apurado. Foi feita uma barreira na porta do hotel e ninguém conseguiu entrar. Saulo era o único que estava lá dentro e não poderia ser posto para fora, porque ele era hóspede.

Naquele momento, ele não tentou nenhuma reportagem, não queria afrontar os militares. Seu plano já estava traçado. Um pouco antes, o técnico de áudio João Balbino tinha acertado com a direção do hotel uma extensão da linha telefônica da recepção para o quarto 7. A equipe de São Paulo tinha localizado a esposa de Hélio Fernandes, Rosinha, e a ideia era colocar os dois para conversar. Saulo sabia que o Exército não permitiria entrevistas, mas confiava que uma ligação com a família eles não negariam. E foi isso que fez. Naquela tarde, ele transmitiu a conversa casual de Hélio e sua esposa. Ela tinha ficado ao telefone mais de uma hora esperando para matar a saudade do marido. Um cinegrafista filmou o jornalista de fone, emocionado pela oportunidade de ouvir a voz da mulher.

Hélio e Saulo já se conheciam, da época em que os dois estavam em atividade no Rio de Janeiro. Algumas vezes o primeiro criticou o segundo por reconhecê-lo comunista. Escreveu, não sem acidez, que Saulo estava usando a imprensa para difundir ideias comunistas. Mas, ali, diante daquela oportunidade, não houve tempo de revisões, nem perdões, só uma gratidão no olhar que, anos depois, foi impressa no livro de Hélio, *Recordações de um desterrado em Fernando de Noronha*.

Do quartel de cavalaria (um dos mais bonitos que já vi, bem cuidadíssimo, com um magnífico campo de polo), fui levado ao hotel Príncipe, onde o excelente repórter das Associadas, Saulo Gomes, e sua brilhante equipe me reservaram uma enorme e grata surpresa. Estavam com uma ligação direta para o Rio há horas, e na outra ponta do fio, esperando para falar comigo, minha mulher e meus filhos. Há 20 dias não ouvia a voz de Rosinha, nem a via, desde que ela saiu de Fernando de Noronha. E quanto a meus filhos, completavam-se naquele momento exatamente 30 dias que eu não ouvia a voz deles, não podia beijá-los, agarrá-los, brincar com eles… À noite, em casa de uma das centenas de pessoas que me convidavam para tudo em Pirassununga, fomos ver na televisão a transmissão dessa conversa. E quando então, no silêncio da sala, ouvi a voz de Rosinha e de meus filhos, muito mais nítida do que à tarde, sem aquele burburinho terrível que me cercava, confesso que chorei.

24

Há muito tempo especula-se sobre a possibilidade da existência de extraterrestres. Saulo Gomes teve a oportunidade de trabalhar em algumas reportagens. A primeira delas foi em 1966, no caso conhecido como "o mistério da máscara de chumbo", nunca desvendado. Se foi um crime, o assassino saiu ileso. Mas não era nisso que acreditava a maioria das pessoas envolvidas naquela história.

Já em São Paulo, Saulo voltou ao Rio de Janeiro, particularmente a Niterói, para cobrir o episódio pela TV *Tupi*. Um menino que soltava pipa no morro do Vintém encontrou os corpos de dois homens, já em estado de putrefação. Eram eletrotécnicos e prestavam serviços de manutenção semanalmente para a *Tupi*. Originalmente de Campos, eles anunciaram às esposas que iriam a São Paulo comprar equipamentos. Mas não foram. No destino dos dois, estava a cidade de Niterói.

Ao lado dos corpos, ainda vestidos, tinha uma garrafa de água, um cone feito de papel alumínio, um pacote que embrulhava duas toalhas, duas máscaras de chumbo no formato dos

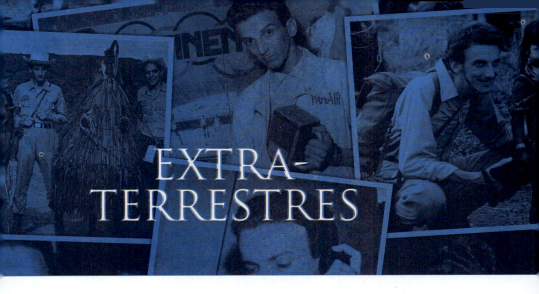

EXTRA-TERRESTRES

olhos, um par de óculos de aro preto e dois papeis com anotações. Um com equações eletrônicas e o outro com instruções:

16h30 – está local determinado – 18h30 – ingerir cápsula após efeito proteger metais aguardar sinal máscara.

Tudo aquilo era muito intrigante. Saulo até que tentou sair do círculo vicioso que não levava a lugar algum. As especulações eram maiores do que as provas. Só havia perguntas sem respostas. A polícia trabalhava com a hipótese de latrocínio porque os dois homens, Manuel Pereira da Cruz e Miguel José Viana, de acordo com a mulher do primeiro, carregavam dinheiro, que não foi encontrado.

No Instituto Médico Legal, após a autopsia, nenhuma informação que esclarecesse aquela ocorrência. Não se constatou envenenamento, não havia sinal de violência nem de espancamento. As mortes dos homens entraram para a história como um caso não resolvido. Um tempo depois, o repórter voltou ao local. Subiu o morro com o investigador Saulo Soares de Souza, entrevistou novamente o menino, já homem, que encontrou os corpos, mas nenhuma informação relevante e nova. A história seguia sem desfecho. Umas das maiores curiosidades apontadas pelo detetive era que a área coberta pelos corpos dos dois eletrotécnicos tinha sido calcinada. Não havia vegetação sobre o local.

Um ano depois, Saulo Gomes e sua equipe da TV *Tupi* de São Paulo seguiram para Lins, onde algumas pessoas diziam ter visto extraterrestres. O repórter ficou por lá uma semana. O objetivo de todos era filmar algo que realmente não fosse deste mundo. Eles começavam o trabalho às dez horas da noite e dormiam durante o dia. Afinal, nunca ninguém tinha visto um extraterrestre na luz do Sol, somente à noite.

A primeira entrevista da reportagem foi com o então major Zanini, da Aeronáutica. Ele estava conduzindo a operação. A presença dele, em Lins, era indício de muita seriedade. As Forças Armadas estavam envolvidas na investigação. Depois Saulo entrevistou o tratorista da prefeitura Turíbio Pereira. A história dele era muito instigante. Ele contou que mais ou menos seis horas da manhã, quando estava saindo com sua máquina para trabalhar, parou ao seu lado um aparelho muito estranho. Sem conseguir descrevê-lo, o homem preferiu comparar. Disse que parecia um automóvel Karmann Ghia. Da janela do tal aparelho, saíram alguns seres pequeninos e eles apontavam para uma luz muito forte. O tratorista desmaiou e quando foi acordado já estava sendo atendido na unidade médica.

A terceira entrevista de Saulo Gomes foi com uma funcionária do hospital de Lins, Maria Cintra. Ela contou que ouviu um barulho muito estranho. Quando foi ver o que era, percebeu, pelo vidro das janelas, uma luz muito forte do lado de fora. Ela seguiu a claridade e quando abriu a porta era ainda mais intensa. No meio daquele clarão, saiu uma mulher segurando uma garrafa vazia. Maria não sabia explicar como fez o que fez porque não pensou sobre o assunto, simplesmente conduziu a mulher até um bebedouro e encheu a garrafa de água.

Também naquele caso não ficou provado se os extraterrestres existiam mesmo, apesar das semelhanças nas narrativas. A atenção do grupo com a reportagem foi abalada. Já no final do tempo que ficariam na cidade paulista, um dos cinegrafistas, Rafael Teles, pediu para ficar no quarto do hotel porque não se sentia bem. Imaginava que era cansaço. Eles estavam trocando a noite pelo dia e dormiam muito pouco. Todos concordaram com o pedido do companheiro.

Saulo Gomes teve a oportunidade de trabalhar em algumas reportagens sobre extraterrestres.

Mas era mais grave do que eles pensavam. Quando retornaram, encontraram Rafael já sem vida. Foi uma experiência muito triste retornar a São Paulo em um cortejo com o corpo de um companheiro no carro funeral. Encontrar a família dele e fazer a entrega de seus pertences foi ainda mais comovente. Algo que a memória não apaga, nem mascara.

Como sempre, Saulo não perdeu o contato com a história. Ficou sabendo que o senhor Turíbio teve graves problemas psiquiátricos depois daquele encontro. O tratorista ficou internado por quase cinco meses. Quando saiu, foi diagnosticado com câncer de pele e morreu pouco tempo depois. Há quem diga que o câncer foi em razão do contato com a luz misteriosa.

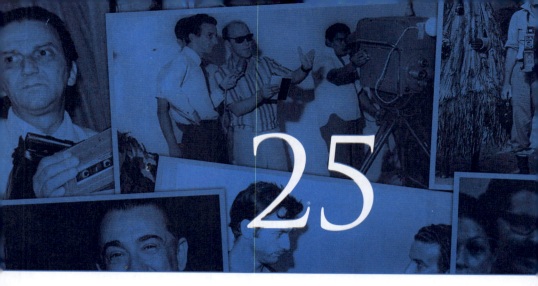

25

João Acácio Pereira da Costa deixou de ser um criminoso como outro qualquer quando resolveu agir sempre igual, ganhando destaque e um cognome. Sua inspiração veio do criminoso, estuprador norte-americano Caryl Chessman, chamado Red Light Bandit. João Acácio adotou a lanterna vermelha em seus crimes e ficou marcado pela imprensa brasileira.

Depois de tantos assaltos, alguns homicídios e latrocínios, o bandido da Luz Vermelha passou a ser procurado pela polícia de São Paulo. Antes de sentir que estava na mira, ele transitava de um lado para o outro. Saulo Gomes tinha localizado seu apartamento, em Santos, mas não seria seguro tentar uma abordagem. Descobriu a casa de uma de suas amantes, uma atriz, na época, e quando conseguiu autorização para tentar uma entrevista, ele sumiu absolutamente de cena.

Pouco tempo depois, a confirmação: o bandido da Luz Vermelha foi preso em Curitiba.

Saulo que tinha uma relação de proximidade, por outra reportagem, no passado, com o diretor da polícia da capital

O BANDIDO DA LUZ VERMELHA

paranaense, imediatamente foi informado da prisão, inclusive dos detalhes:

Houve luta corporal no momento, João Acácio lutou com um dos nossos policiais, mas no final ele levou a pior.

O repórter da *Tupi* acertou com o diretor de polícia de Curitiba uma parada do comboio que removeria o Luz Vermelha para São Paulo, na cidade de Registro. Imediatamente, ele organizou uma pequena equipe e seguiu. O encontro estava agendado em um restaurante na beira da estrada. Além dele, estava o repórter Dalton Silva Lima, do *Diário da Noite*.

A equipe de Saulo chegou primeiro e, em seguida, o bandido da Luz Vermelha, algemado em dois policiais, ainda dormindo no carro. Ele foi acordado com a luz do equipamento de filmagem da *Tupi*. Foi a primeira entrevista dele. Acácio contou que antes de ser o Luz Vermelha, ele era o "Homem Macaco", apelido dado pela imprensa ao responsável por muitos roubos praticados em casas paulistas. Antes da lanterna vermelha, ele usava um macaco hidráulico.

Terminado o trabalho, o veículo da emissora comboiou a viatura da polícia que pediu ajuda para chegar até o DEIC. De 50 em 50 quilômetros, Saulo parava para fazer um boletim para a central.

A caminho, o repórter pediu para dar uma parada na sede dos Associados para deixar o material.

Na sequência, levamos vocês ao destino. É madrugada, o trânsito está bom e será rápido.

Quando chegou à emissora, as equipes de todos os veículos estavam esperando para novas entrevistas. O diretor de polícia não se importou em descer do carro e subir à redação. Luz Vermelha foi fotografado e virou a notícia de capa do jornal do grupo: "Luz Vermelha na Redação do *Diário*".

Anos depois, Renato Loés Krausz, em seu curso de graduação em jornalismo, na Escola de Comunicações e Artes da Universidade de São Paulo, escolheu pesquisar sobre o Luz Vermelha e utilizou a reportagem feita por Saulo Gomes quando da prisão do bandido. O menino da casa 6 que se fez jornalista na prática foi convidado e participou, no dia 11 de dezembro de 1997, da banca de conclusão de curso do estudante, autor do trabalho: *Luz Vermelha: a história do bandido mais famoso do Brasil*.

Bandido da Luz Vermelha sendo preso e apresentando sua lanterna.

26

"Santana, em São Paulo, chora o desaparecimento da menina Márcia Regina Coronel". Essa era a manchete do jornal *Notícias Populares*, naquela manhã de maio de 1967. Saulo Gomes ficou intrigado e comprou o jornal para ler toda a matéria. Ali, ele soube que os avós da menina, que completaria 3 anos de idade em poucos dias, estavam procurando desesperadamente pela neta. Donos de uma pensão, o casal tinha hospedado uma moça que estranhamente tinha deixado o local, sem anúncios. Logo depois, a criança tinha desaparecido.

Saulo nem acabou de ler toda a matéria e saiu rápido para a rua Dr. Zuquim, perto do Carandiru, no bairro de Santana. Ele entrevistou a avó, depois o avô, e descobriu mais coisas além da reportagem impressa.

Um homem de sotaque estranho, um estrangeiro, chegou aqui outro dia, com essa mocinha loira. Disse que ele não podia levá-la para onde estava indo e que ela ficaria aqui por um tempo.

O SEQUESTRO DE MÁRCIA REGINA

Os pais da menina, que trabalhavam fora da pensão, também estavam lá e deram entrevista ao repórter.

Nosso receio é que ela tenha vendido nossa filha.

O repórter fez muitas perguntas, mais até do que os policiais que tinham acabado de sair dali.

— Como que esse estrangeiro chegou até aqui? Ele veio de carro?

— Não – respondeu rápido o avô. – Ele veio em um caminhão carregado de verduras com placa de Ribeirão Preto.

É claro que Saulo voltou para a redação, certo de que teria que ir à cidade do interior saber mais sobre aquele caminhão. Pediu autorização para a viagem, compôs sua equipe e foi.

Na cidade, Saulo procurou mais uma vez o radialista Antônio Carlos Morandini, que também tinha um trabalho de reportagem policial muito atuante. No final do primeiro dia, outros jornalistas da capital seguiram para Ribeirão, inclusive Gil Gomes, que tinha resolvido deixar os estúdios, onde normalmente trabalhava, para uma atividade de campo.

Investigando na cidade, o repórter da *Tupi* foi informado de que na proximidade da rodoviária central tinha uma área onde ficavam vários caminhoneiros esperando trabalho e que muitos deles levavam verduras da Ceasa para São Paulo.

Assim que descreveu o motorista como alguém que falava muito mal o português, Saulo recebeu uma indicação:

Tinha um moço aqui, filho de imigrantes italianos. Ele fala nosso idioma muito arrastado. Mas ele não vem aqui já há alguns dias.

O repórter outra vez fez mais perguntas do que a polícia. Muito rapidamente, descobriu que o homem era um rapaz e que ele tinha uma namoradinha loira, baixinha, de nome Zulmira Miranda.

Mais perguntas e, de repente, Saulo Gomes estava na casa da moça. Ficava perto da saída da cidade que levava para Brodowski e Jardinópolis. O imóvel era modesto, pintado rusticamente de cor de rosa e localizado muito perto da zona do meretrício. Chamou a atenção do repórter que no alto da casa estava escrito: "Família Miranda". Era a maneira de anunciar a todos que circulavam por perto que ali não havia prostituição.

O casal que morava na casa cor de rosa, pais da moça Zulmira, era muito humilde:

Moço, não sei o que minha filha fez, mas ela não tem juízo. Depois que começou a namorar aquele italiano, ficou ainda pior.

De volta a São Paulo, carregando consigo uma foto três por quatro de Zulmira, Saulo fez uma participação no programa de domingo da *Tupi*, apresentado por Airton Rodrigues. Ele mostrou a foto da mocinha e pediu ajuda aos telespectadores, sem contar sobre o que se tratava.

Saulo Gomes entrevistando o avô de Márcia Regina. No destaque, repórter entrevista Zulmira Miranda.

Alguém da cidade Santa Cruz das Palmeiras, no interior, perto de Ribeirão Preto, ligou para a emissora:

Eu não tenho total certeza, mas como a cidade é pequena, todo mundo sabe de tudo. Chegou aqui ontem uma moça muito parecida com essa, se hospedou no hotel da dona Tereza e estava com uma criancinha dizendo que era mãe solteira. O que me impressiono muito é que ela disse que estava com dificuldade de cuidar da menina, de não mais do que 3 anos, e a estava dando para dona Tereza.

Saulo pediu absoluto sigilo para aquela fonte, correu para Santana, pegou os pais da criança no veículo da emissora, e foi para Santa Cruz das Palmeiras. Saulo Gomes estava sozinho naquela pista. Outros repórteres ou ainda estavam investigando em Ribeirão Preto, ou já tinham voltado para São Paulo.

Quando eles chegaram à pequena cidade, já era por volta de sete horas da noite. Foi fácil achar o hotel da dona Tereza. Saulo deixou os pais da menina Márcia Regina no carro e foi confirmar todas as informações prévias obtidas. Ele explicou à dona do hotel que entendia que ela não tinha nenhum envolvimento com aquela história, que ele precisava da colaboração dela para concluir o trabalho e que seria muito respeitoso com ela e com seu estabelecimento durante a reportagem.

Saulo chamou os pais, subiu até os quartos com o cinegrafista registrando tudo. Abriu a porta onde a menina estava dormindo, com uma roupinha cor de rosa e chupeta na boca.

"É esta sua filha?", perguntou o repórter à mãe da criança.

Daí para frente, o repórter perdeu o controle. Os pais gritavam de alegria, choravam e abraçavam a filha. Zulmira estava em outro quarto, trancado por fora, por isso não viu nada.

Antes de sair, Saulo fez algumas imagens da raptora, tentou algumas perguntas, mas sem resposta.

Somente nesta hora, o cinegrafista, a pedido de Saulo, ligou para o delegado que estava cuidando do caso, informando onde estava Zulmira Miranda, a raptora de Márcia Regina Coronel.

Assim que o equipamento da *Tupi* foi desmontado, Saulo pegou a criança e os pais e voltou para São Paulo. Ele sabia que não deveria ter feito aquilo. Mas no momento não pensou em nada, só em levar correndo Marcinha para os avós, na companhia dos pais, sã e salva.

No caminho, o repórter teve a ideia de não ir para Santana, imaginava que a imprensa toda estaria lá. Ele foi para seu apartamento e lá ficou com os pais e a menina. Aquele foi o tempo necessário para a tv *Tupi* organizar seu caminhão de transmissão externa para acompanhar de bem perto a chegada da menina a sua casa.

Logo depois da primeira participação de Saulo narrando o encontro de Marcinha, os moradores do bairro da família Coronel ficaram em festa. Eles penduraram bandeirinhas na rua da pensão e foram para as calçadas esperar a chegada dos pais e da garotinha de 3 anos.

Foi uma festa.

Aquela reportagem renderia uma grande emoção ao repórter muitos anos depois. Pela facilidade da internet, Márcia Regina, moradora em Avaré, encontrou Saulo Gomes e deixou a ele uma mensagem:

Talvez você não se lembre de mim, mas eu devo a minha vida a você.

SAULO GOMES

"*O Reporter é um homem marcado pelo destino, cuja missão viver os grandes acontecimento em qualquer lugar à qualque hora e transmití-lo da maneir mais real possível*" — é esta definição que dá à sua profissã o reporter SAULO GOMES.

REPORTER DAS GRANDES FAÇANHAS

Marcia Regina.

Marcia beijada pelo irmãozinho, logo após a sua localização.

Há 11 anos que abraçou a carreira, que tem lhe dado as mais diferentes emoções, uma das mais constantes é a saudade da família, que segundo Saulo "tem me dado cada bronca... por ficar longe de casa..."

Com apenas 10 meses de atividades aqui em São Paulo, através da Rádio Difusora, teve dois desempenhos sensacionais, que logo transformaram-no num dos maiores repórteres radiofônicos.

ENCONTRO FONTENELLE

Foi a primeira grande iniciativa, conseguindo unir diante das câmeras da TV Tupi, canal 4, "affair" que mobilizou a atenção do público, tendo a dita emissora conseguido o maior índice de audiência do ano.

O RAPTO DE MARCIA REGINA CORONEL

Foi o seu segundo grande desempenho. Esta foi a síntese do ocorrido:

Há aproximadamente 3 meses, quando estava fazendo uma cobertura para a Rádio Difusora nas proximidades de Ribeirão Preto, quando tomou conhecimento do rapto da menina Márcia Regina Coronel, de apenas 2 anos. Imediatamente começou a fazer mento completo da raptora, tendo descoberto o seu verdadeiro nome, e alguns sinais físicos. Por fim conseguiu uma foto de Zulmira que imediatamente trouxe a São Paulo e foi divulgada pelo canal 4. Aproximadamente 40 minutos após uma senhora telefonava da cidade de Sta. Cruz das Palmeiras dizendo que em seu hotel estava hospedada uma pessoa com as características da foto e uma criança.

Daí o resto foi fácil. Saulo Gomes apanhou os pais desesperados, e sua equipe de cinegrafistas e dirigiu-se para o local. Nestas alturas a Polícia de São Paulo e toda a imprensa estava às tontas, pois o Repórter da Difusora conseguira uma das maiores façanhas: descobriu a criança e a raptora sem ajuda da Polícia.

Durante suas atividades no Rio, desvendou 2 raptos que ninguém conseguia,

Revista *São Paulo na TV* noticiou em destaque trabalho de Saulo Gomes, 1967.

27

"Trânsito caótico em São Paulo". Essa era uma manchete comum já em 1967. De tão comum, não figurava entre as pautas de interesse do repórter Saulo Gomes. Mas naquele ano especialmente, o tema ganhou destaque envolvendo o governador da época Roberto Costa de Abreu Sodré, Carlos Lacerda, na ocasião, governador do Rio de Janeiro, o coronel da Aeronáutica Américo Fontinelli e a deputada Conceição da Costa Neves, líder do MDB que chegara à presidência da Assembleia Legislativa de São Paulo. Até aquele momento, a única mulher a ocupar o cargo.

Diante do desafio de melhorar as condições do trânsito em São Paulo, Carlos Lacerda recomendou a Abreu Sodré que nomeasse o coronel Fontinelli, ligado ao governo do Rio de Janeiro, para dirigir o Detran e resolver a bagunça do trânsito paulistano. Sua reputação era boa. Ele tinha conseguido melhorar significativamente a realidade do tráfego urbano carioca.

Seu jeito militar linha dura não agradou aos cariocas, nem aos paulistanos e pouco ainda aos políticos do estado. Entre

VERDE OU VERMELHO

eles, com destaque para a deputada Conceição, uma oradora brilhante, não por isso menos "endiabrada", um adjetivo oportuno para uma mulher que ganhava, não poucas vezes, a atenção da mídia por agredir fisicamente outros deputados.

O embate entre o coronel e a deputada começou a render grandes espaços na mídia. Ele agia pela manhã, ela usava a tribuna à tarde para criticá-lo e, no dia seguinte, toda a imprensa estava lá para repercutir os desagravos entre os dois. Algumas vezes, Saulo Gomes foi o escalado para a reportagem sobre a crise política e o trânsito em São Paulo.

Não era fácil selecionar as falas do coronel. Ele utilizava comumente palavrões para se referir à deputada, que, por sua vez, não levava desaforo para casa. Aquele duelo verbal deu a Saulo uma ideia. Ele pediu a seu diretor de jornalismo Armando Figueiredo autorização para convidar os dois para um debate ao vivo. Apesar da pouco certeza de que eles aceitariam, o repórter foi ao Detran para uma conversa com o coronel.

— Vim lhe fazer um convite. A *Tupi* abriu um espaço, no dia 7 de março, para um debate para o senhor poder dizer à deputada Conceição o que está sendo feito no trânsito em São Paulo.

— Eu não vou participar de debate algum com aquela mulherzinha.

— Mas, coronel, ela aceitou ir ao debate – mentiu o repórter, na tentativa de fazer com que seu primeiro convidado aceitasse participar.

E deu certo.

— Então, eu vou. Pode confirmar.

Saulo pediu que o coronel assinasse um documento de compromisso. Afinal eles convidariam os telespectadores para assistir, precisavam precaver-se, visto que se tratava de duas pessoas muito polêmicas.

Com o documento assinado pelo coronel, o repórter foi para a Assembleia fazer o convite para a deputada Conceição que, ao ver o documento assinado, não sem antes dirigir ao coronel palavras semelhantes referidas a ela, aceitou participar.

No meio do caminho, eles tiveram que mudar a data e o programa foi ao ar, ao vivo, no dia 8 de março de 1967. Ao longo do debate, foi difícil conter os dois. A deputada tentava representar a fúria dos paulistanos com as decisões do coronel. Ele tinha criado bolsões cercados com trilhos de bonde e determinado o pagamento para estacionar. Suas práticas eram mesmo de guerra e ele tratava o motorista infrator como um inimigo. Diariamente, ele saia de carro pela cidade, acompanhado de policiais. Toda a vez que via um carro estacionado indevidamente, determinava a seus homens que esvaziassem os quatros pneus; quando não, ele furava os pneus do veículo, tornando-se também um infrator.

Ao longo do debate, tentou-se explicar melhor quais eram as propostas daquelas iniciativas, nominadas "Operação Bandeirantes", mas a briga entre os dois fez com que o programa terminasse sem qualquer decisão.

Em um determinado momento, alguém da equipe da *Tupi* sugeriu que a população também participasse daquele embate, com a realização de um plebiscito. Ninguém teve coragem de negar, afinal, seria uma posição autoritária.

Autorizada a fazer, a *Tupi* instalou 14 cabines de voto no viaduto do Chá e, das sete da manhã às sete da noite, recebeu quase um milhão e meio de votos. O jornal do grupo tinha posto à disposição cédulas verdes e cédulas vermelhas com o significado de sim e não para a continuidade da operação. As verdes, indicando sim, foram mais procuradas,

Aquele duelo verbal deu a Saulo uma ideia. Ele pediu a seu diretor de jornalismo autorização para convidar o coronel e a deputada para um debate ao vivo. O repórter foi ao Detran para uma conversa com o coronel. Saulo mentiu, na tentativa de fazer com que seu primeiro convidado aceitasse participar. E deu certo.

e o coronel Fontinelli, apesar de toda a sua autoridade, representava a vontade do povo em colocar ordem no trânsito.

Alguns dias depois, fruto da relação construída com o coronel, Saulo foi o único repórter a acompanhar a equipe do Detran em uma ação na antiga rodoviária de São Paulo. Assim que chegaram ao lugar, todos foram direto para a cabine de som ambiente. O coronel, com toda a sua autoridade, pegou o microfone e fez um anúncio nada esperado:

O governador Abreu Sodré, na tarde de hoje, assinou um ato fechando a rodoviária. Haverá um tempo de 15 dias para a reorganização de todos vocês.

Aquilo foi definitivo. A ação destrambelhada do coronel, que fez um anúncio mentiroso, já que não havia qualquer ato assinado pelo governador para o fechamento da rodoviária, repercutiu muito mal politicamente para a chefia do poder executivo. A partir dali, foi inviável a manutenção do coronel em São Paulo.

Jornal *Diário da Noite* destaca o debate organizado por Saulo Gomes, na televisão, 1967.

28

Saulo Gomes estava na portaria do Palace Hotel, em Ribeirão Preto, SP, depois de ter concluído as reportagens sobre a inseminação artificial de abelhas, com os professores Warwick Estevam Kerr e Isaías Pessotti, e a descoberta da vacina de chagas, com o professor Humberto, na Universidade de São Paulo, quando foi abordado por um cidadão, muito provavelmente espírita:

— Você é o repórter Saulo Gomes, da *Tupi*, não é?

— Sim, sou eu mesmo.

— Eu tenho uma sugestão de reportagem para você, muito interessante. Aqui perto, em Itapira, existe um hospital que faz um trabalho extraordinário na área de psiquiatria e não é divulgado, por se tratar de uma obra espírita.

Ali mesmo, aquele homem falou muito mais sobre o atendimento dado aos pacientes. Contou sobre as piscinas e o tratamento feito na água, sobre o grande salão de pintura artística e até mesmo sobre as vendas das obras de arte para ajudar na manutenção da entidade.

UMA PARADA EM ITAPIRA

Saulo não foi assertivo se faria ou não a reportagem, mas nem voltou para São Paulo, dali mesmo, autorizado pela sua chefia imediata, seguiu para Itapira a fim de conhecer o trabalho do Instituto Américo Bairral, coordenado pelo espírita, promotor de justiça na cidade, um musicista bastante talentoso, José Carlos Ferraz.

A equipe toda ficou lá por dois dias. Não havia indicadores para uma reportagem de grande repercussão, o destaque era para o trabalho avançado que era feito ali. Entre os médicos que atendiam, profissionais vindos da Bélgica, da Argentina, do México; tratamentos experimentais muito comprometidos, como o feito nas cinco piscinas do lugar; o atendimento na área verde; a terapia proposta com a pintura em tela.

O professor que ensinava aqueles homens e mulheres a pintar era um dos pacientes. A entrevista com ele precisou ser autorizada, porque se tratava de alguém muito conhecido na capital.

A reportagem foi concluída no feriado do dia 15 de novembro. Um baile tradicional era organizado, sempre naquela data, e todos da equipe foram convidados. Ao longo da festa, Saulo pode conversar mais descontraidamente com o promotor José Carlos Ferraz.

Pelas entrevistas e imagens feitas, tenho certeza de que ficará uma ótima reportagem, mas devo lhe confessar que tenho muita dúvida se a direção de sua emissora vai autorizar a veiculação deste trabalho. Há ainda muita resistência para as questões espíritas.

Saulo Gomes pensou em se comprometer que a reportagem seria sim exibida, afinal ele estava ali autorizado pela sua chefia, mas era mesmo um assunto polêmico naqueles dias. Esperou para ver.

Felizmente para todos os envolvidos, a *Tupi* levou ao ar um material de mais ou menos duas horas de duração, mostrando todo o cotidiano daquele Instituto, à época identificado como sanatório. A reportagem tinha conseguido capitar toda a dedicação da equipe e a qualidade do atendimento.

Saulo e José Carlos Ferraz voltariam a se encontrar em curto espaço de tempo. Aquele homem seria seu grande intermediário junto a Chico Xavier.

Saulo em visita ao Instituto Américo Bairral. Itapira, SP, 1967.

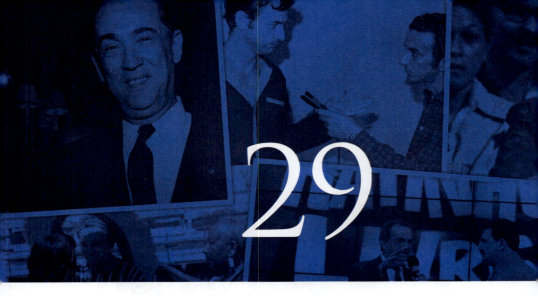

29

Gonçalo Parada, Armando Figueiredo e Saulo Gomes conversavam na redação:

— Tive uma ideia hoje, depois de saber que o presidente Costa e Silva se negou a receber os jangadeiros que estão participando do décimo reide de jangada. O que é um absurdo, os jangadeiros deram o nome da primeira-dama do país Yolanda Costa e Silva ao evento, exatamente para chamar a atenção do presidente e conseguir uma audiência.

— Lá vem você, Saulo, com suas ideias sempre perigosas – rebateu imediatamente Gonçalo Parada, um dos chefes do jornalismo da *Tupi*.

— Tenho até medo de perguntar qual ideia, mas diante da certeza de que se não perguntar vai contar assim mesmo, então, vamos lá, o que está pensando como pauta – completou Armando Figueiredo.

— Deixei meu país foragido porque a ditadura me expulsou; fui preso pelos militares que queriam me silenciar; impediram-me de trabalhar no Rio de Janeiro, onde eu nasci e

CINCO JANGADEIROS E UM REPÓRTER

cresci; eu bem que podia criar uma situação de constrangimento para o presidente Costa e Silva.

— Como assim, Saulo. O que está pensando?

— E se eu cobrir o trajeto dos jangadeiros do Rio de Janeiro a Santos, dando destaque para a causa desses homens, evidenciando que eles não foram recebido pelo presidente?

— Quer ser preso novamente?

— Se eu souber usar as palavras certas, ocultar minhas verdadeiras intenções e focar no reide, talvez consiga criar uma situação de solidariedade e o presidente se renda.

Entre argumentos e ponderações, Saulo foi autorizado a fazer a viagem. Muito rapidamente, ele sabia bastante sobre os jangadeiros brasileiros. Em 1881, Francisco José do Nascimento, conhecido como Chico da Matilde, chefe dos jangadeiros, um abolicionista, recusou-se a transportar para os navios negreiros os escravos vendidos para o Sul do país e convenceu os seus liderados a fazer o mesmo. O homem do mar foi importante para fazer do Ceará o estado pioneiro na abolição da escravidão. O jangadeiro ficou conhecido como Dragão do Mar.

Depois dele, outros quatro – Jacaré, Tatá, Mané Preto e Mestre Jerônimo – levaram, em 1941, a jangada São Pedro, de Fortaleza ao Rio de Janeiro. Eles queriam chamar a atenção do presidente Getúlio Vargas para as condições de trabalho da categoria. Os 35 mil pescadores brasileiros não ganhavam os benefícios trabalhistas. Essa façanha inspirou o cineasta americano Orson Wells no filme sobre o Brasil *It's all true*. Os quatro jangadeiros foram levados ao Rio de Janeiro para reproduzir a saga do ano anterior. Por uma infelicidade, a jangada virou-se e jogou os homens ao mar. Três conseguiram vencer as águas, o corpo de Jacaré nunca foi encontrado. Orson Wells voltou para os Estados Unidos sem concluir sua obra.

Quando Saulo Gomes foi para o Rio de Janeiro e, de lá, fez contato com um dos organizadores do reide, descobriu que não seria fácil. O homem foi bastante pessimista:

Eu que cuido da comunicação. Acho que seria ótimo, mas os jangadeiros não vão aceitar. É preciso ter preparo para fazer a trajetória. Três dias em alto-mar não é para qualquer um. Para o homem do Sul, menos ainda.

O repórter não desistiu. Enquanto esperava pela chegada dos cinco jangadeiros – José de Lima, Manoel Bezerra de Lima, João Rodrigues da Costa e Manoel Antônio de Lima, comandados por Luís Carlos de Souza, o "Mestre Garoupa" –, levantou as informações que precisava. Ele descobriu que todo o trajeto era feito em intervalos. Eles tinham saído da praia de Mucuripe, em Fortaleza, seguido até Mossoró, no Rio Grande do Norte, parado em Porto Vitória e, então, chegariam ao Rio de Janeiro para depois retomarem rumo a Santos, final do reide.

O presidente Costa e Silva estava em Petrópolis, no palácio Rio Negro, onde a família ficava, naquela época, nos passeios de verão. Apesar da proximidade, ele realmente não receberia os jangadeiros para uma conversa. Saulo estava certo de que conseguiria, com a transmissão pela *Tupi*, chamar a atenção do tema e sensibilizar o presidente. Se não conseguisse, o manifesto dos jangadeiros não ficaria sem repercussão.

Saulo Gomes usou todas as argumentações que tinha para convencê-los a levá-lo.

— Jangadeiro mesmo tem medo do mar que não conhece. O que te faz acreditar que conseguirá? – quis saber um dos cinco.

— Reconheço a valentia dos jangadeiros e minha total falta de experiência, mas posso afirmar que não sou menos valente.

Aquela frase impressionou o Mestre Garoupa.

— Sei que o mar pode ser um grande vilão quando não respeitado. Não o estou desrespeitando nem sendo soberbo. Muito pelo contrário, estou querendo mostrar exatamente essa dificuldade do trabalho de vocês para chamar a atenção do presidente Costa e Silva.

O repórter não precisou mais do que aquilo para ser autorizado a seguir viagem na jangada vinda de Mucuripe. A reportagem começou ali mesmo. Saulo foi com eles fazer a compra habitual para a volta ao mar.

Eles compraram farinha d'água, muita, e carne seca gorda. Quanto mais gorda, melhor. Para pavor de Saulo, que nunca tinha comido aquela carne e tentaria fazer a viagem sem comê-la. Afinal, não era sem razão que aqueles ingredientes faziam parte da lista de compras dos jangadeiros.

Você vai morrer se não comer carne de sol, em alto-mar. É essa gordura que nos dá força para enfrentar o frio da madrugada e o Sol do dia quente. Sei não, homem do Sul, acho que você vai desistir, antes mesmo de começar. Mas fique atento, nós já aceitamos você, o resto é o tamanho de sua coragem.

Saulo não recuou. Estava certo de que conseguiria, mesmo não imaginando o que estava por vir. Seria aquela sua mais perigosa reportagem. Seu inimigo era forte, porque não era um só. Ele teria que enfrentar a água do mar, o sal, o calor, o frio, a fome, o cansaço, e tudo isso intensificado com sua falta de experiência. Ele era um homem magro, o que poderia ajudar, mas também era o que o poderia atrapalhar. Se sua magreza significasse fraqueza, ele sucumbiria logo no final do primeiro dia. Se sua magreza significasse necessidade de pouca energia para mantê-lo inteiro, teria uma pequena chance de vencer aquele desafio. O que estava certo para ele era que carne de sol gorda ele não comeria.

Aqueles seis homens estavam prontos. Ficariam juntos nos próximos dias sobre um pedaço de madeira de cinco metros por dois metros e meio, conduzido pelo vento, direcionado por uma vela de cinco metros de altura. O barco que a puxaria por uma corda até a abertura do alto-mar já estava em funcionamento. Saulo começou a contar sua história enquanto ela acontecia. Até certo momento, tudo seguia ao vivo, pelas ondas do rádio.

A baía de Guanabara, onde o vento era insuficiente para mover na direção certa a pequena-grande jangada, começava a ficar para trás. Ao lado da embarcação a vela, um barco que levava outros integrantes da imprensa brasileira e até correspondentes internacionais; políticos do estado da Guanabara; da prefeitura do Rio de Janeiro e outras autoridades. O mar estava enfeitado com outros pequenos barcos de pescadores que comemoravam aquele feito dos jangadeiros.

Além de se recursar a comer carne de sol com gordura, Saulo tinha um outro problema, esqueceu de perguntar com que roupa deveria viajar e, ao escolher sozinho, cometeu um erro. Ele não levou nenhum agasalho de lã para as madrugadas frias. Na cabeça do repórter, no verão, o Sol era o único coadjuvante do mar. Aquele erro poderia custar sua saúde e até a sua vida. Os jangadeiros, com suas japonas, tipo marinheiro, não poderiam ajudar. Cada um tinha a sua, e emprestar não seria uma opção. Era a vida de um ou a vida do outro. Na cabeça, os homens do Nordeste usavam seus chapéus tradicionais e comuns a todos. O repórter tinha improvisado com um chapéu tipo capacete.

> *Saulo não recuou. Estava certo de que conseguiria, mesmo não imaginando o que estava por vir. Seria aquela sua mais perigosa reportagem.*

Umas três milhas depois, aproximou-se um barco grande, de propriedade de uns portugueses, que ali estava conduzindo uma equipe da TV *Tupi*. A emissora fazia cobertura paralela sobre o repórter da casa que se aventurava em uma jangada em alto-mar.

Houve muito empenho da diretoria para que Saulo pudesse narrar toda a trajetória. Eles tinham instalados em cinco ou seis locais diferentes, do Rio de Janeiro a Santos, no alto das serras, pontos de recepção de transmissão do sistema de FM. Por meio deles, o repórter ia comentando diariamente sua aventura. O técnico de áudio, chefe de externa Nelson Matos, foi quem engenhosamente, com a ajuda do irmão Nivaldo, ofereceu condições para que Saulo permanecesse no ar, mesmo em alto-mar. Para aquela época, era um feito que merecia notícia.

Já absolutamente atentos às exigências de conduzir uma jangada, sem atenção dividida com a imprensa ou com as outras pessoas que acompanhavam, todos se concentraram em fazer a embarcação seguir da melhor maneira possível. Cada um tinha sua função. Com ajuda do aguador, um bambu grande com uma lata amarrada na ponta, os homens, ritmicamente, moviam-se colhendo água do mar e jogando na vela. Uma depois da outra, sem parar. Quando o braço cansava, o revezamento. Parar, nunca. A vela molhada se faz mais resistente e assegura a boa velocidade de mais ou menos dez quilômetros por hora.

Normalmente, havia muito silêncio, só o barulho do mar e, de vez em quando, uma prosa entre um e outro ou o grupo todo.

Zé Bezerra, o mais novo, assim como todos os outros quatro jangadeiros, chamava o repórter de Sales Gomes. E foi ele quem primeiro perguntou:

Sales Gomes, homem de Deus, você não tá com remorso?

Naquele momento, o repórter não entendeu bem porque deveria estar com remorso e, sem muito explicação, respondeu que não. Parecia uma comunicação um pouco truncada, mas que se repetiu sucessivas vezes. Em uma nova ocasião, outro dos homens, fez a mesma pergunta:

Sales Gomes, homem de Deus, você não tá mesmo com remorso?

A indagação soava estranha para o carioca que vivia em São Paulo, mas ele seguia sempre respondendo que não. Que fazer aquela reportagem tinha sido uma ideia dele e que estava tudo bem.

Mais tarde, ainda no primeiro dia, novamente aquele diálogo. Os nordestinos queriam saber se o repórter tinha ou não remorso. O Mestre Garoupa ficou surpreso com as sucessivas respostas negativas:

Sales Gomes, homem de Deus, é a primeira vez que vejo um homem do Sul não ter remorso.

A situação estava ficando ainda mais esquisita, até que o mestre ao comentar explicou:

É, sim, você é o primeiro homem do Sul que vejo que não tem remorso, porque este balanço do mar causa muito "embruio no estromago" e é normal a gente ter remorso.

Só aí Saulo entendeu.

Logo a jangada "Menino Deus" estava somente entre o mar e o céu. Não era possível avistar qualquer vestígio de terra. Saulo teve dificuldade de explicar como os jangadeiros guiavam-se. Eles não usavam nenhum aparelho de direção, nem uma simples bússola.

— Estamos no rumo certo, Mestre?

— Tudo indica que sim.

— E como saberemos?

— Somente à noite.

— E como farão isso?

— Pela luminosidade das cidades refletidas no céu.

Saulo ouviu e fingiu que entendeu. Resolveu esperar a noite chegar para voltar àquele assunto. Para ele, era enigmático como eles se guiavam.

A escuridão total do mar só era amenizada com o costume. O breu ficava cinza e o branco dos olhos destacava-se. O que se via era o que se imaginava pudesse ver caso de fato se estivesse vendo. A vela, por ser branca, predominava. A água jogada o tempo todo ao longo do dia, pelo aguador, deixava os grãos cristalizados de sal impregnados no tecido e eles brilhavam competindo com as estrelas. Não se tinha farol, lanterna nem sequer uma vela. Era só a noite e as estrelas.

Naquele primeiro dia, os anos de vida venceram o mestre. Zé de Lima, o mais velho dos jangadeiros, cerca de 62 anos, advertiu o Mestre Garoupa, de 51 mais ou menos, quanto ao destino da embarcação:

Mestre, vamos ficar por aqui, porque nós estamos entrando em alto-mar.

Só de olhar a cor da água, Zé de Lima sabia que ir adiante seria perigoso e distanciaria a jangada do rumo a ser seguido.

Assim que ouviu, imediatamente Mestre Garoupa jogou no mar a fateixa, uma pedra enorme, de mais ou menos oitenta quilos, encrustada em três fendas de madeira que faz a mesma função da âncora. Junto com a pedra, segue amarrada uma linha. Quando a fateixa atingi o fundo, eles puxam a linha e contam quantas braçadas correspondem para saber a profundidade.

— Estamos há 120 metros, Mestre. E agora?

— Vamos ficar por aqui, Zé, amanhã nos reposicionamos.

Aquela era a primeira noite de Saulo Gomes no mar. Estava começando a ficar muito frio. Sua frágil blusa verde de malha não daria conta. Sua roupa de jangadeiro, cedida por Zé de Lima, muito mais baixo que ele, estava curta, muito curta. Com a canela de fora, o repórter sofria com o vento e o frio.

A roupa utilizada pelo jangadeiro é especialmente preparada para aguentar o desafio. Feita de algodão, é impermeabilizada de um jeito muito especial. Ela é fervida durante quatro ou cinco dias em castanha de caju e, por isso, apesar de branca, fica marrom. Ao final, o tecido não adere ao corpo quando molhado e deixa o jangadeiro mais protegido.

Quando o dia apareceu, todos estavam bem, até Saulo Gomes, apesar do frio passado ao longo da noite. Nenhuma informação do mar ou do céu era suficiente para certificar onde aqueles homens estavam. A única certeza do Mestre Garoupa era de que eles não estavam onde deveriam. As orientações passadas anteriormente os tinham levado para fora da rota.

> *Aquela era a primeira noite de Saulo Gomes no mar. Estava começando a ficar muito frio. Sua frágil blusa verde de malha não daria conta. Sua roupa de jangadeiro, cedida por Zé de Lima, muito mais baixo que ele, estava curta, muito curta.*

— E agora, qual critério vamos usar para acertar a rota? – quis saber o repórter, talvez preocupado com sua condição de homem ao mar.

— Não podemos arriscar qualquer lado sem uma orientação precisa – explicou o Mestre.

— Como terão uma orientação precisa sem instrumentos?

— Só esperando a noite. Teremos que procurar o sinal do fogo.

Mestre estava falando sobre o reflexo da cidade espelhado no céu. Eles passaram um dia todo sem se mover. Assim que a noite chegasse, avaliariam melhor o rumo a ser tomado no dia seguinte.

A preocupação era de que, em vez de três dias, aquela travessia já demoraria quatro.

Enquanto esperavam, eles precisavam se alimentar ora com carne de sol, ora com peixe que conseguiam pescar de vez em quando.

"Peguei, Mestre, veja só o belo cação que eu pesquei", comemorou João Rodrigues, que logo começou o ritual da preparação.

A panela utilizada era única dos jangadeiros. Feita do tronco do cajueiro, com mais ou menos 60 centímetro de altura e 50 de diâmetro, impermeável e resistente ao fogo. Dentro, eles colocavam água e cozinhavam o peixe. Para fazer fogo, usavam carvão, estopa e óleo diesel, o único combustível capaz de aguentar a umidade do mar. Esta panela ficava pendurada em uma haste com três ferros e servia para fazer o peixe, o pirão com a farinha d'água e, só nos primeiro dias, café, ou algo que tentava se aproximar do que todos conhecem como sendo café. A carne seca não exigia cozimento. Eles pegavam um pedaço, lavavam no mar e deixavam estendida por um tempo antes de consumir. Um único facão enorme era usado por todos.

Saulo mantinha-se determinado em não comer carne de sol. Só se alimentava quando tinha peixe para as refeições, o pirão – que era simplesmente a mistura da farinha com água salgada do mar, cozido e amassado em uma bola – e o pão enquanto teve. Mas carne de peixe não era rotina. Mesmo no meio do mar, não era sempre que os jangadeiros conseguiam pescar.

Naquele segundo dia, depois da decisão de esperar a noite sem se mover, foi instalado um silêncio aterrorizador, só interrompido pelo barulho diabólico de uma tempestade que chegou sem avisar. O mar ficou revolto. As ondas subiam e desciam como se estivessem dançando rumba. Saulo achava que sabia quais eram os pavores de uma tempestade, afinal tinha estado no meio desse fenômeno da natureza quando da reportagem sobre os índios gorotires. A chuva forte no meio da mata Amazônica era, para o carioca, a pior experiência já vivida. Até aquele momento.

Saulo sentiu na pele que um temporal em alto-mar consegue ser muito pior do que na Amazônia. O repórter amarrou umas cordas que tinham na jangada no tornozelo e nos punhos, com medo de ser jogado ao mar. Ele realmente chegou a pensar que morreria ali. Não havia nada que o fizesse acreditar que seria possível sobreviver àquele inferno molhado.

Os raios que caiam há quilômetros pareciam atingir a jangada. Saulo apertava a boca e fechava os olhos a cada clarão, certo de que aquela seria a última imagem vista e o último som ouvido. Quando as águas subiam, criavam um paredão negro abismal. A violência era tanta que os jangadeiros se curvaram. Em um determinado momento, os cinco ajoelharam-se para pedir ajuda à Nossa Senhora:

— Por favor, nos proteja, mãe divina.

— Nossa Senhora Aparecida, que estas água se acalmem e que toda a gente sobreviva.

— Senhora mãe protetora de todos os seus filhos, nos protege.

— Mãe divina, protetora dos perdidos e aflitos, ponha fim nesta tempestade. Se a senhora fizer, a gente vai tudo na igreja de Nossa Senhora agradecer de joelhos.

Naquele momento Saulo Gomes perdeu definitivamente a esperança, na contramão daqueles homens que rezavam. Se eles, experientes, estavam desistindo, era mesmo o fim. Saulo não sabia que não era uma questão de desistência, mas de absoluta crença. Só soube depois.

Quando não poderia ficar pior, tudo passou.

Aquela tempestade, que durou um dia todo e meia noite, atrasou ainda mais a travessia. Mas ninguém falava muito sobre o assunto. Saulo nunca soube se o silêncio era uma prática entre os jangadeiros, que se comunicavam com os olhos, ou se o silêncio tivera sido provocado pela sua presença na embarcação.

Quando finalmente a chuva passou, Mestre Garoupa sabia para onde direcionar a jangada. Apesar da tempestade, ele e os outros quatro tinham conseguido ver as luzes da cidade, não refletidas no céu, mas na silhueta dos raios, não visíveis a olhos comuns.

Entretanto ainda não haveria calmaria. A tempestade tinha danificado algo na jangada, que ninguém falava o que era.

Vamos fazer o trajeto em menor velocidade. Estamos com problemas causados pela forte chuva.

Até antes da tempestade, Saulo se comunicava com a rádio várias vezes ao dia. Suas primeiras informações davam conta de toda a normalidade da travessia. Ele já tinha entrevistado os cinco homens a bordo; contado a rotina da embarcação; suas impressões daquele mundo de água e até mesmo como era estar em alto-mar à noite, sem qualquer iluminação artificial. O repórter não tinha conseguido comunicar a ninguém sobre o problema na rota, porque era muito cedo e não havia programa jornalístico no ar. Pouco antes de sua primeira participação, começou a cair água do céu e daí em diante sua única preocupação era manter-se vivo.

Ao longo da tempestade, o aparelho da marca Motorola, que viabilizava a reprodução da fala de Saulo via rádio, passando pelos receptores montados no alto das serras, foi totalmente danificado. A água em excesso cobriu a jangada e foi im-

Naquele momento, Saulo Gomes perdeu definitivamente a esperança, na contramão daqueles homens que rezavam. Se eles, experientes, estavam desistindo, era mesmo o fim.

possível proteger o equipamento. Mas ainda que ele não tivesse sido quebrado, não seria possível a comunicação, as instalações feitas pelos técnicos da emissora também tinham sido danificadas. Com Saulo, somente o radinho de pilha que conseguiu proteger mantendo-o amarrado na cintura, envolto em três sacos de plásticos. Com o aparelho, a tripulação ficava sabendo sobre o que estava acontecendo em terra firme.

A última esperança daqueles que acompanhavam era encontrar a jangada Menino Deus em Ilha Bela, passagem obrigatória para os que seguiam rumo a Santos. Como toda a navegação estava atrasada, isso não aconteceu e, a partir daí, a jangada foi dada como perdida. A Aeronáutica foi acionada para iniciar as buscas pelo ar, e a Marinha pelo mar.

Visto do céu, era uma imensidão de água e somente um ponto de marcação. Eles começaram fazendo a rota programada Rio de Janeiro–Santos, mas como a embarcação tinha tomado outro rumo, a área de busca expandiu-se e deixou o trabalho dos profissionais muito mais difícil.

Pelo rádio, eles ouviam que os jangadeiros estavam culpando Saulo pelo ocorrido.

Um homem do Sul, sem qualquer experiência, jamais deveria ter subido na Menino Deus.

A situação estava muito nervosa. Na jangada, Mestre Garoupa mantinha a calma, esforçando-se para descobrir porque a jangada seguia em velocidade tão menor que a desejada. O atraso anunciado àquela altura já era de quatro dias. Se conseguissem chegar, seria em sete dias. Mas sobreviver uma semana no mar, preparados somente para quatro dias, era pouco provável.

No segundo dia de busca, os homens que conduziam a operação Para-Sar (esquadrão especializado em salvamento) foram informados por um barqueiro que um pedaço de madeira, pintado de vermelho, branco e verde, havia sido encontrado no mar. Era mesmo um pedaço da Menino Deus. Na transmissão acompanhada pelo rádio de pilha, os radialistas falavam:

— Infelizmente, foram encontrados destroços da jangada Menino Deus que saiu de Mucuripe, no Ceará, passou pelo Rio de Janeiro e seguia rumo a Santos com cinco jangadeiros e o repórter Saulo Gomes, da TV *Tupi*. A jangada estava sendo esperada três dias depois de sua partida da baía de Guanabara. Já se passaram seis dias e nenhuma comunicação aconteceu. Tudo indica mesmo que esses homens foram atingidos pela tempestade da última quinta-feira.

Aquela notícia deixou a todos muito nervosos.

— Se a minha família estiver ouvindo, ficará desesperada – resmungou Manoel Bezerra.

— Nem quero pensar nisso, minha mulher vai morrer – protestou João Rodrigues.

— Eu bem que disse que trazer um repórter a bordo era uma roubada – sentenciou José de Lima.

A lamúria de Manoel Antônio foi o silêncio.

A certeza da morte de toda a tripulação só foi diluída quando um outro avião informou ter visto a jangada, ocupada, próxima a Ilha Bela. A notícia foi festejada por todos, especialmente pela equipe da *Tupi*.

Saulo Gomes e os cinco jangadeiros da Menino Deus estão vivos e a caminho de Santos.

A jangada movia-se tão lentamente que na contraposição da água parecia parada, mesmo em dias de mar calmo. A rotina dos jangadeiros continuava. Cada qual revezando-se com o aguador. À noite, para dormir, valia a experiência. Os homens nascidos no mar deitavam de lado em posição fetal e dormiam. Saulo não conseguia. Entre uma tentativa e outra batia uma onda mais forte e a água o afogava. Sufocado, ele acordava sem mesmo ter conseguido dormir. Assim foram as seis noites.

Aqueles homens eram uma equipe. Uns jogavam água na vela; outro conduzia o leme de seu banco centrado no meio e na ponto traseira; outro ainda olhava à distância, sempre buscando ver antes que qualquer coisa pudesse ser vista; um cuidava da bolina, uma espécie de tábua presa abaixo da proa que, conduzida pelo movimento do leme, mexia-se de um lado para o outro, indicando o lado a ser seguido; um pescava, outro cozinhava e todos se revezavam. A Saulo não era demandado nada. De vez em quando, ele sentava no banco do leme, mas somente para saber como funcionava. Entretanto, era uma equipe comandada por um mestre. Nem mesmo um café era passado sem que o Mestre Garoupa acenasse positivamente. Era uma hierarquia, mas não fruto de um poder aleatório, o Mestre tinha se feito mestre por respeito.

Fazer xixi para os homens não era um problema, a bem da verdade, para os jangadeiros, mesmo em momentos de dor de barriga, não havia constrangimento. Virar para o mar e deixar para trás o que os afligiam provocando dores, era tão natural quanto beber água com a mão de frente a uma bica. Para Saulo, não. Aqueles eram momentos de terror. Fosse por falta de intimidade ou por pudor humano, defecar era repugnante. Expunha a mais frágil situação de um homem estranho perdido no mar.

Depois de sete dias, a jangada Menino Deus chegou a Santos, às nove horas da noite. Eles estavam sendo esperados por dois ou três barcos. Um deles jogou uma corda para rebocar a pequena embarcação até a Ponta da Praia. Lá, muitas pessoas esperavam por eles, especialmente as equipes da *Tupi* e de veículos de comunicação santistas.

Um sargento de bem perto falou:

Tire primeiro o repórter, ele está mal.

De fato, Saulo não estava bem, mas resistindo.

Os seis tripulantes foram levados para as calçadas e estirados ao chão, ficaram por 40 minutos enquanto profissionais socorristas faziam exercícios nas pernas e braços deles, propondo reanimar os músculos. O repórter estava desidratado e com 42 quilos.

Cambaleando, todos foram para os carros sendo ovacionados pelos que ali estavam presentes. Para alguns era inacreditável.

Em São Paulo, no Sumaré, uma grande surpresa. O programa "Essa É Sua Vida", da *Tupi*, tinha organizado um encontro entre os jangadeiros e suas famílias. Foi o momento de relatar como tudo tinha acontecido. Em um determinado momento, Mestre Garoupa reconheceu:

Foi a primeira vez que vi um homem do Sul conseguir fazer esta travessia.

Saulo participou do programa e, na sequência, foi levado pelo seu irmão Sílvio a um hospital para ser devidamente medicado. Ele precisava recuperar-se. Ser hidratado e fortalecido. Somente ali, o repórter deu conta do estado lamentável dos seus pés. A combinação sal, água e Sol tinha rachado e machucado muito os dois pés. Depois da saída do mar, eles começaram a inchar e estavam enormes. Os pés dos jangadeiros também estavam machucados, mas não tanto quanto o de Saulo, que precisou de curativos por mais ou menos dois meses até recuperá-los. Durante aquele tempo, ele só usou botas para poder esconder as gases e os medicamentos.

Logo nos dias seguintes, o proprietário da indústria Vigorelli chamou os jangadeiros e o repórter Saulo Gomes até sua sede:

Depois de ter visto a saga de vocês, nós gostaríamos de reconhecer todo o esforço que fizeram e presentear os jangadeiros com um barco de pesca.

Na visita ao estaleiro da Vigorelli, a satisfação com o presente. Um barco de oito metros que conseguia armazenar cinco toneladas de peixes.

Saulo estava feliz com a repercussão da reportagem, mas achava que os jangadeiros mereciam mais. Como eles não tinham sido recebidos pelo presidente, o repórter conseguiu uma audiência com o governador Sodré. Na visita, outra surpresa. Sabendo que eles tinham ganhado um barco, o governador conseguiu com a Mercedes-Benz a doação de um motor de 55 cavalos, com garantia vitalícia.

Um motivado pelo outro, seguiam fazendo doações para os jangadeiros. Uma empresa de Campinas chamada Equipesca presenteou a tripulação do Menino Deus com todas as redes necessárias, e a Ultragás doou toda a cota de gás.

Mais ou menos no quarto dia em terra firme, Mestre Garoupa fez um pedido para o repórter.

— Sales Gomes, homem de Deus, nós cinco queremos agradecer que sobrevivemos.

— Agradecer? – estranhou o repórter. – Como querem fazer isso?

— Leva nós na Aparecida do Norte?

Claro que Saulo lembrou-se da reza em alto-mar e da promessa de agradecimento, caso eles se salvassem daquela tempestade. O repórter organizou um transporte e levou a todos à basílica de Nossa Senhora Aparecida. Foi um momento muito emocionante.

Depois de tudo pronto, o barco motorizado foi levado para Santos em uma festa efusiva e vitoriosa.

Os cinco jangadeiros, no estúdio da TV *Tupi*.

Senhores ouvintes, a recepção aos jangadeiros organizada por outros pescadores aqui em Santos é reflexo do heroísmo desses homens que atravessaram o mar de Norte a Sul, em protesto à precária situação destes profissionais no Brasil.

O barco seria batizado naquele momento para seguir seu destino. O governo do estado de São Paulo pediu que dessem à embarcação o nome de Maria Sodré, esposa do governador, afinal foi ela quem houvera pedido à Mercedes-Benz o motor. Saulo e os jangadeiros ficaram muito desconfortáveis diante da solicitação, porque naturalmente aquele barco deveria receber o mesmo nome da jangada: "Menino Deus".

Para resolver a questão, Saulo Gomes teve uma ideia ardilosa. Ele inventou uma votação organizada pelos Diários Associados, que de fato nunca aconteceu, e que, por vontade dos ouvintes, o barco deveria receber o nome da jangada e assim foi feito, sem maiores constrangimentos com o governo.

Saulo seguia acompanhando tudo de muito perto. Repercutindo como podia cada novo detalhe. Só não seguiria os jangadeiros até o Ceará porque ainda estava um pouco debilitado.

Como Mestre Garoupa e seus homens ainda não sabiam manobrar o barco, ele foi levado até Mossoró em um navio. De lá até Mucuripe, um marinheiro experiente assumiu a condução. Era importante garantir uma chegada triunfal. Eles estavam voltando ao ponto onde tudo tinha começado, e o melhor: com vida.

Saulo Gomes no estúdio da TV *Tupi*, com destaque para o aparelho Motorola da Polícia Civil de São Paulo, usado para a transmissão das reportagens.

Dia da solenidade de entrega. Ao fundo, a jangada Menino Deus. Em destaque, o barco que os jangadeiros ganharam de presente. Março de 1968, Ponta da Praia, Santos.

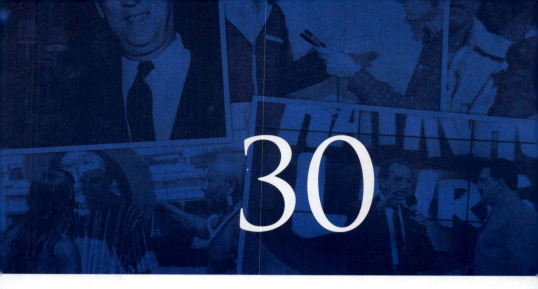

30

A primeira vez que Saulo Gomes ouviu falar de Chico Xavier foi em 1961. Ele tinha acabado de chegar à TV *Tupi* do Rio de Janeiro, e David Nasser, com quem ele trabalhou, revelou-lhe uma experiência não muito boa com o homem que se comunicava com os espíritos pela mediunidade.

Sei que você é um repórter muito arrojado, admiro muito isso em você, mas tenha muito cuidado quando for falar sobre instituições e pessoas. Às vezes, a gente se expressa de maneira aparentemente inocente, mas pode cometer excessos.

O repórter recém-contratado não estava entendendo muito bem de quem ou do que Nasser estava falando, até que ele explicou com detalhes:

Eu e o fotógrafo Jean Mason, há uns 17 anos, fizemos uma matéria em Pedro Leopoldo, Minas Gerais, com o jovem Chico Xavier, e não fomos muito felizes. Com o título "Detetive do Além" e fotos criteriosamente escolhidas, acho que fizemos julgamento, e o tempo mostrou a seriedade de Chico. Soube, depois, que ele não tinha gostado muito da matéria,

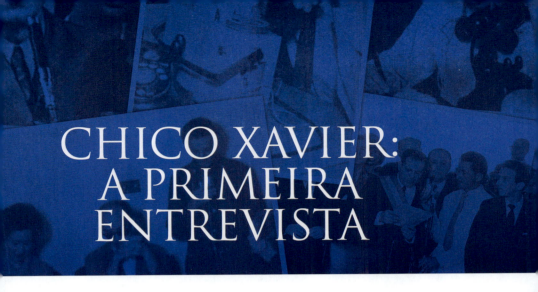

CHICO XAVIER: A PRIMEIRA ENTREVISTA

especialmente das fotos. Nunca tive a oportunidade de me desculpar.

Desde aquela conversa, Saulo desejava a oportunidade de entrevistar Chico Xavier. Sabia da resistência do médium, mas estava pronto para ser insistente, afinal aquela era uma de suas habilidades.

Sete anos depois, surgiria uma chance. De volta à *Tupi*, desta vez de São Paulo, Saulo resolveu fazer uma entrevista com Chico Xavier. Ele queria muito saber quem era aquele espírita e faria o que fosse possível para conseguir uma reportagem com ele. O repórter recorreu à sua relação com José Carlos Ferraz, diretor do Instituto Américo Bairral, entrevistado em 1967. Ele e outros diretores foram a São Paulo para agradecer a repercussão positiva da matéria feita, e Saulo aproveitou a oportunidade para pedir que o também espírita intercedesse junto ao médium a fim de convencê-lo a receber a equipe da *Tupi*.

Para a alegria do repórter, Chico aceitou inicialmente conhecê-lo. Não era certo ainda que daria uma entrevista, mas para Saulo era sua melhor oportunidade. No dia 2 de maio de 1968, feriado em Uberaba, Minas Gerais, em comemoração ao aniversário da cidade, lá estava ele com sua equipe pronto para convencer o mineiro a responder algumas de suas perguntas.

O combinado era somente uma conversa, Saulo não deveria levar câmeras nem microfones, Chico não sabia ainda se daria uma entrevista. Mas o repórter investiu no seu potencial de convencimento e seguiu para Uberaba em um furgão com todo o aparato técnico e uma equipe de profissionais.

Assim que chegou à cidade, Saulo deixou seus companheiros no hotel Zote, perto do trevo da rodovia que leva a Uberlândia, uns dois quilômetros de distância da casa do espírita, e foi sozinho para seu primeiro encontro com Chico Xavier.

Era começo de noite quando ele chegou à Comunhão Espírita Cristã, instituição em que Chico mantinha atividades. Sentou silenciosamente em um canto, sem se anunciar, e ficou ali, acompanhando a sessão. Um homem lia o evangelho e Chico conduzia com suas falas acolhedoras, vezes direcionadas a todos os presentes, vezes para alguém particularmente.

Antes de a sessão terminar, Chico ausentou-se. Saulo ficou sem saber o que fazer, até que foi chamado para conhecer o médium. O lugar era muito simples, como tudo era simples na vida do espírita. Chico recebeu o repórter na cozinha de sua casa. Lugar, que Saulo veio a saber depois, muito frequentado por Chico, que era um excelente cozinheiro. Todos admiravam seu doce de abóbora.

Não era muito comum receber visitas na cozinha, mas naquele dia foi o que ele fez. A conversa começou ainda durante o preparo do café. A água esquentava na chaleira e os dois falavam sobre várias coisas, mas nada sobre a mediunidade de Chico. Foram alguns muitos minutos naquela aproximação amigável. Um falava de sua vida humilde em Minas, o outro de seus dias em Madureira. Chico avançava um pouco mais sobre suas primeiras vivências espíritas, e Saulo contava de sua experiência na prisão. Entre uma fala e outra, o médium sempre abençoava, em nome de Deus, aquele homem da imprensa. Até que em um momento ele silenciou-se.

O repórter esperou um pouco para iniciar um novo tema na conversa, o que não foi preciso. Chico pegou sua mão com toda a candura, olhou para os olhos de Saulo Gomes e disse:

Você é quem eu pensava.

Não deu tempo de Saulo reagir. Chico apontou o dedo em direção ao hotel Zote e seguiu:

O combinado era somente uma conversa, Saulo não deveria levar câmeras nem microfones, Chico não sabia ainda se daria uma entrevista.

Vá buscar seus companheiros e vamos fazer a reportagem.

O homem da imprensa saiu em estado de graça. Ao chegar ao hotel, acordou os amigos para contar que tinha conseguido. Só naquele momento, todos ficaram sabendo qual era a matéria. Saulo era sempre muito sigiloso com suas pautas, somente seu diretor sabia que a meta era entrevistar Chico Xavier.

Alguns não gostavam daquela mania de Saulo de não contar nada, mas ele era bastante querido por todos, especialmente porque nunca os esquecia no momento dos créditos. Certa vez, Cassiano Gabus Mendes repreendeu o repórter por sempre esticar o fechamento das reportagens com os anúncios dos nomes de todos da equipe. Mas aquilo não o intimidou, e sempre que encerrava um trabalho, agradecia desde o motorista até os apoios que recebia para conseguir as informações.

No final da tarde do dia seguinte, o furgão estacionou na frente da casa de Chico Xavier. Os fios começaram a ser conectados; as luzes extras, instaladas; as câmeras, posicionadas. Era uma parafernalha técnica que chamava a atenção. Os frequentadores do lugar estranharam aquela movimentação. Mas era preciso. Os cinegrafistas gravaram tudo. A fila imensa, que se estendia pela rua, de pessoas esperando para ouvir uma mensagem do espírita. O trabalho ao redor da mesa, com leitura do evangelho. A participação do orador da noite, o médico Elias Barbosa, quem sempre acompanhou Chico em sua trajetória. Os atendimentos individualizados, até o grande momento em que Chico psicografava. Somente depois de registrar toda a rotina de uma sessão, Saulo fez a sua primeira entrevista com o médium.

Ali, Chico quebrava um longo período de silêncio. Sua experiência com David Nasser, com a reportagem intitulada "Detetive do Além", publicada na revista *O Cruzeiro*, em 1944, o deixou ressabiado com a imprensa e, naturalmente, ele foi esquivando-se dos microfones. Aquela seria a primeira vez que as pessoas espíritas e não espíritas veriam, pela televisão, Chico Xavier psicografar mensagem do espírito Emmanuel.

Na hora definitiva da entrevista, Saulo percebeu que sua ansiedade pela reportagem era tanta que não tinha preparado perguntas prévias. Assim, por alguns segundos, ele questionou a si mesmo: "Afinal, o que eu quero saber de Chico? O que vou perguntar?" Foi quando o repórter infligiu uma aparente lógica jornalística e, ao invés de abordar temas esperados, quis saber sobre aborto, vida extraterrestre, dentre outros assuntos inusitados.

Em um determinado momento, Saulo viu sobre a mesa uma edição em japonês do livro *Nosso Lar*. Ele aproveitou a obra para pedir a Chico que contasse mais sobre aquele trabalho assinado pelo espírito André Luiz. E o médium narra que um dia seus mentores espirituais levaram-no em desdobramento à região hospitalar de Nosso Lar. Chico descreveu na sequência como era a cidade por ele visitada.

Editada em uma hora e meia, a reportagem foi ao ar com muito destaque. Repercutiu positivamente para todos os envolvidos. Saulo foi bastante cumprimentado pelo trabalho; Chico passou a ser procurado pela imprensa do Brasil todo e até mesmo do mundo; o espiritismo tornou-se uma opção religiosa para outras pessoas que sequer sabiam da sua existência.

> *Saulo percebeu que sua ansiedade pela reportagem era tanta que não tinha preparado perguntas prévias. Assim, por alguns segundos, ele questionou a si mesmo: "Afinal, o que eu quero saber de Chico? O que vou perguntar?"*

Aquela foi a primeira entrevista de Saulo com Chico Xavier, mas não foi a única. A relação entre os dois consolidou-se ao longo do tempo. Em certa ocasião, Silvio Santos, no programa

"Cidade contra Cidade", colocou como prova em favor de Uberaba a presença do espírita, e Chico foi incisivo:

Eu vou para contar pontos para a cidade, mas quero que Saulo Gomes esteja lá.

Depois, a presença de Saulo em outras entrevistas de Chico, mesmo que no anonimato, tornou-se uma rotina. Antes disso, entretanto, o repórter da *Tupi* voltou a Uberaba para saber de seu entrevistado como tinha sido a experiência vivida posteriormente à reportagem ter ido ao ar. O homem simples que se comunicava com os desencarnados falou ter achado incrível ver-se psicografando.

A partir daquela vivência, Saulo ficou mais atento a tudo que se referia a Chico Xavier. Algumas coisas ele só entendeu depois de passados mais de 40 anos. O repórter ficou sabendo que em uma comunicação entre os mentores e Chico, a ele fora pedido que, após a publicação de 100 obras sobre o espiritismo, era o momento de começar a difundir os conhecimentos espíritas de maneira mais atuante. Aquela sua reportagem era também uma missão para Chico Xavier. Saulo, que pensara por muito tempo ter escolhido o espírita como entrevistado, concluiu que fora por ele escolhido.

E é nessas análises fora do tempo que, 48 anos depois da reportagem, ao ler um texto de Herculano Pires, Saulo conseguiu entender o que de fato significava definir Chico Xavier como um homem interexistente.

Saulo Gomes e Chico Xavier, na sede da Comunhão Espírita Cristã, 1968.

31

No final da entrevista, Saulo e Chico reuniram-se na cozinha. Era tarde, mas nunca tarde demais para mais um café. Chico preparou-o pessoalmente. Enquanto esquentava a água, fez uma pergunta:

— Você conhece a Aparecida do Hospital do Fogo Selvagem?

— Lembro de tê-la visto uma vez no programa da Hebe Camargo.

— Eu queria te pedir um favor. Essa mulher está lutando tanto para conseguir administrar o hospital, você poderia dar uma ajudinha a ela?

Saulo respondeu que ia ver com muito carinho como ajudar. A conversa seguiu até o café ficar pronto. Eles beberam e Saulo deixou a casa de Chico já com planos de voltar.

A equipe ainda tinha que fazer a cobertura da festa do zebu em Uberaba no dia 3 de maio, mas somente à tarde. Saulo falou com todos, então resolveram ir conhecer o hospital administrado pela dona Aparecida na manhã antes do trabalho pautado.

UMA CAMPANHA DO BEM

Em torno de 500 metros antes de chegar ao hospital, no bairro da Abadia, o furgão teve muita dificuldade para avançar, em razão dos excessivos buracos no chão. Nada que eles viam ao longe parecia um hospital, por isso precisaram perguntar para alguém na rua:

— O Hospital do Fogo Selvagem é nesta rua?
— É sim. É ali onde estão aquelas roupas penduradas.

Foi a primeira coisa que todos viram. Diversos varais de mais ou menos 30 metros cada, com muitas roupas penduradas. Na porta, um dos pacientes foi quem os recebeu.

— Aqui é o hospital? – perguntou o repórter.
— É sim, está bastante destruído, mas é aqui que a mãe Aparecida cuida da gente, vou chamá-la.

Enquanto esperava, Saulo resolveu começar a fazer a reportagem. Ele e todos da equipe estavam bastante impressionados com o lugar muito simples. O chão, uma parte era de terra batida; havia algumas pequenas camas muito baixas e todas aquelas roupas espalhadas para todos os lados.

Nivaldo, prepare todo o equipamento e vamos entrar, mesmo sem aviso. Afinal, foi um pedido de Chico.

Enquanto Saulo entrava narrando o que via, dona Aparecida veio a seu encontro. Ela foi a primeira entrevistada. Saulo contou que estava ali com a recomendação do amigo dela Chico Xavier e que sua intenção era fazer uma reportagem sobre o hospital.

Era uma imagem difícil de ser narrada. Não dava para usar palavras bonitas para descrever um lugar tão precário. As camas improvisadas sobre tijolos; os colchões manchados de sangue e outras impurezas; muitos fogareiros estranhamente postos ao lado das camas impactavam a todos. Ali, a única coisa positiva era o amor de dona Aparecida por aqueles quase 100 pacientes.

Saulo não sabia nada sobre o lugar, mas muito rapidamente foi informado que a amiga de Chico, em 1957, tinha recolhido em sua própria casa alguns doentes dispensados por outras instituições de saúde, e seu atendimento humano e carinhoso estava garantindo a vida de muitos daqueles homens e mulheres necessitados. Logo, eram muitos, e sua casa ficou pequena. Seus familiares não podiam mais concordar com ela. Diante daquele impasse, a mulher resolveu invadir o hospital abandonado há muito tempo. As autoridades faziam vista grossa porque não tinham como propor outro encaminhamento para aquelas vítimas de uma doença tão cruel. E ali eles estavam.

Enquanto iam andando, Saulo seguia perguntando:

— Dona Aparecida, por que esses fogareiros?

— Quando o paciente está com as bolhas na pele em carne viva, eles não conseguem usar roupas. A dor é insuportável. Na época do frio, para aquecê-los, nós acendemos os fogareiros.

O repórter não perguntava mais para informar aos outros, era ele mesmo quem queria saber o que estava acontecendo ali. E quanto mais perguntava, mais se assustava com a realidade dos pacientes de mãe Aparecida. A mulher contou que enganava seus doentes na tentativa de dar a eles um pouco de ilusão. O medicamento melhor indicado para aliviar a dor e cicatrizar as feridas provocadas pelas bolhas causadas pela doença, cientificamente identificada como pênfigo foliáceo, popularmente chamada fogo selvagem, era o Omcilon. Sem recurso para comprar a quantidade necessária para todos, ela diluía o remédio em vaselina líquida e passava pelo corpo dos doentes, dando a eles a impressão de que estavam sendo devidamente medicados.

Mais adiante, alguns tambores enormes de óleo, cheios de água, serviam de tanque para a mulher franzina lavar diariamente centenas de peças de roupas. Os farrapos de fronha, lençol e os poucos cobertores cortados ao meio para multiplicar a quantidade precisavam ser lavados todos os dias. Os latões eram suspensos em tijolos e a água fervia sobre o fogo. Os doentes em melhores condições

No final da entrevista, Saulo e Chico reuniram-se na cozinha. Era tarde, mas nunca tarde demais para mais um café. Chico preparou ele próprio. Enquanto esquentava a água, fez uma pergunta: "Você conhece a Aparecida do Hospital do Fogo Selvagem?"

ajudavam mexendo de tempo em tempo para limpar o tecido das impurezas. Eles não teriam qualquer chance de cura se usassem roupas ou lençóis sujos do dia anterior. Era o mínimo a ser feito, garantir roupas fervidas todos os dias.

Aquela mulher simples, com muito pouco para dar, estava fazendo parecer, aos olhos dos doentes, que eles estavam recebendo tudo o que precisavam para se curarem, mas não era verdade. Ela não tinha tudo, só a sabedoria de multiplicar o pouco.

Em uma sala pequena, 30 doentes juntavam-se para ver televisão. Eram só dois aparelhos, ainda em preto e branco, com chiado e ruídos. No refeitório, mesas improvisadas sobre cavaletes serviam de base para as modestas refeições preparadas em um enorme fogão a lenha. Mãe Aparecida contava com a ajuda da filha, Ivone, e um de seus netos. Mas eram poucos. A demanda diária era expressiva. Na rotina daquela mulher, atestava-se um exemplo de dedicação. Ela acordava todos os dias três horas da madrugada e, até às sete horas, dava banho em todos os doentes. Nas três banheiras, com água esquentada nos latões, ela banhava com permanganato e lavava com sabonete português, um produto sem adição de perfume que ajudava a melhorar os ferimentos.

Em uma outra sala, algumas máquinas de costura, onde as roupas eram costuradas por cinco ou seis voluntárias. Eram máquinas de costureiras pobres de bairros próximos que emprestavam algumas horas por dia.

Mais à frente, dona Aparecida apresentou a Saulo Gomes três meninos que sempre a acompanhavam quando ia a São Paulo para pedir ajuda: Toinzinho, Vicente e Arnaldinho. Eles tinham pouco, mas tudo era fruto de arrecadações. Hebe

Camargo, a mulher de Silvio Santos e Vanderlei Cardoso estavam entre os que ocasionalmente colaboravam com o Hospital do Fogo Selvagem, de Uberaba.

Em uma dessas idas para São Paulo, acompanhada dos três meninos, Mãe Aparecida resolveu passar o dia no viaduto do Chá, vendendo uma rifa para angariar dinheiro para o hospital. Como a primeira vez deu bom resultado, sempre que faltava recurso, ela voltava ao viaduto do Chá, cada vez com um prêmio melhor para ser rifado. Uma dessas vezes ela foi presa na delegacia por vadiagem. A pobre mulher ficou nove dias na cadeia. A pedido de alguém que conhecia seu trabalho, um advogado conseguiu soltá-la. Mas aquela experiência não a amedrontou, e outras vezes ela foi para o viaduto.

A mulher lembrou de contar ao repórter que um fazendeiro da cidade também ajudava. De vez em quando, ele emprestava um caminhão e um motorista, e os dois iam juntos a Goiás buscar sacos de arroz, feijão e milho, doados por um outro fazendeiro daquele estado. Mãe Aparecida não queria esquecer de mencionar ninguém que a ajudava. Estava nítida a sua preocupação em agradecer a todos os colaboradores.

Depois de registrar a longa conversa com dona Aparecida, Saulo entrevistou alguns doentes. Os primeiros foram os três meninos já mencionados. Cada qual contou sua história, como tinham chegado ali e suas esperanças de cura. Arnaldinho era o que apresentava a doença em estágio mais avançado. Ele estava deitado em uma cama e sequer conseguia andar muito bem.

— Como é seu nome?

— Arnaldinho.

— Quantos anos você tem?

— Doze anos?

— O que é que você gostaria de pedir?

— Remédio, pelo amor de Deus.

No dia quatro de maio, antes de deixar Uberaba, Saulo voltou a visitar Chico Xavier. Contou a ele tudo o que tinha visto e disse que ajudaria o lugar levando a reportagem ao ar, mas ele mesmo não estava certo de que a emissora o autorizaria.

Em São Paulo, o repórter foi imediatamente apresentar o material bruto da reportagem com Chico Xavier a Walter Sampaio, seu diretor. Ao final da reunião, contou que, a pedido do espírita, ele tinha feito imagens e algumas entrevistas de um hospital que precisava de ajuda. Saulo não deu detalhes, só disse que as imagens eram fortes e talvez a matéria ficasse um pouco triste. Muito rapidamente todos perguntaram se levar ao ar não daria problemas à direção, e Saulo, mesmo inseguro, garantiu que não.

A diretoria escolheu transmitir aquela reportagem em um programa que ia ao ar às onze e meia da noite para garantir que nenhuma criança assistisse.

Boa noite, senhoras e senhores do "Diário de São Paulo na TV". A minha reportagem de hoje é um soco na cara das autoridades de Uberaba e do Brasil. Mostrarei, nesta noite, uma reportagem com muitos gemidos e gritos de dores. Nenhuma autoridade tem ajudado a senhora Aparecida da Conceição Ferreira, uma auxiliar de enfermagem que largou tudo e tomou para si a responsabilidade de salvar tantas vidas de pessoas vítimas do fogo selvagem.

Durante a transmissão, alguns diretores ligaram para Saulo, indignados com as imagens, mas ninguém pediu para tirar o programa do ar. Logo no final, imediatamente ao encerramento da matéria, os telefones da emissora começaram a tocar. Um depois do outro, em todas as redações, departamentos, diretorias, até às quatro horas da madrugada ainda tinha gente do lado de lá, de vários lugares do Brasil, tentando contato com alguém da TV para saber como poderiam ajudar. Queriam saber se havia alguma conta bancária para depósitos, o que eles mais precisavam, como enviar.

Cansado, Saulo deixou de atender os telefones e foi para casa descansar. Na manhã seguinte, às oito horas, de volta à emissora, muita gente o esperava. Eles queriam doar camas, roupas, lençóis, remédios. A TV *Tupi* estava tomada por pessoas comovidas com a realidade do Fogo Selvagem.

Sem conseguir falar no hospital, com o telefone cortado por falta de pagamento, Saulo tentou contato na prefeitura e foi atendido pelo prefeito da época, João Guido. Ele mandou buscar dona Aparecida que, ao falar com Saulo, foi orientada a seguir para São Paulo, para abrir conta em dois ou três bancos, porque as pessoas estavam querendo fazer doações. A TV *Tupi* iria seguir com uma campanha por alguns dias, para ajudar o hospital.

> *Saulo não sabia nada sobre o lugar, mas muito rapidamente foi informado de que a amiga de Chico, em 1957, tinha recolhido em sua própria casa alguns doentes dispensados por outras instituições de saúde.*

O tamanho da ação ganhou proporções nunca vistas. O Exército de Salvação aderiu à campanha para ajudar com o transporte das doações. O saguão de entrega dos Diários Associados, construído por Assis Chateaubriand, na rua Sete de Abril, 230, era uma réplica do prédio do *New York Times* e estava todo tomado de pessoas querendo contribuir. Em pouco tempo, o grande salão tinha sido transformado em um depósito de móveis, eletrodomésticos, roupas e até brinquedos para as crianças do hospital.

Saulo recebeu um telefonema do senhor João Stefan, dono de uma rede de lojas chamada Rivo. O homem fez uma oferta grandiosa:

Nós fechamos nossas lojas às seis horas da tarde. No próximo mês, deixarei todas as lojas abertas até às dez horas da noite. Tudo o que nós vendermos no balcão neste período será doado para as vítimas do fogo selvagem de Uberaba.

Esse mesmo homem equipou uma Kombi branca com tudo que precisava uma ambulância e mandou escrever na porta: "Ambulância do Hospital do Fogo Selvagem".

Os produtores de café e alguns empresários da construção civil fizeram contato direto com dona Aparecida e eles retomaram a construção da sede do hospital, que não era aquela invadida, mas um outro prédio próximo. Eles doaram ainda duas lavanderias completas. A Vigorelli enviou para a sede nova 22 máquinas de costura. Toninho, das Lojas Mahfuz, doou alguns televisores.

Uma menina de 12 anos de Barretos, SP, resolveu fazer uma rifa de suas bonecas para ajudar. Ela foi, acompanhada dos pais, fazer a doação em São Paulo. Em Catanduva, SP, padre Albino e o então deputado Orlando Zancaner, um espírita, realizaram uma passeata para receber doações pelas ruas da cidade. A faixa que ia à frente anunciava que católicos e espíritas uniam-se para ajudar o Hospital do Fogo Selvagem.

Os 180 jovens do tiro de guerra da cidade de Itapetininga, SP, pediram ao comandante para fazer uma campanha local de doação. Eles recorreram às rádios e aos jornais, encheram um caminhão de produtos e levaram para o hospital.

Até pequenos trechos de terras, dona Aparecia ganhou de fazendeiros que tinham propriedade em Uberaba, como resultado daquela campanha. Ela construiria no lugar algumas casas para os doentes. Seu desejo era que os melhores pudessem trabalhar em uma plantação de flores. E foi o que ela fez logo na sequência. Aquela plantação passou a ser comercializada para ajudar na manutenção diária do hospital.

Uma semana depois de iniciada a campanha, Saulo Gomes foi chamado na diretoria para uma conversa. Na sala, todos os principais chefes da emissora, entre eles, Hélio Ribeiro, Cassiano Gabus Mendes e Fernando Severino, do departamento comercial. O repórter foi cumprimentado pela campanha, mas eles anunciaram que aquela ação estava criando problemas para o comercial e que ele teria que finalizar naquele dia o trabalho de arrecadação. Instruiu Cassiano:

Você vai entrar ao vivo no programa das onze e meia, agradecer a todos que participaram e informar que a campanha foi encerrada.

Saulo, é claro, argumentou de maneira a reverter a situação. Ele chorou comovido, insistindo que ainda tinha muito por ser feito. Mas de nada valeu seu pedido. A reunião terminou com a decisão de que naquela noite a campanha seria finalizada. Era uma ordem e seguiu acompanhada de um comunicado interno. O repórter teve que assinar que estava ciente de que teria que fazer o recomendado pela diretoria, caso contrário seria uma infração trabalhista.

Ele não falou nada para ninguém nem para sua mulher em casa. À noite, com aquele papel nas mãos, ao vivo pela TV *Tupi*, ele fez um resumo de todos os acontecimentos do dia, contou sobre a adesão de algumas novas cidades à campanha, agradeceu a todos e anunciou:

Senhoras e senhores, em decorrência da grande necessidade dos pacientes do Hospital do Fogo Selvagem, a diretoria do Diários Associados decidiu estender a campanha por mais uma semana.

Dois minutos depois de encerrado o programa, Walter Sampaio estava no telefone querendo falar com Saulo. Fernando Severino recomendou que no dia seguinte ele fosse para a sala do Cassiano, porque eles precisavam resolver aquele impasse.

Com o comunicado interno, a demissão seria por justa causa. Saulo, que parecia ter medido bem as consequências, achou que valia a pena correr o risco, então mandou um recado para a direção:

Se eles me demitirem, vou colocar uma escada na praça da Sé e, diante de uma câmera de papelão improvisada, vou dizer, a quem quiser ouvir, que continuo ali a campanha em favor do Hospital do Fogo Selvagem, porque a *Tupi* está me proibindo de continuar pela TV.

Enquanto a diretoria reunia-se para decidir que fazer com o repórter, que foi suspenso de atuar em qualquer programa ou reportagem naquele dia, um moço chegou à emissora à sua procura:

— O senhor que é o Saulo Gomes?

— Sim, sou eu.

— O senhor Chico Xavier pediu que eu lhe entregasse esta carta.

Quando abriu, Saulo viu que era uma psicografia de Emmanuel, feita pelo amigo espírita. Estava escrito:

Na noite de 5.6.68, às 21 h 45 min, foi feita uma prece e uma vibração em favor do repórter das Associados Saulo Gomes que está encontrando dificuldades dentro da sua campanha a favor dos doentes do fogo selvagem da cidade de Uberaba. Recebemos como resposta uma mensagem assinada por nosso bondoso irmão Emmanuel que segue na íntegra:

"Caríssimo irmão, vós vos propusestes a prestar a caridade em auxiliar aos nossos irmãos que sofrem, e eu vos digo, irmão, não há na Terra missão mais bela do que essa que vos propusestes a executar. Mas também, caro irmão, devo vos dizer que todo aquele que precisa contar com a cooperação dos outros para cumprir essa tarefa está exposto à incompreensão.

Boa noite, senhoras e senhores do "Diário de São Paulo na TV". A minha reportagem de hoje é um soco na cara das autoridades de Uberaba e do Brasil. Mostrarei, nesta noite, uma reportagem com muitos gemidos e gritos de dores.

Mas eu vos digo, meu irmão, lute sem esmorecer, pois esses irmãos muito necessitam do seu auxílio, e essa missão será doravante orientada por nossa equipe e, quando tiveres que se dirigir às pessoas incrédulas, saberás se expressar com as palavras que deverão ir ao coração de cada um.

Não vos esqueçais, irmão, que todos os que se propuseram a pregar o Evangelho ou a pedir a caridade para outros infelizes foram vítimas de escárnio e de provações. Mas eu vos digo, meu irmão, aceitai tudo resignadamente, pois o Cristo, enquanto esteve junto aos homens, também foi vítima de descrença, e vós sabeis que ninguém como Ele tinha em mente salvar a humanidade. Que diremos então, irmão, da incompreensão para com vós materiais, se ela existe até para com fatos apresentados por nós, espíritos, que só queremos transmitir o bem e a orientação [...] possam, nessa passagem pela Terra, praticar a caridade e aceitar a provação para que possam recolher os frutos que o Senhor vos dará.

Eu vos digo, meu irmão, vossa missão é sublime, não desanimeis e não espereis reconhecimento. Mas eu vos digo, o Pai tudo vê e tudo sabe, e só Dele deveis esperar receber a recompensa por tudo que estais fazendo.

Meu irmão, nós estaremos ao se lado sempre que o Pai permitir e sempre que precisares de uma orientação.

Meu irmão, que nosso Pai te dê forças, que o Senhor te ilumine e abençoe, e aceite o agradecimento do seu irmão.

Emmanuel"

Saulo estava surpreso. Ele não tinha contado para ninguém de seu problema. Nas transmissões que fazia pela TV e pelo rádio, tudo aparentava muito bem, como de fato seguia até a noite anterior.

Um pouco depois daquela carta, outro bilhete circulava pela emissora. Desta vez assinado por Edmundo Monteiro, diretor-presidente do grupo, direcionado a Cassiano Gabus Mendes:

Cassiano, a campanha iniciada pelo repórter Saulo Gomes é muito importante. Consiga os espaços que ele precisa para continuar.

E Saulo foi autorizado a seguir com as ações programadas.

Para operacionalizar a entrega de todas aquelas doações, o repórter organizou, com o apoio da equipe da TV, uma caravana. Quanto mais anunciada, maior ela ficava. Com saída agendada para a meia-noite de São Paulo, por cada cidade que passava, ia recebendo mais e mais produtos. À frente da caravana, a ambulância doada pelo empresário da rede Rivo.

Às sete horas da manhã, aquele comboio chegou a Ribeirão Preto. A cidade estava totalmente envolvida na campanha. A rádio 79, com a participação de Antônio Carlos Morandini, Wilson Toni e alguns políticos, estava movimentando a população para que participasse daquela ação de solidariedade. Ao longo de toda a noite, enquanto esperavam a caravana da *Tupi*, um *show* musical agregava pessoas comovidas com a situação dos doentes.

Quando a caravana passou, já na beira da estrada, na zona do meretrício, como sempre foi chamado o local onde moças ganhavam a vida vendendo sexo, elas que acompanhavam a notícia pela rádio 79, saíram e correram atrás do caminhão que levada dona Aparecida para dar a ela o dinheiro ganho naquela noite.

Ao final, a caravana era composta de 23 caminhões e uma ambulância. Eles chegaram a Uberaba às cinco horas da tarde, e a festa alegrou a cidade.

Com o tempo, a obra foi concluída, a estrutura do hospital totalmente reformulada. Tinham remédios o suficiente, roupas adequadas, recursos para a gestão de longo prazo, até uma sala de aula interna foi autorizada pelo Ministério da Educação, já que os doentes eram hostilizados nas escolas por causa do aspecto de suas peles e do odor que exalavam.

Para manter toda aquela estrutura, inaugurada no dia 24 de agosto de 1968, com a presença do senhor Napoleão de Carvalho, representando os Diários Associados, além da comercialização das flores, foram instalados, no interior do prédio, uma colchoaria, uma sapataria para fazer botas para as festas de boiadeiro e uma sala especial adequada para um maquinário que transformava saquinhos de leite em um granulado de plástico reutilizado para fazer novas embalagens plásticas. Durante muito tempo, enquanto os saquinhos de leite eram muito comuns, o Hospital do Fogo Selvagem garantiu sua renda com a campanha de arrecadação de saquinhos e a venda de toda a produção para a empresa fabricante do Bombril.

Era aquele um novo hospital. Construído de solidariedade, amor e compaixão.

Depois que passava por algum lugar ou pela vida de alguém, Saulo fazia-se presente, acompanhando, mesmo que a distância, as pessoas da sua história. Ele esteve lá em Uberaba, no primeiro Natal do novo hospital, em dezembro de 1968, ao lado de sua esposa e da filha caçula. Dona Aparecida sempre esteve no seu radar. Vez ou outra, eles se falavam, até a morte dela, em 2012, aos 94 anos. Ela ficou cega no final da vida e mesmo assim era quem administrava tudo no hospital. O menino Arnaldinho, que finalizou a reportagem de Saulo pedindo remédio, morreu dias depois de concluída a campanha. Vicentinho ficou totalmente curado, estudou e tornou-se publicitário e é membro de uma equipe de uma grande agência. Toinzinho, o menino mais gordinho e na ocasião muito atingido pelas bolhas, superou todos os seus problemas e formou-se médico. Doutor Antônio, um dermatologista, foi visto ao lado de dona Aparecida, em um programa do Fábio Júnior, na TV *Record*, ocasião em que Saulo estava na emissora. Depois disso, sabe-se que de tempo em tempo, ele volta a Uberaba para levar sua assistência aos atendimentos no Hospital do Fogo Selvagem.

Depois que passava por algum lugar ou pela vida de alguém, Saulo fazia-se presente, acompanhando, mesmo que a distância, as pessoas da sua história.

Saulo segue em caravana até o Hospital do Fogo Selvagem. Sempre com o microfone em mãos. 16 de junho de 1968.

32

Saulo Gomes estava interessado em entrevistar José Pedro de Freitas. Na redação da TV *Tupi*, ninguém sabia quem era aquele homem. O repórter acreditava que somente Chico Xavier o ajudaria a chegar até o mineiro de Congonhas Zé Arigó, um espírita que fazia cirurgias mediúnicas incorporando o médico alemão dr. Fritz.

E ele estava certo. Em visita ao já amigo Chico, Saulo pediu ajuda e ganhou uma carta com referências para ser recebido por Arigó, mas somente um mês depois. De qualquer forma, aquilo era bastante. Até a imprensa internacional estava atrás do espírita, mas ele se recusava a dar entrevista.

Na carta, Chico apresentava o jornalista Saulo como um amigo e fazia elogios quanto a sua seriedade e a seu comprometimento com a profissão. Ele pedia para que Arigó e seu mentor dr. Fritz concedessem entrevista ao representante da TV *Tupi*. E ele aceitou. Um mês depois, lá estava toda a equipe, pronta para acompanhar, de perto, o trabalho do médium.

ZÉ ARIGÓ

Por três dias, tudo que Arigó fazia no centro espírita Jesus de Nazareno era registrado e documentado por Saulo. Os atendimentos, as cirurgias, a presença de dr. Fritz. Em um dos dias, um austríaco visitou Congonhas em busca de ajuda espírita; acompanhar aquele caso enriqueceu a reportagem, mostrando o quanto Arigó era conhecido também fora do país.

Acusado por duas vezes pelo exercício ilegal da medicina, não foi preso na primeira por interferência de Juscelino Kubitschek. O ex-presidente tinha apreço pelo médium que, em certa ocasião, tinha curado uma de suas filhas. Na segunda vez, ficou na prisão por sete meses.

Em sua reportagem, Saulo mostrou o médium, o mineiro, o médico alemão e o homem que transitava entre o catolicismo e o espiritismo. Aquela não era a primeira vez que Arigó aparecia na televisão, mas era sua volta depois de quatro anos sem conceder entrevista. O conteúdo da reportagem era muito sensível àquela prática de fazer curas improváveis por meio da mediunidade.

O material feito por Saulo Gomes foi posteriormente cedido pelo filho de Arigó, Sidney, a uma emissora de TV estrangeira que fazia um documentário especial sobre o espiritismo no Brasil.

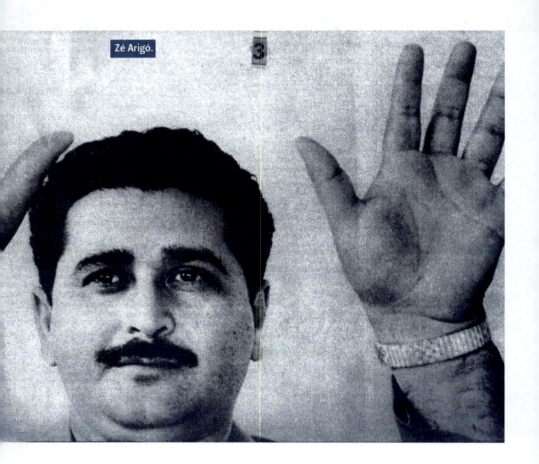
Zé Arigó.

Waldo Vieira, Chico Xavier e Zé Arigó.

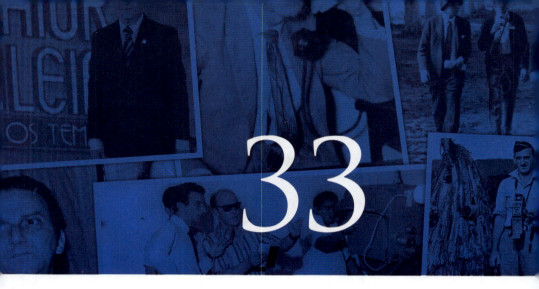

33

Depois de sucessivas reportagens que inspiravam a solidariedade e o amor, Saulo Gomes, ainda em 1968, estava preparando-se para uma cobertura pautada na morte. São Paulo era terra de ninguém, como se diz quando pessoas morrem cotidianamente sem punições. A experiência do repórter vivida em 1956, com o Esquadrão da Morte no Rio de Janeiro, dava-lhe indícios de que a história estava repetindo-se. E estava. Bandido matava policial, e policial matava bandido em uma represália desautorizada.

A história em São Paulo começou com a morte do policial Davi Parré, pelo bandido Carlos da Silva, de apelido Saponga. Parré era muito querido entre os policiais. No dia do seu enterro, no cemitério do Araçá, o jornal *O Estado de São Paulo* registrou uma foto que viria a ser o próprio porta-retratos do Esquadrão da Morte paulista. Um ao lado do outro, estavam Fleury, Fininho, Campão, Zé Guarda, Russinho, Mato Grosso e Correinha, identificados como os primeiros nomes na formação inicial do Esquadrão, que chegaria a ser composto, no

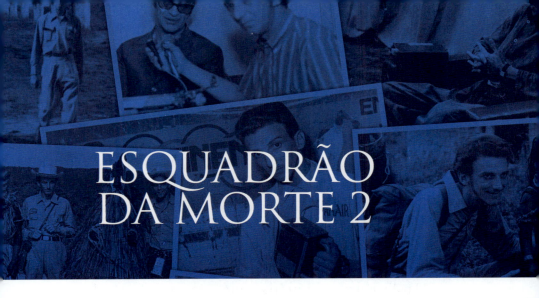

ESQUADRÃO DA MORTE 2

auge daquela guerra urbana, por 47 homens da polícia, então relacionados no processo conduzido pelo juiz corregedor Nelson Fonseca e pelo promotor Hélio Bicudo.

Foi ali mesmo, no cemitério, que a promessa de justiça foi feita pelos homens até então ditos da lei:

Para cada policial morto, mataremos dez bandidos.

Aquela assertiva não tinha enunciador único. Era frase comum entre os policiais que queriam vingar, de qualquer forma, a morte do amigo Davi Parré.

Entre os foras da lei procurados, alguns eram bem conhecidos da grande imprensa: Boca de Traíra, Hiorito, os Crioulos Doidos e Saponga, naquele momento, o mais procurado entre eles.

Saulo Gomes fez a cobertura da morte do policial em dezembro de 1968, junto com toda a imprensa paulista e do Brasil. A diferença entre ele e os outros é que, para todos, o episódio terminava ali, para o repórter da *Tupi*, só estava começando. Saulo acompanharia aquela história por algum tempo mais.

Seu primeiro desafio foi identificar quem estava ameaçado de morte pelo chamado Esquadrão.

Foi nesta busca que ele soube de Nair Aguiar, mulher líder da favela onde morava, acusada pelos policiais de dar proteção aos bandidos, ligada a Saponga. Ela chegou a ser presa e, em entrevista a Saulo Gomes, contou como foi tratada durante aqueles dias:

Eles me deixaram pelada e me bateram.

Por intermédio de Saulo Gomes, o advogado Roberto Von Haydin entrou na história como o único profissional que aceitou trabalhar contra o Esquadrão da Morte. Ele defendeu dona Nair, que saiu daquela prisão com sequelas físicas. Na presença do juiz corregedor Nelson Fonseca, o depoimento da mulher foi muito importante para enquadrar a atividade praticada pelos policiais como um esquadrão.

Boca de Traíra foi um dos primeiros a ser exterminado. Depois dele, Nego Sete, na cidade de Guarulhos. Neste segundo caso, para infelicidade dos homens metidos a justiceiros, um padre holandês fotografou, a partir da janela da casa paroquial de sua igreja, integrantes do esquadrão preparando-se para capturar Nego Sete e ainda presenciou o momento da prisão, em que todos batiam muito na vítima. Apesar da baixa qualidade das fotos, foi possível, quando apresentadas como prova na corregedoria, identificar o delegado Fleury. Ele havia sido baleado no braço quando da ação que matou o Boca de Traíra e estava usando uma tipoia. Um dos homens, o que parecia Fleury na foto do padre, também estava de tipoia, o que ajudou a identificá-lo.

Aquela era uma briga com muitos envolvidos. De um lado, os policiais que faziam parte do Esquadrão; do outro, os bandidos jurados de morte. Havia ainda a corregedoria querendo por fim naquela matança e a imprensa que brigava pela melhor história.

Quem matava queria que a imprensa noticiasse. A ideia era deixar claro que bandido em ação seria, mais cedo ou mais tarde, bandido morto. Era comum Saulo receber telefonema de um homem que se identificava como "Lírio Branco" dando indicações de onde um corpo poderia ser encontrado.

Um dia, no meio daquela rotina agitada, Von Haydin disse a Saulo que tinha sido procurado por um homem que provavelmente viria a ser seu cliente contra o Esquadrão da Morte. Identificado como Carioca, de nome Odilon Marquerone Queiroz, ele tinha agendado um atendimento com o advogado, e este convidou o repórter para ir junto.

Depois de sucessivas reportagens que inspiravam a solidariedade e o amor, Saulo Gomes, ainda em 1968, estava preparando-se para uma cobertura pautada na morte.

Carioca contou, ao longo da entrevista a Saulo, que ele foi chamado por Robertão dias antes de ser morto pelo Esquadrão, para lhe entregar uma carta:

O cara sabia que sua morte estava encomendada. Por isso, ele me procurou querendo que eu guardasse a carta com o nome de seus assassinos. Aqui está.

Falou aquilo e entregou a carta ao advogado, que mostrou a Saulo. Juntos, levaram para o juiz corregedor anexar como prova contra o Esquadrão.

Mas a conversa com Carioca não terminou ali. Ele contou, em detalhes, o que tinha acontecido com ele:

— Eu estava em uma boca, e meu compadre Fininho, que é policial, me traiu. Ele me chamou para uma treta e me levou até o quilômetro 24 da Castelo Branco. Quando nós chegamos lá, eu vi o Simca verde do Fleury e outros dois homens, o Branco e o Paraíba. Eles me algemaram perto do carro e ficaram brincando com os outros dois caras. Fleury deu um revólver para cada um e mandou que eles duelassem. Aquele que não atirasse contra o outro, morreria. O que os homens não sabiam é que as armas estavam sem munição. Depois de muita diversão, eles fuzilaram o Branco e o Paraíba.

— Mas como você escapou? – perguntou, curiosíssimo, Saulo Gomes.

— Eu disse pro meu compadre que o Robertão tinha me deixado uma carta com os nomes de todos os seus assassinos e que esta carta estava nas mãos de um advogado, autorizado a levá-la para a corregedoria, se eu desaparecesse.

Os policiais conversaram e acharam que não valia correr o risco. Concluíram que era melhor deixar Carioca vivo.

— E foi o que eles fizeram. Aqui estou eu.

Decorridos alguns dias, um companheiro de *Tupi*, de nome Dirceu, disse para Saulo que tinha uma fonte e precisava averiguar. Também repórter policial, mas redator no jornal, Dirceu parecia ter ligações com o Esquadrão da Morte. Sempre que podia, ele apoiava a iniciativa em seus textos impecavelmente escritos. O rapaz convidou Saulo para ir junto, encontrar a fonte. Mesmo sem a certeza de que deveria ir, o repórter carioca não conseguiu se esquivar da proposta e seguiu o paulista.

A boca é pesada, mas acho que vale a pena. Vamos sair daqui perto das 11 horas da noite.

No horário marcado, Saulo estava lá. Os dois seguiram para o final da avenida Duque de Caxias, até o bar do Moisés, lugar onde se reuniam os integrantes do Esquadrão da Morte – menos Fleury –, prostitutas, rufiões e até mesmo alguns traficantes. Era fala comum, na época, que o Esquadrão protegia alguns deles.

Aquilo mais parecia uma emboscada do que uma averiguação de fonte. Saulo não gozava de muito prestígio com aqueles policiais. Suas reportagens denunciavam abuso, motivavam o debate, evidenciavam a realidade das vítimas e, algumas vezes, criticavam a ação truculenta do Esquadrão.

— Dirceu, o que é isso, aqueles ali são o Fininho e o Russinho?!

— Fique tranquilo, eu trouxe você aqui de boa.

— O que você está querendo com essas suas reportagens? – perguntou Fininho.

Saulo disfarçou o medo e verbalizou com segurança:

— Nada, além da verdade. Vocês estão deixando muitas pistas, e eu estou seguindo. Só isso.

— Se é a verdade que você quer, então saiba que ontem você disse uma mentira. O Odilon não está preso. Quer falar com ele?

— Eu quero.

Dali saíram Saulo, Dirceu, o cinegrafista José Rabelo, conhecido como Sabu, e Fininho. Eles foram até a rua Aurora, em um apartamento onde estava Odilon, esperando por Saulo. A proposta do encontro era fazer com que Odilon desmentisse sobre a carta deixada pelo Robertão, com os nomes dos integrantes do Esquadrão que o haviam matado.

É isso aí, Saulo, aquela carta que eu falei que existia, escrita pelo Robertão, com o nome de todo mundo do Esquadrão, que você deu a notícia ontem, não existe não. Eu menti. Eu quero que você grava aí eu desmentindo.

Saulo não concordou em gravar e um bate-boca tomou conta do lugar. Iniciar uma luta corporal não seria nada inteligente por parte do repórter. Ele era visivelmente franzino perto daqueles outros homens, e para completar, armados. Com poucas opções, Saulo simplesmente se dirigiu para a porta e anunciou que iria embora. Seu medo o fazia crer que seria detido, mas isso não aconteceu. Para surpresa do repórter e do cinegrafista, Fininho deixou que eles saíssem do apartamento sem mais consequências. O que ele não imaginava era que no dia seguinte, aproveitando as imagens feitas por Sabu, Saulo levaria aquela reportagem ao ar.

Por causa dela, Saulo foi arrolado como depoente no processo mantido por Nelson Fonseca e Hélio Bicudo contra o Esquadrão da Morte que ao final conseguiu tirar das ruas muitos dos policiais bandidos, menos Fleury, que foi protegido por uma legislação especialmente apresentada para poupá-lo da prisão, depois conhecida como lei Fleury. Além do repórter da TV *Tupi*, vários jornalistas de outros veículos de comunicação seguiam investigando a relação de mortes entre bandidos e policiais. Muitos foram chamados para depor naquele processo que durou alguns anos.

No meio do caminho, o padre Gerald Manzeroll foi jogado do alto de um andaime da sua igreja em Guarulhos. Ele sofreu um afundamento do crânio, mas não morreu. Ficou muito tempo no hospital, foi levado para ser tratado no Rio Grande do Sul e, quando teve alta, com medo, voltou para o seu país de origem, pelo menos por um tempo. Saulo estava evidente demais, por isso sua morte não figurava entre as encomendadas. No caso de Odilon, o homem não teve a mesma sorte. Ele foi encontrado morto, sem língua, todo transfigurado, no rio Sapucaia. Depois dele, nenhum Lírio Branco ligou mais para a imprensa dando conta de corpos encontrados, prenunciando que o Esquadrão da Morte estava fora de circulação.

Passado um tempo, o padre holandês voltou para o Brasil e seu trabalho aqui no país, coordenando um projeto de proteção de homens presos, foi pauta de Saulo Gomes. O repórter esteve com o religioso, falou sobre suas ações e retomou o assunto Esquadrão da Morte. Motivado pelo tema, Saulo tentou uma entrevista com Fininho, que, àquela altura, estava preso.

Houve mais resistência burocrática do que do próprio Fininho em conceder a entrevista. Aquela foi a primeira, mas não a última. Saulo fez algumas reportagens com a participação do policial integrante do Esquadrão da Morte. Quando foi informado sobre a presença de padre Manzeroll no Brasil, o homem ficou surpreso. Ele e os outros tinham certeza de que o religioso havia morrido em atendimento no Hospital das Clínicas.

Fininho não foi o único a ser preso, mas era quem mais recebia atenção da mídia, depois do delegado Fleury. Um dia, chegou à redação a notícia de que ele tinha fugido. A polícia não tinha nenhuma informação de seu paradeiro. O jornalista Percival de Souza conseguiu contato com ele, enquanto estava foragido no Uruguai, e publicou uma série de reportagens no jornal *O Estado de São Paulo*. Saulo também queria uma chance de entrevistá-lo. Demorou, até que ele ficou sabendo que Fininho estava escondido em um apartamento na Praia Grande. O repórter usou todos os seus contatos para chegar até ele.

Sua visita foi autorizada, e dois homens do grupo de Fininho informaram que Saulo deveria ir em seu próprio carro. Como ele não dirigia, teve receio, mas não alternativa, e sua mulher participou da operação. Ela dirigiu de Pinheiros, São Paulo, até Praia Grande. Em um determinado local, eles foram abordados. Ela ficou esperando no carro e Saulo seguiu, com os dois homens, até o apartamento onde estava o policial foragido.

A entrevista foi gravada com equipamento alugado por Saulo, em branco e preto, com baixa qualidade. Ali, Fininho contou como tudo tinha acontecido.

Um tempo depois, o foragido foi detido novamente e levado para o presídio da Polícia Civil. Saulo esteve com ele outras muitas vezes. Em uma delas, recebeu do ex-policial uma mala com papéis, cadernos e textos escritos pelo próprio, contando toda a sua trajetória, da polícia para o crime. Na capa de seu diário, estava escrito: cela 206.

Adhemar Augusto de Oliveira, o Fininho, tornou-se um homem de muitas histórias, várias delas registradas em papel e guardadas na velha mala de cor preta, destinada ao repórter

Saulo Gomes. Em um caderno espiral de capa xadrez, uma letra bonita, bem escrita, traz a identificação de um tempo: "As tristes recordações do presídio". Nas primeiras páginas, no dia 5 de fevereiro de 1970, ele desabafa:

Mais um desgraçado dia em minha vida, agora de presidiário. Hoje, como há oito dias, vivo uma eterna expectativa, tendo em vista a notícia que eu seria removido para outro presídio. Já não tenho mais condições psicológicas para permanecer aqui [...]

Em 8 de março do mesmo ano, ele escreveu:

Pelo menos meu caixão terão que deixar sair desta prisão para o meu lar.

De repente, as letras ficam de ponta cabeça. Ao virar o caderno, uma nova narrativa. Fininho conta seus dias:

Caso CD, que foi morto no Ceasa. Passei 28 dias residindo na favela do Piqueri para levantar a identidade dos prováveis matadores do guarda civil. Juntamente com mais dois colegas, passamos a frequentar com assiduidade a favela até que arrumei uma amiga, da qual me tornei amante. Ali, então, passei a residir e por diversas vezes tive que demonstrar que entendia de malandragem [...]

Um a um, ele ia identificando os casos em que tinha atuado: "Os Crioulos Doidos", "Zezinho de Vila Maria", "Boca de Traíra".

Em outro caderno, também espiral xadrez, marrom em vez de vermelho, Fininho faz poemas:

... o amor não consiste em duas pessoas olharem uma para outra, mas, sim, juntas olharem na mesma direção.

A única possibilidade de compreender uma mulher é amá-la. E, então, não é mais necessário compreendê-la.

Entre um poema e outro, algumas cartas seguem guardadas na mala de coisas deixadas por Fininho. Ele protesta e ameaça ao escrever para o delegado Fleury:

Será que, hoje, só eu tenho que pagar por centenas de crimes, eu e o Zé Guarda. O meu único crime foi o que realmente confessei (Barbeiro). No início, foi o senhor que me falou que íamos ter uma gratificação mensal, que teríamos toda a cobertura das autoridades… E hoje, depois de tudo, o abandono da família, exonerado por falsas acusações, sem dinheiro, preso e

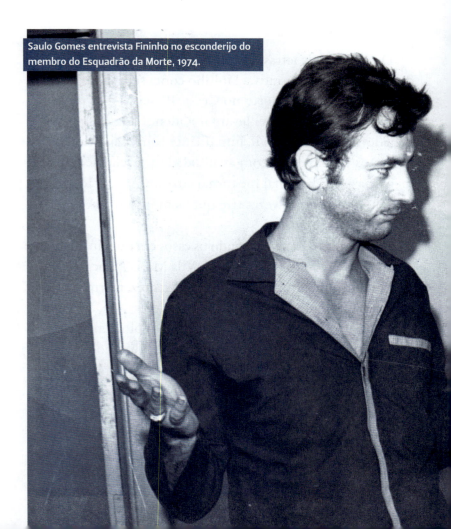

Saulo Gomes entrevista Fininho no esconderijo do membro do Esquadrão da Morte, 1974.

abandonado em uma penitenciária para ser morto, e com isso vocês saem vitoriosos... Não serei herói – o castigo tem que ser igual para todos. Pense bem, vou para Guarulhos e lá eu poderei acabar com muita coisa...

Foram muitas cartas de lamentos, súplicas por ajuda e ameaças. Depois que o tempo passou, ele foi solto e, de volta a Guarulhos, retomou a vida, até que um dia seu carro perdeu a direção e ele morreu no acidente. O que nunca ninguém saberá é se aquele foi mesmo um acidente.

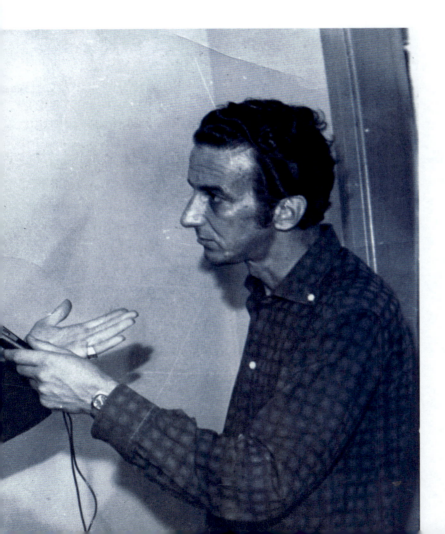

34

Assim que chegou de uma reportagem fora de São Paulo, Saulo Gomes pediu todos os jornais dos últimos três dias para se atualizar. Uma notícia permanecia em destaque: "Polícia teme destino de Kátia Gomes", uma criança de um ano e um mês de idade, desaparecida, na Cidade Dutra, um distrito localizado na região Sul de São Paulo. Três dias depois da última vez em que foi vista, outra manchete: "Polícia caça Carlos Quirino", ex-namorado de Maria Inês, mãe da menina Kátia, desaparecida. No corpo da matéria, a declaração da mãe acusando o ex-namorado de responsável pelo sequestro da filha. O homem tinha um motivo: o fim do relacionamento.

Ele sempre me ameaçou. Se eu o deixasse, ele levaria nossa filha.

Aquelas informações bastaram para atiçar o interesse investigativo do repórter. Ele montou uma equipe e foi até a casa de Maria Inês. Havia muitas informações desencontradas. Ora a menina tinha sido vista em uma cidade no litoral paulista, ora em outro bairro de São Paulo mesmo.

CASO MARIA INÊS GOMES

A primeira coisa que Saulo fez foi ir à delegacia. Colheu ali todas as informações que precisava e seguiu para o bairro onde morava a criança. Como a mãe tinha contado ao delegado que naquela noite a menina estava muito gripada e chorava muito, para Saulo era normal que alguém a tivesse ouvido. Saiu perguntando para os vizinhos o que eles sabiam. E todos confirmavam a presença do silêncio.

Já no começo da noite, a equipe chegou à casa da família para fazer uma entrevista com a mãe. Era um lugar simples. Para se aproximar da residência, tinha que passar por uma área pouco iluminada. Não havia campainha, Saulo foi entrando pelo corredor lateral. Quando já bem perto, o repórter estranhou as muitas risadas. Observou que as pessoas assistiam ao programa humorístico "Família Trapo" e aquilo não era comum. Não havia luto naquele lugar, como era de se esperar.

Depois de alguns minutos conferindo a reação de todos, Saulo então fez barulho para chamar a atenção. Eles desligaram a televisão e receberam a equipe da reportagem, na cozinha.

Estavam ali a mãe e a avó. Com a câmera ligada, começou a entrevista:

— A senhora não acha estranho ninguém ter ouvido a menina chorar? Pela sua informação, o pai dela a tirou do berço por volta das duas horas da madrugada.

— Acho que ela não acordou.

— Você já olhou em toda área ao redor da sua casa? Existe alguma possibilidade de ela ter se perdido?

Para cada pergunta objetiva, uma resposta rápida. Por algum motivo, Saulo pensou nas fossas e nos poços de água. Ele quis saber se havia algo assim na casa, e a resposta foi positiva. O repórter pediu para ver, então a mulher o levou até o local, já muito escuro por causa da noite.

Com a luz da equipe, o quintal ficou claro. A vizinhança já estava presente, curiosos com aquela movimentação. A tampa do poço estava parcialmente removida. Era possível saber por causa das marcas do tempo, que deixavam linhas aparentes da sujeira.

Nem com toda a luz direcionada para a boca funda daquele buraco, tinha-se visão completa. Então, Saulo perguntou para um morador, qual era a profundidade do poço.

— Vinte e três metros.

— Alguém tem uma corda?

O repórter estava convicto de que devia fazer aquela busca. Era só uma intuição, mas ele teria que averiguar.

Quando a corda chegou, já com um arame de três pontas para puxar balde amarrado na ponta, João Balbino focou a luz no fundo, Saulo debruçou-se até onde conseguiu e atirou a corda para dentro. Ele puxou, e nada. Não convencido, jogou novamente, e outra vez e mais uma até que ele sentiu um peso.

A mãe estava tranquila, só choramingava um pouco a saudade da filha:

Você está perdendo o seu tempo. Foi o meu ex-namorado, o Carlos Quirino, o pai, que levou minha menina para longe.

Saulo puxava com muita calma aquela corda, pronto para jogar mais uma vez se não viesse nada. Mas, para surpresa de todos, os pés da menina surgiram iluminados pela luz da TV *Tupi*. O repórter foi rápido para não deixar cair. Puxou para cima o corpo de Kátia, desaparecido há três dias. A pele da mão estava soltando-se de tão enrugada. A fralda pesava como uma grande bolha encharcada de água.

Para cada pergunta objetiva, uma resposta rápida. Por algum motivo, Saulo pensou nas fossas e nos poços de água. Ele quis saber se havia algo assim na casa, e a resposta foi positiva.

Uma gritaria e uma choradeira formaram-se, enquanto Saulo protegia o corpo da menina já fora do poço. Ele respirava com dificuldade. Estava cansado de ficar com a cabeça para baixo e muito emocionado por ter em suas mãos o corpo de uma criança tão desprotegida e sem vida.

Daquele instante em diante, a preocupação do repórter era a de não atrapalhar a investigação da polícia. Deixou o corpo da menina como tirou do poço, ainda preso ao arame de três pontas, e o cobriu para poder esperar a chegada da perícia.

A mãe gritava desesperada, dizendo que ia se suicidar.

"Aquele bandido, roubou minha filha e a matou tão perto de casa. Ele precisa ser preso", insistia a mãe em volume muito alto.

Era quase meia-noite. Saulo pediu para um integrante de sua equipe procurar um telefone e ligar para a delegacia. Os policiais só chegaram por volta das quatro horas da madrugada.

Saulo explicou tudo ao delegado. A mãe insistia na versão de que tinha sido o ex-namorado Carlos Quirino:

Por isso que ninguém ouviu nada, ele jogou-a tão perto de casa.

O repórter aproximou-se mais, com o gravador ligado, e seguiu conversando com a mãe. Primeiro ele concordou com ela que aquele ex-namorado era mesmo um desumano; que a crueldade dele era imperdoável... de repente, no meio daquelas suas frases de apoio e concordância com a história da mulher, ele fez uma pergunta de supetão:

— Mas na hora que ela caiu no poço, ela estava dormindo ou acordada?

E a mulher, totalmente desatenta, respondeu chorando.

— Ela estava acordada.

Saulo parou a gravação e imediatamente chamou o delegado.

— Doutor, foi ela quem matou a menina.

Maria Inês Gomes perdeu os argumentos e acabou confessando o seu crime. Aos 23 anos de idade, ela queria começar uma nova vida ao lado de um homem de 60 anos, bem posicionado, com propriedades no bairro do Ipiranga, que tinha feito condições para o casamento acontecer. Na vida do casal, não tinha lugar para uma filha de um ano. Saulo foi arrolado como testemunha naquele caso. Ele estava lá quando, no final do julgamento, a mãe foi condenada a 23 anos de prisão.

O *Diário da Noite*, na segunda-feira, 17 de março de 1969, estampou na capa:

Kátia Morta, Mãe É Suspeita

Eram falsas as lágrimas da mãe de Kátia, a inocente criancinha de 13 meses que ela disse ter sido raptada quando dormia. Em seu coração, não havia dor. Havia muita alegria quando o repórter Associado Saulo Gomes chegou sábado a sua residência. Um programa humorístico de tv era a maior preocupação na casa 366 da rua Lupércio Pacheco e Silva. Ele estranhou. Descobriu um poço nos fundos. Na ponta, veio um cadáver de criança. Era Kátia. Maria Inês, sua mãe, está presa. Tem muito a contar.

> *Saulo fez uma pergunta de supetão: "Mas na hora que ela caiu no poço, ela estava dormindo ou acordada?" E a mulher, totalmente desatenta, respondeu chorando: "Ela estava acordada." Saulo parou a gravação e imediatamente chamou o delegado: "Doutor, foi ela quem matou a menina."*

Reporter Associado enco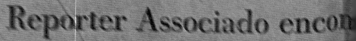

KÁTIA MORTA,

Diario da Noite

EDIÇÃO MATUTINA Cr$ 0,25

Diretor: EDMUNDO MONTEIRO

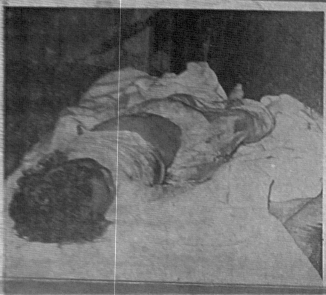

Assaltaram padaria: dois eram soldados

cadaver no fundo do poço
ÃE É SUSPEITA

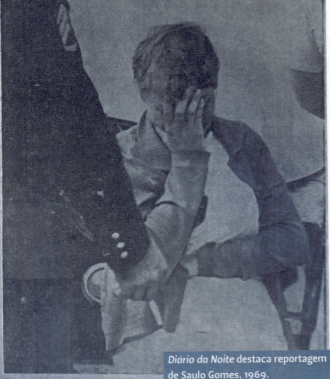

Diário da Noite destaca reportagem de Saulo Gomes, 1969.

Barulho traiu os assaltantes

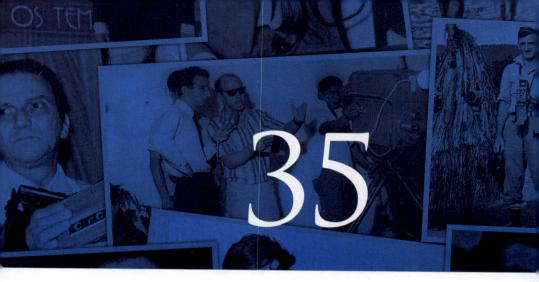

35

Motivado pela experiência positiva de um grupo de professores e estudantes do Rio de Janeiro, o ministro da educação Jarbas Passarinho criou, em 1969, o primeiro Projeto Rondon em âmbito nacional. Os cariocas tinham viajado para um estado no extremo Norte do país a fim de prestar solidariedade e auxílio às comunidades carentes daquela localidade. Integrantes desse grupo compartilharam a vivência. Dois anos depois da viagem, foi lançada, pelo governo, uma versão oficial dessa ação em campo.

São Paulo e Maranhão foram dois dos estados participantes naquele primeiro ano. Cento e quarenta alunos paulistas foram para o Maranhão e outros 140 alunos maranhenses foram para São Paulo. Os paulistas foram divididos em 12 grupos para atender a 30 cidades, partindo de São Luís, em direção ao interior do estado.

Saulo Gomes foi credenciado a viajar para o Maranhão e acompanhar aquela experiência com uma equipe de tv por 30 dias. Na capital, eles ficaram hospedados em um quartel

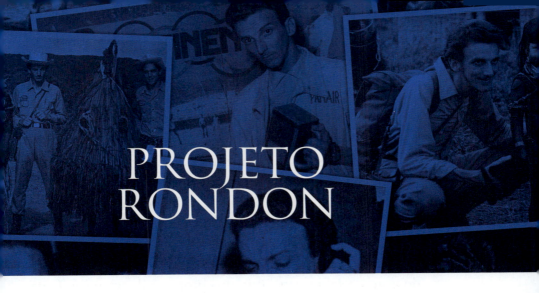

PROJETO RONDON

do Exército por dois dias aguardando os preparativos finais. O grupo era composto por alunos quintoanistas de várias áreas: engenharia, odontologia, medicina, educação entre outras.

As histórias registradas renderam belas reportagens. As mais marcantes ainda povoam a memória do repórter.

Em Pindaré-Mirim, uma cidade beira-rio, os alunos de medicina foram levados a conduzir um parto de uma mulher que dava à luz duas crianças sem qualquer assistência. A primeira já tinha morrido quando o grupo chegou. Imediatamente, eles montaram um barraco improvisado, já que a mulher estava ao relento, e, com a luz da equipe de TV, finalizaram o parto, salvando o segundo bebê e a mãe.

Na cidade do governador do estado na época José Sarney, eles encontraram uma imensa concentração de gado. Apesar da grande atividade pecuarista, não tinha um frigorífico em Pinheiros. Havia somente um matadouro municipal. Os alunos de engenharia prestaram um importante trabalho no lugar. Eles ensinaram aos homens ligados àquela função como deviam fazer os abates, o armazenamento e todo o preparo para garantir higienização e aproveitamento.

Antes de deixar Pinheiros, o grupo visitou a zona do meretrício e lá eles mais aprenderam do que ensinaram. Como uma rotina daquelas mulheres que ganhavam a vida vendendo o corpo, depois das noites de trabalho, muito cedo elas acordavam para limpar toda a casa. Durante o dia, o mesmo espaço servia como escola. As crianças tomavam conta do lugar. Prostitutas à noite, professoras ao longo do dia. Os educadores do grupo colaboraram com uma proposta de organização da escola e com o método de aprendizado.

Em Colinas, uma cidade que aparecia no mapa pelos seus altos índices de estudantes aprovados nos vestibulares das universidades públicas, os visitantes puderam conhecer uma proposta bastante democrática de ensino, para um país conduzido pelo regime militar. Eles praticavam eleições nas escolas, com escolhas de presidente, governadores, prefeitos, deputados e vereadores, e promoviam o debate de ideias, de propostas e políticas brasileiras.

Quando o grupo chegou a Pedreiras, mais uma vez os estudantes de medicina foram acionados para um novo parto. O prefeito da pequena cidade era médico. Ele tinha uma casa de saúde e seu obstetra não estava conseguindo fazer um parto, considerado de risco. Faltava o recurso necessário. Com a ajuda dos voluntários, a criança do sexo masculino nasceu com saúde. Para homenagear o projeto e seus participantes, a mãe da criança incorporou "Rondon" ao nome de seu filho: Cléber Rondon Carvalho Branco.

No dia 31 de agosto de 2013, Saulo Gomes teve a oportunidade de reviver a história nunca esquecida. Convidado a participar do I Congresso Nacional do Projeto Rondon, o repórter falou e foi ouvido.

Repórter guarda boné que usou durante reportagem sobre o projeto Rondon.

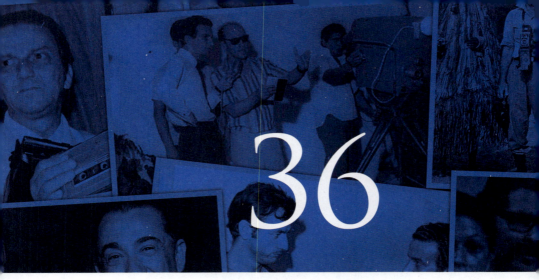

36

O "PINGA-FOGO" ERA UM PROGRAMA DE DEBATE DA TV *TUPI*. Costumava reunir políticos e pessoas que repercutiam na mídia nacional. Em 1971, a direção da emissora fez uma reunião com seus diretores e jornalistas para anunciar que o semanal estava com baixa audiência e que todos deveriam contribuir com sugestões de nomes interessantes.

Saulo Gomes não precisou de tempo para pensar. Imediatamente, ele fez a sua proposta:

Eu sugiro o nome de Chico Xavier.

A ideia não foi bem aceita. Saulo foi elogiado por Cassiano Gabus Mendes pelo trabalho de tantos anos, mas logo em seguida recebeu uma reprimenda do diretor artístico:

Sugerir um pai de santo para o programa é, no mínimo, falta de bom senso.

De fato, nem todos sabiam qual era a religião do espírita Chico Xavier.

O diretor comercial Fernando Severino acrescentou:

PINGA-FOGO

Não podemos trazê-lo, Saulo, imagine o problema que teremos com a Igreja católica.

Hélio Ribeiro foi outro que achou aquela ideia um absurdo.

Saulo não insistiu ali, mas ainda achava o nome de Chico Xavier o mais certo para o "Pinga-fogo".

Nos dias seguintes, o repórter pediu ajuda a Gonçalo Parada para chegar até Edmundo Monteiro, diretor-presidente dos Diários Associados, sem que seus outros diretores soubessem. Quando foi recebido, muito rapidamente ele defendeu sua ideia de levar Chico Xavier ao programa "Pinga-fogo".

Dois, três dias depois, Edmundo Monteiro chamou a equipe e disse que a ideia de Saulo Gomes era muito boa.

Aquele convite não poderia ser feito pelo telefone. O repórter foi até Uberaba para falar pessoalmente com o espírita que, inicialmente, resistiu.

A argumentação de Chico era compreensível. O receio do médium era criar algum problema para o espiritismo.

As pessoas ainda não entendem. Se forem hostis comigo, tudo bem, mas não posso colocar os espíritas no centro do debate se não estiver certo de que poderei resolver os problemas que eu mesmo criar.

Foram muitos minutos de conversa, até que ele aceitou.

O "Pinga-fogo" com Francisco Cândido Xavier foi ao ar, para descontentamento de alguns diretores da emissora, no dia 28 de julho de 1971, com duração de três horas e 20 minutos. O programa estava repercutindo tão bem que, quando chegou ao final, com a duração de 90 minutos, o diretor-presidente Edmundo Monteiro ligou de sua casa pedindo que a diretoria esticasse mais 30 minutos. E assim ele fez outras três vezes. Alguns falavam em 86% dos televisores ligados na *Tupi*. Outros, nos dias seguintes, informavam 75% de audiência. Qualquer desses dois números que tenha sido, foi a melhor audiência de um programa até aquela data.

Pela primeira vez, o auditório da tv *Tupi* ficou totalmente lotado. As pessoas sentavam-se no chão. Do lado de fora, eles lamentavam não poderem ver Chico Xavier de perto. A emissora colocou dois televisores para que os visitantes acompanhassem o programa.

Os estabelecimentos comerciais que tinham televisão estavam sintonizados para que seus frequentadores pudessem assistir. Todos falavam sobre aquela entrevista. Veículos de comunicação impressos rivais tiveram que se render. Um deles escreveu que a manifestação das pessoas igualava-se à torcida em jogos da Copa do Mundo.

Por volta da meia-noite, depois de um tempo do programa no ar, ao redor da sede da emissora, avolumavam-se pessoas vindas de vários bairros vizinhos, esperando o programa acabar para verem Chico Xavier.

O congestionamento provocado pelos carros fez com que a diretoria da TV tivesse que pedir ajuda do serviço de trânsito. Ninguém conseguia sair ou chegar de áreas próximas à emissora.

O programa foi reprisado nas semanas seguintes, sempre com altos índices de audiência. Chico estava revelando-se um homem querido por todos os espíritas e os não espíritas.

No final do ano, os mesmos diretores que tinham sido contrários à participação do mineiro no "Pinga-fogo" abordaram Saulo Gomes e perguntaram se Chico concordaria em participar novamente, então no último programa do ano.

Saulo Gomes não precisou de tempo para pensar. Imediatamente, ele fez a sua proposta: "Eu sugiro o nome de Chico Xavier." A ideia não foi bem aceita.

O convite foi feito, aceito e todo o sucesso do primeiro repetiu-se nesse segundo. O debate, naquele dia, durou mais tempo: quatro horas de conversa com os mesmos índices de audiência.

Saulo Gomes estava certo: Francisco Cândido Xavier era o grande homem do espiritismo.

Chico Xavier: reprise

Quando, atendendo a um pedido do mediador Almir Guimarães, o "médium" de Uberaba, Chico Xavier, pediu música e concentrou-se para uma sessão de psicografia, o programa "Pinga-Fogo", do Canal 4, de têrça-feira última, havia chegado ao seu ponto culminante. Eram mais de duas horas da madrugada e o auditório da TV-Tupi, lotado, fêz um denso silêncio. Ao final de minutos, exausto, transpirando, Chico Xavier sai do transe e lê um soneto de Ciro Costa. O auditório quase vem abaixo, aplausos frenéticos, muita gente chorando. Durante mais de três horas, o famoso

Repercussão do sucesso do "Pinga-fogo" em chamada de capa do *Diário da Noite*, 29 de julho de 1971.

Auditório lotado do "Pinga-fogo" com Chico Xavier em matéria da revista *Veja*, 29 de dezembro de 1971.

37

Saulo Gomes fez-se repórter por um acaso, mas desde então era primeiro repórter, depois marido, depois pai, depois amigo. Sua vida girava ao redor de seus desafios. Descobrir e informar. Informar para transformar. Isso era Saulo Gomes.

No final do ano de 1971, as coisas andavam estranhas. Homens da TV como Silvio Santos, Flávio Cavalcante e Chacrinha estavam fazendo concursos para eleger as pernas mais tortas e a vaca mais bonita. Faltava espaço para Saulo, por isso ele resolveu deixar tudo aquilo para trás. No dia do segundo "Pinga-fogo" com Chico Xavier, em dezembro, Almir Guimarães disse a todos, ainda durante o programa, que o repórter de verdade Saulo Gomes estava saindo da emissora. Até mesmo sua família só ficou sabendo disso ali, com aquele anúncio.

Ele não trocou a TV *Tupi* por outra emissora. Foi uma escolha. Quinze anos depois de ter começado, Saulo parou. Simplesmente parou.

Somente dois anos depois, o repórter voltou para a cena.

AS PERNAS MAIS TORTAS E A VACA MAIS BONITA

Saulo Gomes fez-se repórter por um acaso, mas desde então era primeiro repórter, depois marido, depois pai, depois amigo. Sua vida girava ao redor de seus desafios. Descobrir e informar. Informar para transformar.

38

O MENINO DE 10 ANOS CARLOS RAMIRES DA COSTA, CHAMADO por todos no diminutivo, filho do casal João Mello da Costa e Maria da Conceição Ramires da Costa, tinha sido sequestrado na presença da família.

A história apresentava elementos intrigantes. Saulo Gomes foi convidado a cobrir o caso pela TV *Tupi*, pelo jornal do grupo e pela rádio *Nacional* do Rio de Janeiro. O que levou o repórter a dizer sim para aquele trabalho foi o desejo de desvendar, a partir do jornalismo investigativo, o sequestro de Carlinhos. Uma das ocorrências mais curiosas da vida policial brasileira. Quarenta e três anos depois, nenhuma informação sobre o paradeiro do sequestrado. Nem mesmo o seu corpo foi encontrado e nunca houve provas contra os suspeitos. Foi aquele um caso sem fim, para frustração do repórter investigativo.

A família de Carlinhos era dona de uma pequena indústria farmacêutica na cidade de Duque de Caxias, RJ. Não era um negócio de grande renda e ainda passava por dificuldades financeiras, por isso um sequestro por dinheiro era pouco provável.

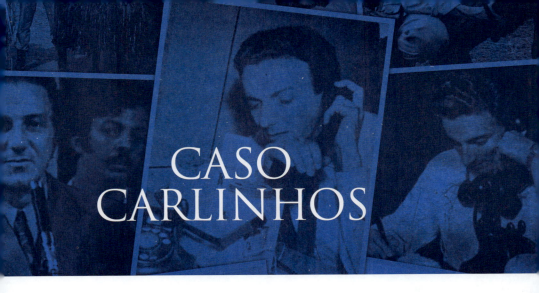

CASO CARLINHOS

Tudo aconteceu nos primeiros dias de agosto de 1973, no bairro das Laranjeiras, na rua Alice, onde morava o pai, a mãe e os seis irmãos de Carlinhos. A mãe estava assistindo televisão na sala com Carlinhos e seus quatro irmãos mais velhos, quando a energia foi cortada. Era um bairro pacato e as portas da casa estavam abertas. Assim que tudo ficou escuro, um homem entrou e pediu pela criança mais nova que estava na casa, então agarrou o menino e levou-o. Foi uma gritaria só.

Tudo o que Saulo veio a saber daquela ocorrência tinha sido contado pelos personagens que a vivenciaram:

— De repente, tudo ficou escuro – disse a mãe.

— Não dava para ver nada, só vultos – completou o irmão mais velho.

— Um homem entrou na sala esbarrando em todos, inclusive em mim – narrou a irmã. – Eu senti um cheiro muito forte, parecido com um dos produtos fabricados pelo meu pai.

— Meu marido saiu correndo atrás do sequestrador, mas não conseguiu alcançar.

— Corri, corri até que cheguei em um lugar que não dava para saber o caminho escolhido. Voltei para casa desesperado – afirmou o pai, que chegou pouco depois de o sequestrador sair de sua casa.

— Ah! – lembrou um dos irmãos – o homem parecia que estava querendo disfarçar a voz.

A polícia chegou e a história foi contada muitas vezes. O pai prestou depoimento primeiro, depois a mãe e os filhos mais velhos. Enquanto isso, a polícia procurava na redondeza, sem sucesso.

Sequestros eram incomuns à época. Antes de fugir, o sequestrador deixou um bilhete pedindo cem mil cruzeiros, o dinheiro da época, pela devolução de Carlinhos.

A polícia levantou a situação financeira da empresa de senhor João, os números não eram bons. Ele não tinha o dinheiro, sequer a metade. Talvez não tivessem nem um quarto daquele montante. Para conseguir o resgate, muito rapidamente o pai abriu uma conta no banco e começou a pedir para que as pessoas ajudassem com depósitos voluntários.

Considerando toda a situação, senhor João passou a figurar como um dos suspeitos. O dinheiro ajudaria, e muito, os negócios da família.

A mãe aparecia sempre na televisão pedindo informações sobre o filho, mas ninguém colaborava com pistas. Muitas especulações ganharam espaço na mídia. Falavam que ele tinha sido vendido e estava na Itália.

Os poucos detalhes do caso levaram à prisão do pai como o responsável. Sem provas, ele foi solto.

Durante uma revista minuciosa na fabriqueta, a filha reconheceu o cheiro que exalava do sequestrador como sendo o mesmo de um dos produtos fabricados ali. A letra do bilhete era parecida com a letra de Sílvio Azevedo Pereira, um funcionário da empresa, que acabou sendo preso. Quem mais o defendeu daquela acusação foi o patrão, pai de Carlinhos.

Um dia, na praia do Caju, surgiu um corpo de uma criança, sem vida. Houve grande alvoroço na imprensa, especulando que poderia ser o de Carlinhos. Mas não era.

Saulo mantinha-se na cobertura, mas muito frustrado. Nenhuma de suas fontes complementavam com informações que o ajudasse a desvendar o mistério.

Mesmo de longe, depois, ele seguiu o caso. Passados uns sete anos, apareceu um rapaz, vindo do Rio Grande do Sul, dizendo que era o filho de dona Conceição, sequestrado em 1973. Ela o aceitou imediatamente. O menino conviveu alguns dias com a família, até que a polícia confirmou não se tratar de Carlinhos. Aquele menino tinha deixado mãe e pai no seu estado. A motivação que o levou a fazer aquilo não ficou clara. Cada veículo da imprensa contou uma história diferente.

Uma das ocorrências mais curiosas da vida policial brasileira. Foi aquele um caso sem fim, para frustração do repórter investigativo.

39

A frustração com o caso Carlinhos ajudou Saulo Gomes decidir a aceitar o convite de trabalho feito pelo amigo José Pedro de Freitas. A proposta era para organizar o departamento de jornalismo do canal 8, TV *Rio Preto*. O proprietário da emissora tinha feito uma campanha bastante ostensiva contra a TV *Globo*, convidando os moradores de São José do Rio Preto, SP, a prestigiarem a programação local e deixarem de assistir o canal concorrente. A iniciativa não surtiu bons resultados, muito pelo contrário, teve repercussão bastante negativa. O desafio de Saulo era grande e ele ficou motivado.

Dois projetos, destacadamente, marcaram a passagem dele pelo canal 8. A campanha "24 horas por alguém," realizada na véspera do natal de 1973, e "12 horas para o século", uma iniciativa para marcar os 25 anos anteriores à virada do milênio.

Naquele tempo, dois nomes já despontavam como promissores: Ana Maria Braga e Amaury Jr. A televisão do interior era uma repetidora da TV *Tupi*. Saulo aproveitou os bons contatos e conseguiu emprestado dois equipamentos microondas para

UM NOVO COMEÇO NO INTERIOR

fazer transmissão ao vivo. Ele instalou cada um em pontos diferentes da cidade e ficou 24 horas no ar em uma campanha de solidariedade para ajudar comunidades carentes. Todo o mundo se envolveu.

Ele realizou uma grande gincana com a participação dos universitários. Uniformizados, os jovens fecharam importantes avenidas e fizeram pedágios ao longo de todo o tempo que a campanha ficou no ar. Artistas locais participaram de eventos culturais, o Exército, os bombeiros, a polícia, os moradores, foi uma grande comoção. A cidade passou a olhar a emissora com mais pertencimento. A repercussão deu a Saulo confiança para seguir naquela empreitada de gestor mais operacional e de negócio do que homem da notícia.

Mas é claro que, uma vez repórter, sempre repórter. Ele interferia diretamente nas pautas. Escolheu chamar a atenção das cidades da região. Fez grandes matérias sobre as identidades culturais daquela parte do estado. Em Monte Aprazível, mostrou o trabalho do colégio Dom Bosco, dirigido pelo padre Nunes. Eles tinham mais de 60 moços violonistas que formavam uma orquestra de violões. Depois daquela reportagem, o grupo apresentou-se em muitos eventos nas capitais São Paulo e Rio de Janeiro. Em Irapuã, ele noticiou a descoberta de ossadas de soldados portugueses, durante escavações no cemitério da cidade. Nos coturnos encontrados, ainda tinham várias moedas.

No final de 1974, durante uma viagem de carro com Silveira Lima, Saulo teve uma ideia. A virada do dia 31 de dezembro marcaria os 25 anos finais daquele século, e ele queria comemorar a data. Foi quando criou o projeto "12 horas para o século". Sua equipe saiu para as ruas às sete horas da manhã e, durante todo o dia, até sete horas da noite, fez reportagens com pessoas da comunidade, perguntando como elas imaginavam que estariam suas vidas e o planeta no ano 2000. Ele começou ouvindo sua própria equipe, depois deu destaque para o prefeito Wilson Romano Calil, o coronel Máximo, o médico Virgílio da Lapria e seguiu registrando muitos depoimentos. Seu compromisso era voltar àquelas entrevistas exatamente 25 anos depois. Um dos pontos altos foi acompanhar o nascimento de uma menina, a 25 anos do fim do milênio.

Mas nem tudo aconteceu como Saulo planejou. Apesar de ter registrado em cartório sua proposta, ainda estando vivo no ano 2000, não houve como realizar seu intento. O prefeito tinha construído uma base de cimento com um quadrado de vidro, em uma praça da cidade, e guardado as quatro fitas produzidas. O lugar foi saqueado ao longo do tempo e as fitas sumiram.

Dali, Saulo foi para mais longe em 1976. Ele aceitou uma proposta para dirigir a rádio *Voz do Oeste*, em Cuiabá. Lá, teve muitos problemas com o governador do estado do Mato Grosso, Garcia Neto. A cidade era pobre, não tinha nem supermercado, e a política era no modelo de cangaceiros. Dois profissionais da rádio foram assassinados enquanto esteve por lá.

Apesar do ambiente violento, o repórter ocupava o microfone da emissora para denunciar diariamente aquela realidade. Seu nome ganhou notoriedade na região e ele foi convidado pela família Fause para criar a primeira emissora colorida do Brasil Central. Saulo tinha nas mãos uma grade inteira de programação para fazer o jornalismo que sempre gostou.

O programa de maior sucesso era o "Quarto Poder", uma proposta parecida com o "Pinga-fogo" da TV *Tupi*. Ocasionalmente, o programa tinha maior audiência do que consagrados programas da televisão nacional. Entre os convidados que Saulo garantia a participação, estiveram Leonel Brizola e Ulysses Guimarães. Este último rendeu ao repórter novo problema com a polícia. Em seu discurso, ao longo do dia, na cidade de Rondonópolis, o político disse aos lavradores que eles deveriam

> *Seu nome ganhou notoriedade na região e ele foi convidado para criar a primeira emissora colorida do Brasil Central. Saulo tinha nas mãos uma grade inteira de programação para fazer o jornalismo que sempre gostou.*

Saulo Gomes no reinício de sua vida profissional, depois do exílio. TV *Tupi*, São Paulo.

usar as ferramentas que tinham para uma revolução armada no Brasil. A fala foi destacada no programa. No dia seguinte, lá estava a Polícia Federal exigindo cópia da gravação.

Quando o trabalho parecia entrar na rotina, Saulo sacodia-se propondo novos desafios. Como sua relação com o Diários Associados nunca se rompeu, ele sempre era cogitado para atividades específicas. Sem deixar, de vez, Cuiabá, foi com a família para Ribeirão Preto, no interior de São Paulo, instalar uma sucursal do jornal *Diário da Noite* e uma repetidora da TV e da rádio *Tupi*. Não era o que Saulo mais gostava de fazer. Entretanto, ele não se recusou. Ao lado de Reinaldo Turela na área comercial, supervisionados por Fernando Severino, diretamente de São Paulo, eles sugeriram a venda de comerciais locais. Até aquele momento não era uma prática. Somente as empresas dos grandes centros utilizavam a televisão para venda de seus produtos.

> *Quando o trabalho parecia entrar na rotina, Saulo sacodia-se propondo novos desafios.*

Autorizados, vocês estão, mas confiem em mim: no interior, não vai dar certo. Esse povo vai querer mostrar a cara da família.

E ele estava errado. Aquela operação comercial foi um sucesso. Tanto que Saulo saiu pelo interior reproduzindo aquele modelo.

40

Eram seis horas da tarde, Saulo Gomes estava lá no bairro Vila São José, no município de Duque de Caxias, no Rio de Janeiro. Ele viu de perto aquele homem enigmático rezando a Ave Maria pelo microfone para a comunidade mais próxima ouvir. Se não tivesse visto com seus próprios olhos, não acreditaria caso alguém lhe contasse. Era Natalício Tenório Cavalcanti de Albuquerque, muito mais conhecido como o "homem da capa preta".

Olhando para ele, ali, tão recatado, conversando com as crianças do bairro, dando conselho para que elas não brigassem, não mentissem, não desobedecem seus pais, ninguém imaginaria se tratar do polêmico político, influente nas décadas de 1950 e 1960. Ele foi vereador, deputado estadual, federal, candidato ao governo do estado do Rio de Janeiro, dono do jornal *Luta Democrática*. Os que gostavam dele o chamavam de "Rei da Baixada Fluminense". Os que não gostavam do alagoano identificavam-no como "matador". De fato, o "homem da capa

O HOMEM DA CAPA PRETA MUITO TEMPO DEPOIS

preta" tinha mesmo matado alguns. Ele não negava. E sempre tinha uma explicação: era em legítima defesa.

Filiado à União Democrática Nacional, o partido de Carlos Lacerda, Tenório Cavalcanti viveu uma situação muito constrangedora. Um dia, no Congresso, ainda quando o Rio de Janeiro era a capital do país, Saulo Gomes ouviu um comentário inusitado durante uma entrevista. Um repórter aproximou-se de Lacerda e atacou a decisão do partido em aceitar um homem como Tenório em suas fileiras. Indignado, ele pediu uma explicação para o líder da UDN. A resposta foi rápida, mas não sem consequência. Lacerda não pensou duas vezes e disse:

Meu caro, a terra por mais fértil que seja, precisa do adubo.

Tenório, é claro, não gostou.

Trazido a Duque de Caxias pelas mãos do então prefeito Getúlio Moura, Tenório foi registrado na prefeitura como fiscal de terras. Foi ali também que ele conseguiu seus primeiros lotes. De guarda-costas a deputado federal não demorou muito.

Ele contava com o respeito dos mais carentes, que se sentiam protegidos pelo matador.

Sua casa ficou conhecida como a "fortaleza de Tenório". A capa era um artifício. O homem queria entrar e sair de todos os lugares acompanhado de sua metralhadora de nome "Lurdinha". O pano sobre o corpo, vermelho de um lado e preto do outro, ampliava o contorno e disfarçava a presença da arma pendurada na cintura.

Em 1958, ele conseguiu capitanear uma ação do presidente Juscelino e fortaleceu-se muito diante da comunidade. Uma enchente de grandes proporções destruiu Duque de Caixas, deixando muitas vítimas desabrigadas. O presidente mandou recursos para o lugar e promoveu a desapropriação de uma área para a construção de novas casas. Tenório fez-se o intermediário e ganhou muito prestígio com a criação da Vila São José, onde passou os seus últimos dias de vida.

Tenório Cavalcante cresceu muito desde os tempos de pobreza em Alagoas, mas não conseguiu se reerguer politicamente depois do golpe de 1964. Ele viveu até os 81 anos de idade. Em 1978, o repórter Saulo Gomes pediu-lhe uma entrevista. Ele queria saber como estava um dos homens mais inusitados da política do então estado da Guanabara. Tenório aceitou e a conversa aconteceu ao lado do neto Fabinho. Para começar, Saulo anunciou:

Hoje eu vou contar a história de Natalício Tenório Cavalcanti de Albuquerque, o seu avô.

Tenório Cavalcanti, o "homem da capa preta", e sua metralhadora "Lurdinha".

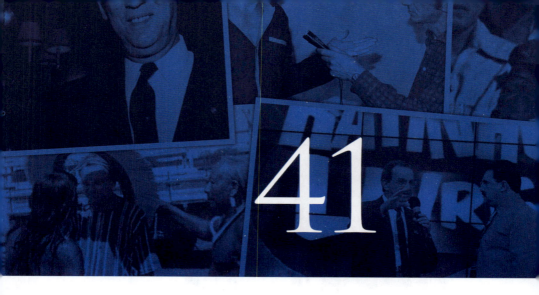

41

Na trajetória do repórter, o registro de duas histórias que preferia não ter sido o personagem principal. Em abril de 1964, entre prisões e solturas, com toda a imprensa atuando sob censura, Saulo Gomes teve um intervalo de 15 dias de liberdade. De volta aos microfones da *Mayrink Veiga*, ele mantinha o programa "Frente Nacional de Reportagem" no ar. Um dia, por volta das nove horas da noite, homens fortemente armados entraram na emissora e renderam os diretores, os funcionários e tomaram o estúdio. Foi dada uma ordem para veicular comerciais para que no intervalo o apresentador fosse orientado como deveria proceder. Disse um dos homens da milícia:

Não diga que estamos aqui. Não comente qualquer fato sobre o fechamento da emissora. Conduza o programa até o seu final, à meia-noite, e depois lacraremos a rádio. Não faça qualquer graça, tenho certeza de que não vai gostar de pagar para ver o que podemos fazer com você.

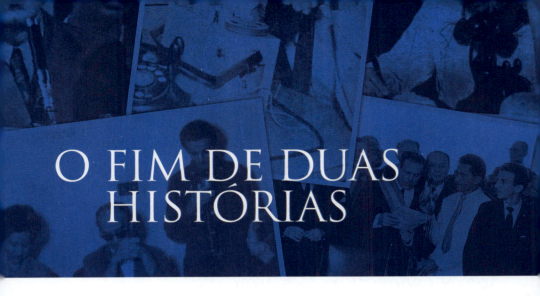

O FIM DE DUAS HISTÓRIAS

A voz de Saulo Gomes foi a última a ser irradiada pela rádio *Mayrink Veiga* antes de seu definitivo fechamento.

Quinze anos depois, aquela história se repetiria em outra circunstância.

De volta à capital paulista, Saulo era um dos repórteres do programa semanal de duas horas "Isto É São Paulo", apresentado por vários profissionais, dirigido por Fernando d'Ávila. A situação financeira do grupo não era das melhores. Os funcionários estavam anunciado que entrariam em greve se os pagamentos atrasados não fossem efetuados. Para evitar a paralisação, os diretores liberaram cheques no último dia do mês de abril, considerando que o dia seguinte seria feriado. No dia 2 de maio de 1980, uma fila de profissionais da emissora, acompanhados de representantes dos sindicatos, formou-se nas agências do banco da empresa. Já no primeiro atendimento, a informação de que não havia saldo para a compensação.

Imediatamente, foi anunciado o início da greve.

No estúdio da emissora estava toda a equipe do "Isto É São Paulo". Fernando d'Ávila recomendou a Saulo Gomes que desse a notícia, sem mais comentários, de que as transmissões da TV *Tupi* seriam encerradas. O repórter sentiu a quentura da situação. Seu desejo era protestar, esbravejar, polemizar, mas d'Ávila era um amigo e as consequências seriam dele. Então, consternado com aquele pedido, o repórter de verdade limitou-se a noticiar:

Todos esperavam ver uma tela preta, sem imagem, sem histórias. Um silêncio que significaria o fim de um projeto de muitos. Mas não foi isso que aconteceu.

Senhores telespectadores, neste instante a TV *Tupi* de São Paulo encerra suas atividades.

Todos esperavam ver uma tela preta, sem imagem, sem histórias. Um silêncio que significaria o fim de um projeto de muitos. Mas não foi isso que aconteceu.

Alguns diretores estavam preparados para tirar o canal São Paulo do ar e manter a transmissão do sinal do Rio de Janeiro. Hilton Franco, imediatamente tomou o lugar dos paulistas e a TV seguiu.

O sentimento de traição imperou sobre o de tristeza. E o que eles achavam que não podia ficar pior, ficou. Agora, eles eram aproximados mil funcionários sem um canal, trapaceados pela diretoria.

TV Tupi São Paulo.

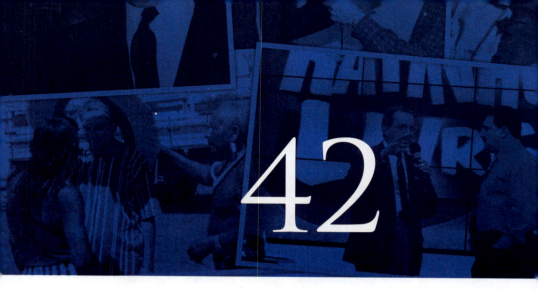

42

O FECHAMENTO DA *TUPI* ASSEGUROU NOVAS CONCESSÕES DE televisão e houve um acordo para que os funcionários do grupo Diários Associados fossem absorvidos pelas novas emissoras *Manchete* e *Sistema Brasileiro de Televisão – SBT*. Pelo menos por um ano. Depois desse prazo, as negociações seguiriam individualizadas. Saulo Gomes foi para o *SBT*.

A televisão de Silvio Santos estava começando e logo no início marcou presença. Com a direção de Hilton Franco, um produtor reconhecido de novelas, vindo do Rio de Janeiro, o canal estreou com o programa "Povo na TV", uma iniciativa exitosa, e Saulo foi fazer parte da equipe. Alguns nomes surgiram ali: Cristina Rocha, Wagner Montes, Sérgio Mallandro, Roberto Jefferson, advogado que falava sobre os direitos do povo. Aproveitando a audiência do programa, Jefferson transformou telespectadores em eleitores, iniciando sua vida política como deputado federal.

Hilton Franco sabia o que estava fazendo. A televisão pedia inovações, e ele inovou. Aquele bom começo do *SBT* garantiu a

UM MÉDICO BANDIDO

Silvio Santos toda uma história de sucesso, fazendo com que o canal sempre estivesse entre os mais assistidos. Saulo Gomes, entretanto, andava meio de lado. Havia rumores de que o diretor carioca, autor do projeto "Povo na TV", apesar de gostar muito e admirar o trabalho do repórter investigativo, temia não contê-lo e até mesmo perder a atenção do público. Mas Silvio Santos queria Saulo na tela, e Franco o escalou.

A primeira reportagem foi uma sugestão de pauta do novo integrante do "Povo na TV". Ele ainda mantinha jornada dupla com a rádio *Capital*; lá, recebeu um telefonema de um ouvinte chamado Lobo. Os dois agendaram uma conversa pessoalmente. Saulo foi informado de uma história bastante curiosa. O filho do ouvinte, conhecido como Lobinho, era piloto de avião. O pai contou que, um dia, seu filho tinha sido chamado para um atendimento na cidade de Maricá. O empresário que alugou o avião matou Lobinho, adulterou o prefixo do avião, roubou a aeronave, fugiu do Brasil e conseguiu chegar ao Paraguai.

Saulo quis saber sobre o envolvimento da polícia naquele caso e porque a história não estava ainda na grande mídia. Lobo informou que as investigações estavam patinando e que tudo tinha ficado restrito ao regionalismo da ocorrência. O repórter fez vários telefonemas, ligou alguns fatos, releu muitas notícias e percebeu que se tratava do médico Hosmany Ramos.

O cirurgião plástico suspeito do crime era um profissional bem sucedido. Durante algum tempo, tinha sido membro da equipe de Pitanguy, médico muitíssimo conceituado. Era proprietário da Clínica Copacabana e patrocinador de grandes festas que reuniam a sociedade carioca. Em uma dessas, Saulo veio a saber que o já consagrado rei do futebol Pelé esteve presente e denunciou o roubo de seu relógio, uma verdadeira joia que o jogador tinha recebido da diretoria do Cosmo, seu time americano.

Depois de conseguir aprovar sua pauta com Hilton Franco, Saulo foi com uma equipe para Maricá, no Rio de Janeiro, cidade da famosa cantora Maysa. Lá, ele ouviu pessoas próximas de Lobinho e soube que um irmão do médico Hosmany tinha fazenda no Pará e estava desesperado por notícias. A lista de acusações contra o cirurgião plástico era enorme com assassinatos e roubos. No momento em que Saulo estava no DEIC, levantando informações sobre aquele caso, soube ali mesmo que, a pedido da polícia brasileira, a polícia paraguaia tinha prendido o foragido. O repórter não teve dúvida, voltou para a emissora, pegou o que precisava pegar e seguiu de avião para Assunção. Ele atuando pela rádio *Capital* e pelo SBT e um jornalista do jornal *O Globo* foram os únicos a cobrirem a prisão do médico.

A polícia do Paraguai prendeu o médico no lago azul de Ypacaraí assim que o avião do brasileiro pousou. Saulo chegou lá algumas horas depois da prisão e conseguiu uma entrevista com o cirurgião assassino. Ele estava usando documentos falsos. Um pouco antes de roubar o avião e fugir, o médico tinha assaltado, em São Paulo, uma advogada e uma juíza do trabalho do Rio Grande do Sul, de passagem pela capital, de nome Sonia Ângelo. Hosmany, muito esperto, adulterou os documentos da mulher, subtraiu o prenome, e passou a se identificar com Ângelo.

A entrevista de Saulo foi inusitada. Seu primeiro trabalho no programa "Povo na TV". O repórter investigativo fez outras reportagens, entre elas, uma sobre a fabricação de dinheiro falso. Usando sua boa lábia, elemento fundamental para o sucesso de Saulo, ele conseguiu entrar no esconderijo dos falsários e gravar como se fabricava o dinheiro brasileiro. O trabalho tinha ficado muito bom depois de editado, mas não foi autorizado a ir ao ar pelo diretor Hilton Franco. Por essa dificuldade, Saulo Gomes ficou na emissora por um ano e seis meses. Depois de se demitir, foi para a TV *Bandeirantes*.

Quanto ao médico, ele foi trazido para o Brasil, preso no Carandiru, onde se tornou um líder. Uma das primeiras rebeliões no presídio foi conduzida por ele. Uma antiga namorada, de longa data, depois de descobrir tudo, escreveu sua história e ao livro deu o título: *Meu amor bandido*. Saulo Gomes quando foi introduzir sua matéria deu como manchete: "Médico troca bisturi por uma .45".

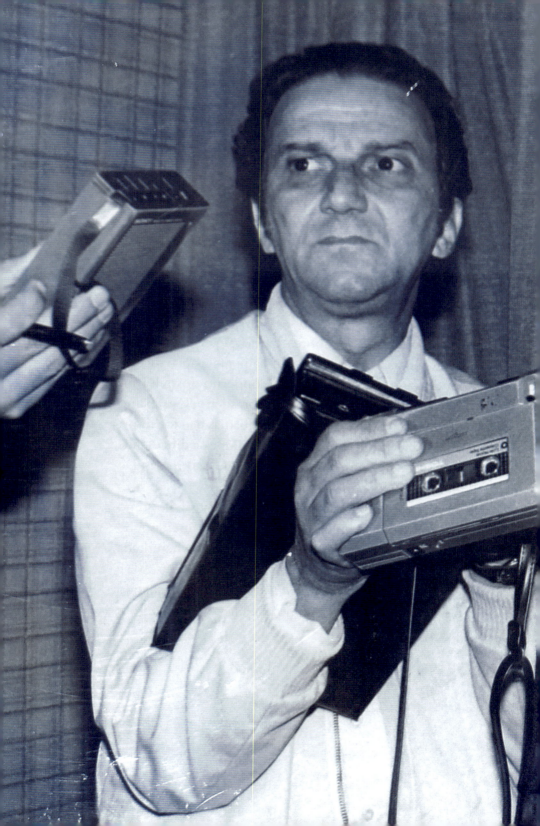

Saulo Gomes entrevista Hosmany, no Paraguai, 1981.

43

A ORFANDADE DA TV *TUPI* FOI SENTIDA MESMO DEPOIS DE UM ano, quando terminou o prazo do acordo com as novas emissoras, *Manchete* e SBT. De repente, eram muitos homens e mulheres, profissionais da televisão, sem emprego. Saulo Gomes foi para a TV *Bandeirantes*, com participação especialmente no programa de J. Silvestre.

Em uma de suas reuniões de pauta, ele sugeriu um tema inusitado. O repórter queria fazer uma série de reportagens mostrando os erros do judiciário. O primeiro seria o crime de Parelheiros, um distrito de São Paulo, onde toda uma família, pai, mãe e quatro filhos, tinham sido assassinados, no dia 7 de fevereiro de 1960.

Saulo contou todo o caso para a equipe e convenceu-os de que tinha um bom material para começar.

Na época, o jornal *Diário da Manhã* afirmou que a polícia tinha fabricado os criminosos. Foi realmente uma ação muito rápida. Os três homens presos – Ernesto Seixas, Evaristo de Godói e Gabriel do Espírito Santo – foram espancados, presos

OS GRANDES ERROS DO JUDICIÁRIO

e condenados em uma rapidez muito anormal para a rotina da polícia. Condenados entre 13 e 18 anos, eles foram transferidos para cumprir pena em Presidente Venceslau, no interior de São Paulo, bem longe da imprensa paulista.

Autorizado, Saulo foi a campo. Ele estava muito motivado para voltar a agir como um repórter investigativo. Passou por todos os presídios onde os homens seguiam condenados. Um deles tinha ido parar no Instituto Agrícola de São José do Rio Preto.

O tema era muito delicado. A chance de fazer inimigos com o judiciário e com a polícia era grande. Saulo teria que se documentar muito seriamente para não comprometer os resultados. Mas, logo no início, ele contou com o apoio da Ordem dos Advogados e de muitos profissionais que concordavam que os casos duvidosos precisavam ser revisados.

Na primeira reportagem, Saulo exibiu um laudo médico do psiquiatra que atendeu os acusados, afirmando que o perfil daqueles homens não condizia com a brutal violência praticada contra Miguel, Maria e seus quatro filhos. Entretanto, o ponto alto da reportagem foi uma entrevista com o ex-policial Juliano, um dos integrantes do Esquadrão da Morte de São Paulo, em 1968.

O irmão do policial fez contato com Saulo e pediu para que ele fosse a Serra Azul, no interior do estado, porque Juliano, que agonizava vítima de um câncer no fígado, queria fazer uma confissão somente para ele. O repórter teve problemas para gravar com o ex-policial. A família não queria deixar. Ele realmente estava muito debilitado. Mas a decisão final foi mesmo de Juliano.

"Eu preciso falar para ele o que eu sei", disse com muita dificuldade o homem, àquela altura bastante emocionado pela oportunidade de fazer justiça antes de morrer. Estava evidente que ficaria por ali poucos dias.

Por favor, tire da cadeia três inocentes. Quem matou a família Miguel do Prado foi o Branco e o Paraíba.

Aquela confissão seria suficiente, mas Saulo conseguiu mais. Ele entrevistou um japonês, dono de uma lavanderia, que afirmou um dia ter recebido um paletó todo manchado de sangue para lavar, de dois homens, chamados Branco e Paraíba, e que um dos bolsos tinha um carne de pagamento da loja Pirani, em nome de Miguel Brás do Prado, o pai da família assassinada.

A polícia teria muitos problemas em admitir um erro, o que nunca fez. O que aconteceu na sequência, mesmo que por linhas tortas, resolveu o caso. Os dois homens, Branco e Paraíba, já fichados, com muitos crimes nas costas, foram verdadeiramente caçados. Em uma batida, houve tiroteio e os dois morreram.

A justiça soltou os três acusados mesmo sem fazer a revisão do processo. A aparição dos absolvidos no programa do J. Silvestre, ao lado de Saulo Gomes, foi para o repórter o melhor dos prêmios.

Todo o material documental, fotográfico e audiovisual produzido por Saulo deu base para as reportagens e matérias impressas na revista *O Cruzeiro*. J. Silvestre ficou tão impressionado com o primeiro trabalho que passou a dedicar uma hora do seu programa para repercutir a investigação do seu repórter. Aquela pauta durou quase quatro anos.

Depois da chacina de Parelheiros, vieram outras reportagens. Saulo realizava-se com aquele trabalho. Era o verdadeiro repórter em ação novamente.

O segundo tema foi tão impactante quanto o primeiro. Saulo voltou a um episódio ocorrido em abril de 1964. Pedro Beraldo e seus dois filhos, donos de um sítio na serra de Itatiaia, no estado do Rio de Janeiro, foram acusados de terem matado, durante uma briga, Gumercindo Nunes Siqueira, genro de Beraldo.

O repórter queria fazer uma série de reportagens mostrando os erros do judiciário. Saulo foi a campo. Ele estava muito motivado para voltar a agir como um repórter investigativo.

No mesmo dia da anunciada morte, primeiro de abril, o Brasil era vítima do golpe militar. Políticos oposicionistas estavam na mira da polícia. O advogado e deputado pelo MDB Júlio Ferreira da Silva morava na serra e estava na lista dos situacionistas. Aproveitando aquele episódio, ele foi denunciado como mandante do crime. Os quatro apanharam muito. O deputado foi torturado com a técnica do afogamento. Ele teve um derrame, como consequência, e ficou com sequelas.

Os quatro homens estavam cumprindo pena. A polícia concluiu que, depois de morto, Gumercindo tinha sido queimado, por isso a ausência de um corpo naquele caso. Cinzas armazenadas em um balde era a prova definitiva da justiça contra os homens.

As investigações do repórter levaram a equipe do programa à cidade de Paraty. Na viagem, um acidente envolvendo os dois carros da emissora e um caminhão deixou oito membros do grupo machucados. Saulo quebrou o pé e um braço. Por dois meses, ele andou de cadeira de rodas. Assim que se restabeleceu, Saulo voltou à cidade histórica para prosseguir a investigação.

Em uma pequena chácara, a equipe ficou uns 40 metros de distância e o repórter aproximou-se. Ainda de longe, ele gritou:

— Você é o Gumercindo?

— Sim.

— Qual o seu nome completo.

— Gumercindo Nunes Siqueira.

— Você é daqui?

— Não. Estou morando aqui agora, mas eu era de Itatiaia.

— O seu sogro chamava Pedro Beraldo?

O homem começou a estranhar todas aquelas perguntas, mas seguiu.

— Sim.

— Você sabia que ele foi preso, junto com os dois filhos e o advogado Júlio Ferreira da Silva, acusados de terem te matado?

— Eu sabia.

— Se sabia, por que não se apresentou?

— Porque eu tinha ódio deles e queria que eles ficassem na cadeia.

As vítimas daquele erro foram imediatamente absolvidas e o Estado pagou a indenização devida ao pai, aos filhos e ao advogado.

Por quatro anos, Saulo seguiu com as reportagens. Foram nove casos envolvendo 19 pessoas presas injustamente. Dois deles morreram antes de serem soltos. Dezessete pessoas foram absolvidas. Alguns casos, já prescritos, não consideraram o pedido de prisão dos verdadeiros culpados.

J. Silvestre ficou tão impressionado com o primeiro trabalho que passou a dedicar uma hora do seu programa para repercutir a investigação do seu repórter. Saulo realizava-se com aquele trabalho. Era o verdadeiro repórter em ação novamente.

Saulo Gomes entrevista Gabriel do Espírito Santo, um dos acusados do caso Parelheiros. Instituto Penal Agrícola de São José do Rio Preto. Revista *O Cruzeiro*.

Algumas das muitas edições da revista *O Cruzeiro* com matérias baseadas no trabalho de Saulo Gomes.

No centro, Gabriel do Espírito Santo, Ernesto Seixas e Evaristo de Godói, rodeados por policiais.

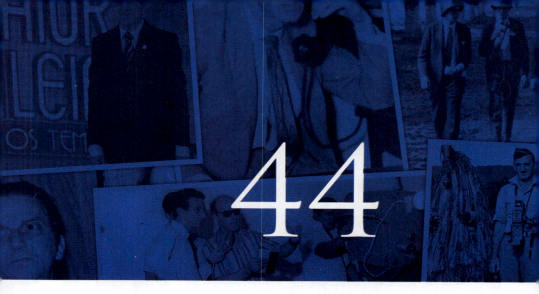

44

Onze de junho de 2013.
Assunto: Reportagens sobre tráfico de crianças de 1983/1984
Prezado Senhor Gomes,
Sou Patrick Noordoven...

Assim começa o *e-mail* do holandês Patrick para o jornalista brasileiro Saulo Gomes. Ele quer saber mais sobre sua verdadeira identidade. Ao longo do pequeno texto, Patrick tenta, com dificuldade, explicar o que aconteceu...

Este foi o nome dado pelos meus pais holandeses (nunca tive outro nome) que me levaram do Brasil para a Holanda – onde cresci e vivi com meus pais adotivos até 21 anos de idade. Eles me receberam da Dalva Malker, dona do orfanato, Lar Jumbinho, em Parada de Taipas, São Paulo.

A falta de concordância e às vezes de clareza no texto acima explica-se pela dificuldade de fazer a tradução do holandês para o português utilizando-se somente recursos dos tradutores on-line. Foi assim que Patrick conseguiu comunicar-se

VENDA DE CRIANÇAS

com o repórter investigativo Saulo Gomes. Em seu *e-mail*, ele contou como ficou sabendo do envolvimento do repórter com o tema:

No jornal holandês de 12 de março de 1983 consta que o senhor teve uma declaração por escrito da dona Dalva, denunciando o tráfico de crianças que ocorreu através da comunidade holandesa no Brasil, em São Paulo, sob a liderança da Nel Berini.

A dona Dalva faleceu, a história dela está aqui. Se for possível, gostaria muito de obter uma cópia da entrevista que o senhor teve com a dona Dalva e outros artigos relacionados ao mesmo assunto.

Espero que o senhor pode me ajudar, dando umas peças de informação histórico que fazem parte da minha identidade e explicam como eu cheguei na Holanda.

No anexo de sua correspondência eletrônica, Patrick enviou pequenos trechos do jornal publicado no seu país. Primeiro na sua língua, depois para o brasileiro entender.

Ontvoerd en verkocht – Sequestrado e vendido

O jornalista Saulo Gomes recebeu da diretora brasileira do orfanato Jumbinho uma declaração por escrito sobre o tráfico de bebês do orfanato fundado pelos holandeses. O correspondente do jornal *O Estado*, em Bonn, mencionou a organização "Flash" em Groesbeek, onde bebês brasileiros são vendidos por cerca de quatro mil *guldens*, na Holanda e no Oeste da Alemanha.

Trinta e dois anos haviam se passado desde a data em que Saulo tinha trabalhado naquela reportagem. Para sorte de Patrick, o repórter brasileiro sempre guardava os documentos resultantes da investigação das suas matérias. Naqueles anos, 1982 até 1985, Saulo Gomes estava fazendo jornada dupla, trabalhava na TV *Bandeirantes*, com J. Silvestre, e na rádio *Capital*.

As primeiras informações que chegaram ao repórter foram sobre o número expressivo de crianças brasileiras que estavam sendo vendidas para famílias europeias, especialmente para a Itália. As organizações locais abordavam mães pobres e ofereciam assistência. Diziam que seus filhos seriam mais bem cuidados por eles. A mulher mencionada por Patrick no *e-mail* de 2013, Nel Berini, foi apontada como a maior vendedora de crianças brasileiras, naquele tempo. Esposa de um empresário holandês que morava no Brasil, Berini, como outros envolvidos neste caso, processou o repórter investigativo Saulo Gomes, mas ele foi absolvido.

O Lar Jumbinho, a que fez referência o holandês, era uma instituição que atendia aproximadamente cem crianças. A maioria delas oriundas das favelas de São Paulo e muitas nascidas no Amparo Maternal, outra entidade de assistência, mantida pela Igreja católica, naqueles anos, sob a coordenação de Dom Evaristo Arns. Foi ele quem, apesar de sofrer muito com as denúncias feitas contra a irmã Rosina, pediu total colaboração das freiras com as investigações de Saulo e, passado um tempo, solicitou que as irmãs retirassem ação apresentada na justiça contra o repórter.

Também conhecido como Lar das Mães Solteiras, o Amparo Maternal foi denunciado por Saulo como parte de todo aquele esquema de venda de crianças. O caso ganhou destaque quando o repórter, mesmo tendo muito carinho pela atriz Wilza Carla, citou-a na reportagem como uma das compradoras de criança. A artista também processou o repórter e perdeu na justiça porque os documentos comprovaram a história.

> *As primeiras informações que chegaram ao repórter foram sobre o número expressivo de crianças brasileiras que estavam sendo vendidas para famílias europeias.*

Totalmente envolvido com aquela reportagem, Saulo foi procurado na rádio *Capital* por uma mulher nordestina chamada Maria José da Silva. Ela chamou por ele, e assim que o repórter apareceu, ela foi logo contando sua história:

Em 1977, eu tive uma menina no Amparo Maternal. Depois de cinco, seis dias do nascimento da minha filha, a quem eu dei o nome de Tatiane, eu deixei a instituição.

Naquele momento a mulher mostrou ao repórter a certidão da criança e continuou:

Como eu era solteira, não levei a menina direto para casa. Eu tinha que preparar melhor as coisas e também porque estava chovendo muito, ela era pequeninha, fiquei com medo que adoecesse. Eu deixei a minha filha, por horas, na casa da dra. Josefina, uma advogada que eu tinha conhecido no Amparo. Ela tinha se oferecido. Fui em casa, arrumei as coisas e depois, quando eu voltei para pegar a menina, ela tinha sido levada embora. A advogada disse que precisou sair e que tinha pedido para uma outra mulher de nome Maria Domênico ficar com meu bebê. Ela conta que, quando voltou, a criança tinha desaparecido.

Começou ali uma batalha judicial. A mulher que levou a criança registrou-a como sua filha e deu a ela o nome de Denise. Entre as coisas que Saulo guarda como acervo de suas reportagens, estão lá as cópias dos dois documentos.

Meses depois do nascimento da criança, o casal Domênico viajou com a menina para a Itália e o processo rolou anos e anos sem promover a devolução de Tatiane para sua verdadeira mãe.

Esse caso gerou muitos processos para o repórter. A família Domênico também entrou com uma ação na justiça contra Saulo Gomes. Ele defendeu-se com as provas que tinha e outra vez foi absolvido. Em relação à acusação de tráfico de criança, Maria José da Silva ganhou a causa, mas não teve como ir à Itália para reaver a menina, assim ficou sem sua filha.

Nessa mesma época, Saulo Gomes denunciou a advogada Arlete Hilu como uma das maiores articuladoras do tráfico de crianças no Sul do país. E como não poderia deixar de ser, ela também processou o repórter, que outra vez foi absolvido. As reportagens realizadas mostravam como todo o esquema acontecia: a aproximação das mães pobres e carentes, a oferta de ajuda na criação das crianças, os documentos forjados, o tráfico para países estrangeiros, naquele momento não só mais para o continente europeu. Neste segundo caso, a advogada foi condenada e cumpriu alguns anos de pena.

Esse tema sempre voltava na pauta do repórter investigativo. Na TV *Bandeirantes*, com participação no programa dominical de Hebe Camargo, uma certa ocasião, Saulo Gomes produziu uma reportagem sobre venda e compra de criança. Ele viu uma nota no jornal no mínimo muito estranha. Um misto de anúncio e propaganda. O texto dizia:

Sou fofinho, tenho poucos dias, só quinhentos reais.

Embaixo da oferta, um telefone para contato. Saulo ligou sem se identificar e ficou sabendo de toda a história. O homem explicou que estava acompanhando uma criança nascida no Amparo Maternal abandonada pela mãe. Contou que o dinheiro era só para cobrir os gastos que ele estava tendo com a criança.

As reportagens realizadas mostravam como todo o esquema acontecia: a aproximação das mães pobres e carentes, a oferta de ajuda na criação das crianças, os documentos forjados, o tráfico para países estrangeiros, naquele momento não só mais para o continente europeu.

Saulo preparou uma equipe e foi direto para o endereço do responsável pelo anúncio. Quando chegou, sem agendar, entrou assim que o homem abriu a porta e perguntou abruptamente:

Que criança é essa que o senhor está anunciando?

Sem saída, percebendo que estava sendo gravado, ele disse que não estava vendendo criança alguma e contou a história do abandono da mãe solteira e que o dinheiro era só para pagar as despesas com o bebê:

Eu só quero cobrir as despesas e dar um futuro para essa criança.

Tudo indicava que ele fazia parte do crime organizado de venda de bebês, mas Saulo precisava ser cauteloso. A primeira informação que conseguiu na tentativa de comprovar uma ligação daquele homem com o bando que atuava em São Paulo foi a relação de parentesco dele com a irmã Rosali, do Amparo Materno. Mas ainda era pouco. Naquele caso, o melhor foi convidá-lo para ir ao programa da Hebe explicar toda a história, e ele aceitou.

No futuro, outras vezes Saulo falaria sobre o tráfico de bebês.

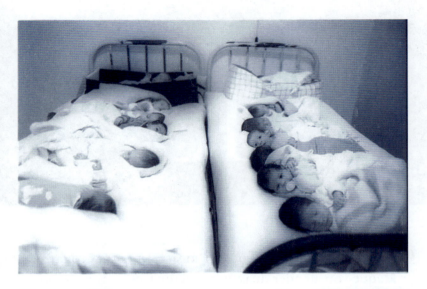
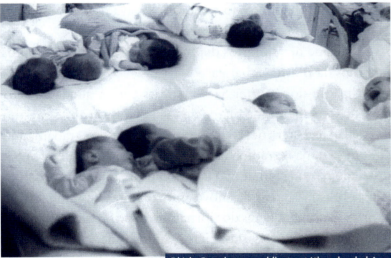
Diário Catarinense publica matéria sobre bebês resgatados pela polícia em Camboriú, 1986.

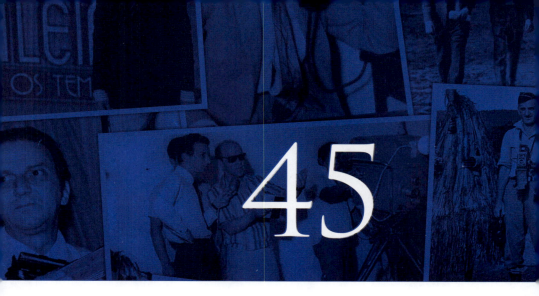

45

"Lima Serra Delta, estou lhe remetendo para torre porque vou atender duas outras aeronaves" – disse o controlador de voo ao piloto do avião que levava o grupo musical Mamonas Assassinas para São Paulo.

Menos de dez minutos depois, uma explosão silenciou os meninos da Brasília amarela.

A ligação do repórter Saulo Gomes com a queda da aeronave PT LSD em dois de março de 1996 começou antes mesmo de o avião levantar voo. Naquele ano, Saulo estava trabalhando em um sistema de rádio via Embratel chamado American Sat, instalado na zona Sul de São Paulo. O programa "Conversando com o Brasil" ia ao ar das nove às onze horas da noite. Ele lia as principais manchetes dos jornais do dia e fazia comentários, repercutia com entrevistas feitas pelo telefone.

A virada do ano aproximava-se e ele resolveu entrevistar alguém que dizia prever o futuro. Mãe Dinah foi a escolhida. A conversa seguia sem grandes revelações. Ela falou sobre a economia, a política, os artistas e, de repente, chamou a atenção

MAMONAS ASSASSINAS: O ÚLTIMO VOO

sobre os Mamonas Assassinas. A mulher vidente afirmou que via uma nuvem muito preta sobre eles e que aquela imagem não era nada boa.

Mesmo sendo uma fala ruim, não havia nada a fazer. Saulo não poderia ligar para Dinho, líder do grupo, e simplesmente dizer que Mãe Dinah estava vendo uma nuvem preta sobre eles. Faltava intimidade, propósito e até certezas. Seriam realmente aquelas previsões infalíveis?

O grupo fazia muito sucesso. Eles estavam preparando uma primeira turnê pela Europa, começando por Portugal. Mas o avião caiu antes.

Assim que recebeu a notícia de que a aeronave pilotada por Jorge Germano Martins e o copiloto Takeda que levava os cinco jovens músicos, o empresário e uma assistente tinha batido na serra da Cantareira e não havia sobreviventes, Saulo lembrou-se das previsões de Mãe Dinah. Era sábado à noite, Gugu estava anunciando que faria cobertura total do acidente em seu programa. O apresentador montou uma estrutura com várias equipes. Colocou repórter para mostrar a situação das famílias, buscar informação sobre os motivos, acompanhar a comoção pública.

Naquela tarde, Saulo recebeu um telefonema, era alguém da produção do "Domingo Legal" querendo confirmar se ele tinha mesmo uma gravação com Mãe Dinah prevendo problemas para os Mamonas Assassinas. Foi ali que Saulo se envolveu com aquela história. Intrigado, ele começou a investigar. Fez contato com as famílias, foi ao Centro de Investigação da Aeronáutica, acompanhou todas as fases de apuração das causas do acidente.

As primeiras informações oficiais apresentavam o piloto como o culpado. O repórter quis saber mais. Fez contato com Cristiane, esposa de Jorge, em busca de entender como era o profissional. Saulo não estava convencido de sua culpa. No aeroporto, ele entrevistou outros pilotos, os controladores de voo, profissionais que faziam parte do cotidiano do lugar. Aprendeu como a operação se dava, especialmente entre a torre de controle e a aeronave. Reconheceu os elementos técnicos e humanos daquele acidente.

De repente, quando percebeu, o repórter tinha muitas informações, mais do que conseguia tornar disponível para seu ouvinte no programa "Conversando com o Brasil". Foi quando Saulo resolveu organizar todas aquelas anotações, transcrever as entrevistas e lançar um livro: *O último voo*.

O escritor tinha algo que a imprensa em geral não estava destacando: a conversa entre os controladores e o piloto Jorge Germano. Ali, apareciam elementos que não confirmavam a versão do caso dada pelos burocratas.

Saulo fez constatações no mínimo intrigantes. Afirmou que o conhecimento da língua inglesa dos profissionais da torre era insuficiente, em muitos casos, para entender informações importantes somente dispostas nessa língua. O que, depois, verificou-se ser verdade. Passado um tempo, foi anunciado que aos controladores seria ofertado curso de inglês para qualificar a comunicação entre eles e os pilotos quanto ao painel de controle e, também, com pilotos estrangeiros. Em entrevista, Saulo perguntou:

— Como você consegue se entender com uma tripulação de estrangeiros?

— Quando fica complicado, a gente chama um amigo que entende muito bem para traduzir.

— Esse amigo é da sala de vocês?

— Às vezes sim, às vezes é de outra sala.

As primeiras informações oficiais apresentavam o piloto como o culpado. O repórter quis saber mais. Saulo não estava convencido da culpa do piloto.

— Mas vocês deixam o painel de controle para ir chamar este entendido em inglês? Neste momento como fica o trabalho de acompanhamento?

Houve silêncio.

— É tudo muito rápido – tentou explicar o entrevistado.

"Seria rápido o suficiente para evitar problemas maiores?" perguntou a si mesmo o repórter curioso.

Outra observação feita pelo investigador era quanto aos salários dos controladores. Ele conheceu homens que tinham dois trabalhos para compor renda. Eram também taxistas, seguranças, vendedores de pastel na feira. Em relação aos controladores americanos, por exemplo, os brasileiros recebiam de dez a quinze vezes menos. Ganhar pouco significava, naquele caso, trabalhar em dobro, e o cansaço não poderia ser desconsiderado na medição da eficiência dos profissionais.

> *O material de toda a investigação de Saulo Gomes está em seu primeiro livro: "O último voo".*

Um terceiro item apontado por Saulo foi quanto à qualidade dos equipamentos. Não era das melhores.

Ao ouvir pela décima vez a conversa entre os controladores e os pilotos da aeronave, o repórter não entendia como era possível, naquelas condições, o atendimento a três aviões. O profissional da torre disse ao piloto Jorge que aguardasse porque ele ia atender a Varig e a VASP.

O material de toda a investigação de Saulo Gomes está em seu primeiro livro. Seu interesse pelos acidentes aeroviários levou-o a pesquisar outras ocorrências. Ele guarda muito material sobre o voo da Gol que caiu na selva com o registro de 154 mortos e sobre o avião da TAM que explodiu no aeroporto de Congonhas, com 199 mortos. Seu desejo é ainda publicar: *O último voo, a história continua*.

Capa do livro *O último voo*, de Saulo Gomes.

46

Em 1997, de uma hora para outra, todos falavam do chupa-cabra, e não só no Brasil. No México, por exemplo, foram registradas muitas ocorrências envolvendo animais mortos. Saulo Gomes, em conversa com Homero Sales, produtor do programa do Gugu, acertou uma cobertura sobre o assunto. O repórter investigativo saiu em busca de pistas e confirmações. Pipocavam focos de notícias em vários locais. Uma denúncia aqui de um ataque a animal, outra ali. Havia algumas semelhanças nas histórias. Os animais encontrados mortos apresentavam um orifício no corpo e nada de sangue.

Saulo Gomes conseguiu uma fonte única. Um empresário que nunca quis se identificar dizia ter em mãos, embalsamado, o animal que todos chamavam de chupa-cabra. Esse homem tinha ido pescar no Pará uns anos antes e lá conheceu um grupo de pescadores que tinha sido atacado pelo bicho. Na briga, eles mataram o animal.

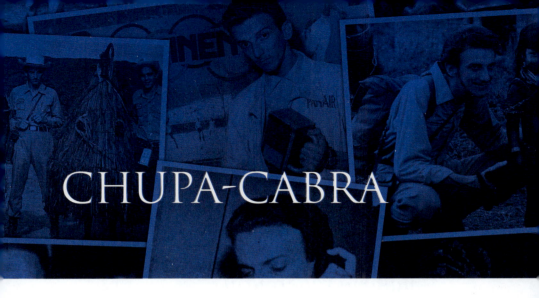

CHUPA-CABRA

Achei aquilo horrível, mas era bastante curioso. Nunca tinha visto nada parecido. Eles me deram o que restou do animal, eu mandei embalsamar e aqui está.

Era a cabeça, o pescoço e uma parte do tronco de um bicho muito estranho. Uma mistura de uma coisa com outra coisa. O homem disse para Saulo que, se ele quisesse, poderia apresentar na televisão.

Gugu anunciou que o repórter Saulo Gomes iria mostrar o chupa-cabra. A audiência foi lá em cima. No dia do programa, outros dois pesquisadores acompanharam a reportagem, explicando as possibilidades. Tinha gente da imprensa internacional na plateia do programa querendo fotografar e mostrar o animal.

A matéria repercutiu e Saulo seguiu na investigação. Ele conheceu outro homem que insistia em contar que, no passado, tinha visto um bichão daquele, também durante uma pescaria. Impressionado, quando voltou para sua casa, o homem editou um livreto todo ilustrado, contando o que tinha acontecido no rio. O repórter foi presenteado com um exemplar do livreto.

Realmente, a ilustração era muito parecida com o animal embalsamado.

Na busca por explicações científicas, Saulo encontrou o pesquisador Ricardo Maluf. Ele mostrou seus estudos de muitos anos e disse que o chupa-cabra, como todos o chamavam, era, de verdade, um animal que se acredita extinto. Para o cientista, tratava-se do caboclo d'água, um anfíbio que atacava pescadores. O homem contou com detalhes tudo o que sabia para o repórter:

A matéria repercutiu e Saulo seguiu na investigação. Mas a última reportagem de Saulo não foi levada ao ar. Muito provavelmente porque acabaria com o suspense do chupa-cabra.

Na fase adulta, ele chega a um metro e 20 centímetros, mais ou menos. Dentro da água vai até o fundo e anda nas duas pernas. Quando está fora, costuma ficar em cócoras, na espreita, para atacar as pessoas que passam em barcos. Ele mergulha até se aproximar, surge da água balançando o barco. Quando alguém perde o equilíbrio e cai, ele puxa a pessoa para o fundo do rio. Só se interessa por comer o cérebro e algumas partes da cabeça. Depois solta a vítima e vai embora. O nome caboclo d' água é porque ele parece uma mistura de peixe com criança.

Era aquela uma boa explicação. Mas a última reportagem de Saulo não foi levada ao ar. Muito provavelmente porque acabaria com o suspense do chupa-cabra.

Saulo Gomes com Gugu Liberato no programa "Domingo Legal" falando sobre o chupa-cabra. 22.Jun.1997.

Matéria na *Folha de S. Paulo* sobre o chupa-cabra. 20.Jun.1997.

47

A repercussão do livro *O último voo* levou Saulo Gomes de volta para a televisão. Quando Jorge Loredo, produtor do programa do Ratinho, ficou sabendo que o processo do acidente de avião que tinha matado nove pessoas, entre elas, os cinco integrantes do grupo musical Mamonas Assassinas, tinha sido arquivado no Fórum da Lapa, ele sugeriu a retomada do assunto como pauta e convidou o escritor Saulo para ir ao estúdio falar sobre suas investigações.

Era o começo do Ratinho na *Record*, ele devia estar no ar há dois meses. O apresentador adorou a conversa com Saulo Gomes e, no intervalo ainda do programa, fez um pedido a Eduardo Lafon, um dos diretores da emissora:

Lafon, contrata esse veinho, porque até da carinha dele eu gostei.

E Saulo Gomes retornou à televisão. Não era mais um menino, nem mesmo um jovem. Era a experiência de muitos anos que ganhava espaço. Ao lado de Ratinho, fez grandes reportagens, mas acabou envolvendo-se com o trabalho de assistência

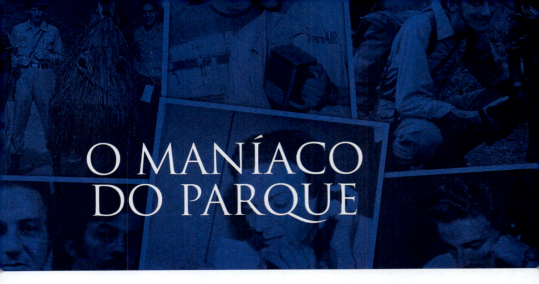

O MANÍACO DO PARQUE

aos telespectadores, uma característica do programa. Ele viabilizava, acionando seus contatos, o atendimento às demandas apresentadas. Conseguia cirurgias de todos os tipos, remédios, aparelhos, moradia, móveis, roupas, entre tantos pedidos que chegavam. Antônio Ermírio de Moraes era um dos que sempre ajudava com encaminhamentos para o hospital Beneficência Portuguesa. Não era o que mais gostava de fazer, mas Saulo viu muito propósito naquela experiência. Tinham aqueles que não o viam como homem da imprensa. Ele era chamado, por muitos, de advogado do Ratinho.

Tudo seguia um rumo rotineiro até que surgiram as primeira notícias das sucessivas mortes provocadas de maneira muito semelhante por uma pessoa que estava sendo chamada de maníaco do parque. Saulo foi pautado para acompanhar aquela história e, muito rapidamente, o seu espírito investigativo o levou para a frente do caso.

Ele observou que a imprensa, de maneira geral, entrevistava as ex-namoradas de Francisco de Assis Pereira, o acusado dos crimes, mas ninguém falava com os pais do jovem. Saulo sabia que histórias de mães de bandidos eram sempre comoventes e que, em casos de foragidos, seus apelos costumavam funcionar, por isso, não teve dúvida e foi atrás de dona Maria e do senhor Nelson, pais de Francisco. Apoiado pela *Record*, o repórter foi a Guaraci, uma cidadezinha perto de São José do Rio Preto, no estado de São Paulo. Depois de entrevistar o casal, convenceu-os a ir para São Paulo com ele. A ideia de Saulo era manter a exclusividade.

Diante do desejo de rever o filho e ficar mais perto do jovem, dona Maria e senhor Nelson aceitaram a proposta da *Record*. Os dois ficaram hospedados em um *flat* na capital e só a emissora apresentava entrevista com os pais do bandido.

A primeira informação do paradeiro do maníaco do parque era de que ele tinha sido visto em Amambai, no Mato Grosso do Sul, fazendo *shows* de patinação. Ele era mesmo muito bom nessa arte. Apareceram algumas fotos dele, com uniformes coloridos, apresentando-se nas ruas da cidade. Diziam que ele estava sendo mantido por um tio, sargento do Exército.

Dona Maria confiava em Saulo, que dizia que a ajudaria a encontrar o filho. O casal acompanhou o repórter em um jatinho alugado pela *Record* até Amambai. Mas eles chegaram tarde. Francisco já tinha deixado a cidade, segundo seu tio, rumo à divisa entre o Brasil e o Paraguai. E lá foram os três, mais a equipe, atrás do rapaz, no país vizinho. Depois da viagem de avião, eles tiveram que seguir caminho em um Jeep. As informações levaram-nos até uma fazenda que possuía um galpão enorme, cheio de caixas de maconha. Os homens do lugar confirmaram que Francisco tinha estado ali, mas que ele era muito atrapalhado, por isso tinha sido mandado embora.

Enquanto voltavam para o Brasil, a polícia prendeu o maníaco do parque na cidade de Itaqui, no Rio Grande do Sul. Saulo perdeu sua reportagem.

Ainda dando guarda aos pais, o repórter esperava uma chance de promover o encontro da família e ser o único a ter aquelas imagens. Não foi fácil. O caso chamava a atenção e toda a imprensa acompanhava a movimentação da polícia. Depois de transferido para São Paulo, Saulo pediu ao delegado responsável que permitisse o encontro do patinador motoboy com seus pais.

No dia agendado, a preocupação da equipe da *Record* era fazer a cobertura da conversa entre filho e mãe, sozinhos. Eles combinaram toda uma estratégia. Tudo estava pronto, as câmeras ligadas, luz em quantidade para iluminar o rosto sofrido de dona Maria, microfones de lapela nas roupas... Mas, de repente, os responsáveis do DEIC, pressionados pelos outros veículos de comunicação, anunciaram que levariam o preso para outra sala.

Saulo perdeu o controle. Ele viu o trabalho de muito tempo perdido. Sua reação foi imediata. Alterou a voz sem ser indelicado e reivindicou seu direito de promover aquele encontro com exclusividade. Houve bate-boca, mas o repórter conseguiu fazer sua reportagem. As outras equipes puderam acompanhar, e Saulo agradeceu a presença de cada um naquela noite.

A entrevista rendeu 38 pontos na audiência para Ratinho. Saulo teve a sua consagração.

Dez meses depois de lançado o programa de Ratinho na *Record*, Silvio Santos fez uma oferta imperdível e levou o apresentador para o SBT, mesmo tendo que pagar a multa de rescisão do contrato. Saulo, temporariamente, estava sem projeto. Para sua surpresa, ele foi chamado ao SBT para uma conversa com seu velho conhecido, da época em que vendiam canetas em lugares próximos no Rio de Janeiro: Silvio Santos.

Ele próprio fez o convite. O dono da emissora queria continuar a mesma parceria firmada na *Record*. Achava que era melhor para a audiência levar os dois. Saulo mostrou-se bastante envaidecido, mas reconheceu que depois de muitos anos longe da grande imprensa, a TV *Record* é que tinha aberto as portas e, por isso, ele ficaria na emissora.

Gilberto Barros assumiu o horário vago do Ratinho com o programa "Leão Livre" e Saulo foi trabalhar com ele. O contrato foi assinado para quatro anos. A dupla entrosou-se bem e algumas reportagens ganharam destaque.

Saulo Gomes no programa de Ratinho mostrando a mala de pertences do maníaco do parque, 1998.

48

MAIS DO QUE SIMPLESMENTE REPORTAR UMA INFORMAÇÃO, Saulo interagia com o fato, sendo isso bom ou ruim, certo ou errado. Ele não era um repórter de formação acadêmica. O que sabia tinha aprendido vivenciando. A especificidade de praticar o jornalismo investigativo fazia dele, inevitavelmente, um personagem das histórias que contava. Tinha sido assim até aquele momento de sua trajetória, e não seria diferente só porque estava mais velho.

Quando escolheu fazer a cobertura do caso das mães de Jundiaí que denunciavam o juiz pelo roubo de seus filhos, todos da emissora sabiam que aquela matéria tinha elementos para grandes confusões. E ninguém recuou, mesmo assim. Gilberto Barros tinha mesmo incorporado o "Leão Livre". Saulo estava autorizado a ir longe, se fosse preciso.

Na trajetória do repórter, o tema não era novo. Ele já tinha denunciado o tráfico de crianças em outras três ocasiões. A realidade do Brasil era conhecida em vários locais do mundo, especialmente na França. Saulo tinha conhecimento, inclusive,

MÃES DE JUNDIAÍ

de uma legislação francesa que alertava sobre as ações dos brasileiros com a venda de crianças e, muito mais grave, com o tráfico e a comercialização de órgãos. No livro do filósofo francês Edgard Morin, lançado no Brasil em 2015, intitulado *A via para o futuro da humanidade*, na página 68, o autor alerta:

[...] que os bens mais pessoais podem tornar-se mercadorias: até mesmo as crianças são compradas: um bebê brasileiro por 800 a 1.000 euros. E também órgão do corpo humano.

Antes de chegar a Jundiaí, o repórter sabia que mais de 50 mães estavam denunciando o juiz Luiz Beethoven Giffoni de roubar seus filhos e levá-los para a Europa, principalmente Itália e França. Elas reuniam-se todos os sábados em uma praça da cidade, identificadas com um lenço verde que amarravam no pescoço. Assim que chegou, Saulo ficou sabendo como o juiz agia. Mães com crianças pequenas eram abordadas por pessoas que seguiam em um carro, que depois ficou conhecido como o "carro caça-criança". Normalmente a abordagem era feita a mães aparentemente pobres. Os agentes do carro persuadiam as mulheres dizendo que elas não conseguiriam oferecer coisas boas para seus filhos, que os deixando ir eles teriam melhores chances e seriam mais felizes. Algumas chegavam a acreditar naquela retórica, outras reagiam, mas, ao final, perdiam seus filhos para o juiz.

Eles ofereciam assistência para as crianças em uma creche mantida por uma empresa italiana de leite.

Saulo entrevistou aquelas mães e conheceu a realidade individual de muitas delas. Havia várias coisas em comum entre as mulheres que choravam todos os sábados, na praça da cidade.

O inquérito foi aberto na 23ª Delegacia de São Paulo. As mães realmente se convenciam de que, com aquela ajuda, seus filhos seriam mais bem atendidos. Com o tempo, quando voltavam para revê-los, eles não estavam mais lá.

Enquanto acompanhou o caso, Saulo foi informado de que aproximadas 125 crianças tinham sido remetidas para o exterior, com documentação formalizada. Mesmo havendo denúncia de que os documentos tinham sido forjados, eles facilitavam a entrada dos menores nos países europeus.

A reportagem resgatou toda a sensibilidade do repórter investigativo que, apesar de se respaldar não afirmando nada que não fosse decorrente das falas de seus entrevistados, foi chamado na 23ª Vara da Infância e da Juventude para depor naquele caso. Saulo não foi individualmente processado, mas a emissora, sim, e teve que pagar uma indenização ao juiz.

O advogado Marco Antônio Colagrosse, de Jundiaí, SP, representou as mães em uma ação contra o juiz. Ele reuniu provas e denunciou que os documentos apresentados tinham sido forjados.

Quando percebeu, Saulo já estava envolvido. Ele falou em Brasília com o então ministro da justiça Renan Calheiros e organizou uma audiência com todas as mães. A TV *Record* alugou um ônibus e as mulheres foram para o Distrito Federal contar suas histórias e chorar a ausência dos seus filhos. O Ministério ofereceu assistência jurídica para elas e o processo seguiu morosamente.

Até o final de seu trabalho, somente duas crianças tinham sido repatriadas. Algum tempo depois, outras voltas foram anunciadas, mas não se sabe ao certo quantas mães conseguiram reaver os seus filhos.

Um dia, uma das crianças, vivendo na Holanda, fez contato pela internet com o repórter, conforme já contado em capítulo anterior. Mais uma vez, Saulo reconectava sua história. Sempre foi assim. De uma forma ou de outra.

Mais do que simplesmente reportar uma informação, Saulo interagia com o fato, sendo isso bom ou ruim, certo ou errado. Ele não era um repórter de formação acadêmica. O que sabia tinha aprendido vivenciando.

49

Em 1999, Magno Malta, então deputado federal pelo Espírito Santo, pediu a instalação da CPI do narcotráfico. Diariamente, manchetes davam conta de nomes de pessoas envolvidas com o tráfico de drogas e o roubo de cargas. Diferente das demais comissões parlamentares de inquérito, aquela ganhou um formato itinerante e foi instalada em várias localidades brasileiras.

Em São Paulo, o grupo de trabalho reunia-se na Assembleia Legislativa. Foram dois ou três dias inteiros ouvindo acusados e testemunhas envolvidos de alguma forma nesse processo ilícito, muito comum no Brasil.

Saulo Gomes não estava trabalhando na cobertura da CPI, até que um dia o telefone tocou:

— Eu queria falar com o Saulo Gomes.

— Sou eu, pode falar.

— Eu tenho muita informação sobre o narcotráfico e o roubo de cargas e estou disposto a contar tudo, mas somente para o senhor.

CPI DO NARCOTRÁFICO

Saulo ficou intrigado. Sabia que aquele era um tema perigoso. No mínimo, muito perigoso. Ele disse ao homem que o telefone não era seguro, que ligasse novamente em dez minutos e ofereceu um novo número. A ideia de Saulo era confirmar que realmente o informante queria fazer o contato e preparar o equipamento para gravar a conversa, na tentativa se de precaver.

O tempo combinado passou, impreterivelmente dez minutos depois o telefone tocou. O homem do outro lado falou a mesma coisa, desta vez sendo gravado. Saulo não titubeou. Imediatamente concordou em encontrar sua fonte em São Miguel Paulista, bairro de São Paulo, às dez horas da noite. Tinha que ser bem tarde, porque o homem estava escondido e não poderia aparecer diante da luz do dia. O encontro foi marcado em uma padaria. Saulo deveria ir sozinho.

O carro não identificado da *Record* estacionou a alguns quarteirões do local descrito pela fonte. O repórter seguiu uns dez minutos a pé e sozinho. O medo era real, mas não visível. Saulo sempre teve convicção que sentir pavor era humano, mas demonstrá-lo era uma fragilidade. Ele esperou por 20 minutos. Quando ia saindo, foi abordado por um homem que já estava lá fazia tempo.

O informante identificou-se como Laércio Cunha.

Eu quero lhe falar tudo o que eu sei. Estou fugido do DEIC e se eu aparecer serei morto. Preciso de proteção.

Os dois tomaram café, e Saulo perguntou se ele aceitava gravar uma entrevista. Laércio disse que sim e indicou o endereço para onde a equipe deveria seguir. O informante saiu na frente e o carro da *Record* logo atrás. Eles foram para a residência da sogra do foragido a uns dois quilômetros da padaria.

Pode ligar a câmera que eu falo tudo, mas vocês têm que me proteger.

Saulo desistiu da entrevista.

Pegue suas coisas. Vamos comigo para a emissora. Vou te entrevistar lá. Assim tenho condições de acionar mais rapidamente as autoridades da CPI que poderão garantir sua proteção.

Laércio aceitou e o grupo formado por ele, Saulo e os técnico voltaram para a emissora.

O informante ficou uns três dias na *Record* dormindo nos camarins e almoçando no refeitório. Naquele tempo, o repórter estava levantando informações para certificar-se de que a entrevista dele, ao ser levada ao ar, não prejudicaria ninguém nem mesmo o trabalho da CPI. Antes de qualquer coisa, Saulo precisava ter certeza de que Laércio era mesmo Laércio.

Em conversa gravada, Saulo fez muitas perguntas. Ao final, afirmou categoricamente:

Tudo bem, registramos o que você sabe, estou aguardando o retorno dos políticos para assisti-lo no programa de proteção à testemunha. Agora eu preciso saber exatamente como é seu nome. Laércio Cunha, eu sei que não é.

O homem assustou. A convicção do repórter era tanta que o informante perdeu-se entre palavras sem sentido. Por fim, revelou seu nome verdadeiro e contou que Laércio Cunha era um caminhoneiro assaltado em Pernambuco.

Nós roubamos os documentos dele. Desde então, essa é a minha identidade.

Saulo ficou intrigado. Sabia que aquele era um tema perigoso. No mínimo, muito perigoso.

Saulo quis saber porque ele estava disposto a se entregar e delatar seus comparsas, entre eles, alguns policiais. O homem contou que ele estava sendo explorado:

O sucesso das operações dependia do meu trabalho. Eu armava tudo, organizava a ação. Um dia, roubamos uma carga avaliada em 180 mil e eles me pagaram quinhentos reais. Brigamos e eles me juraram de morte. Então, fugi. Minha família está correndo risco. Eu preciso me entregar e proteger a todos.

Com dúvida ainda, o repórter investigativo pediu a uma funcionária da emissora que lhe emprestasse uma almofada de carimbo. Ele fez com que o falso Laércio pintasse as pontas dos dedos e marcasse em uma folha em branco. No início o homem de São Miguel Paulista recuou:

— O senhor não acredita em mim?

— O que acha que está fazendo aqui, protegido nestes três dias? Eu preciso ter certeza. Quando eu levar a história ao ar, não poderei cometer nenhum erro. Está em jogo a minha e a sua vida.

Dito daquela maneira, o foragido concordou.

Saulo foi até o departamento de polícia, acionou um conhecido, contou só o que podia, menos que a metade da história, e recebeu, um tempo depois, a confirmação de que realmente não era Laércio e de que o nome apresentado era mesmo o do bandido. Ali, Saulo certificou-se de poder chamá-lo de bandido. A capivara, lista das acusações contra ele, tinha quatro metros.

Confirmada toda a história, mais seguro do que poderia fazer com aquela informação, Saulo entregou Laércio para a Comissão Parlamentar de Inquérito, que prometeu protegê-lo. O dia em que o informante foi levado, a reportagem foi para o ar. Eles mostraram até o helicóptero descendo na emissora para resgatar o homem que viria, nos dias seguintes, detalhar os crimes cometidos nas estradas brasileiras.

Sempre identificado como Laércio para não colocar sua vida e a de sua família em risco, foi um furo de reportagem. A *Record* fez um barulho com aquela matéria. Saulo tinha se saído muito bem.

Dali para frente, foi um esparramo. Laércio passou a ser a segunda maior testemunha denunciante. O primeiro era um caminhoneiro do Maranhão. Foram feitas muitas acareações com a participação de Laércio, que continuou sendo chamado assim, com políticos e policiais.

Saulo passou a receber telefonemas ocasionais do seu informante, que o passou a chamar de pai. Era comum ele ligar e dizer:

Se quiser saber, pai, vai ter um estouro de roubo de carga na Bahia.

Algumas daquelas informações renderam outras matérias.

Ali, Saulo certificou-se de poder chamá-lo de bandido. A capivara, lista das acusações contra ele, tinha quatro metros.

50

Saulo Gomes não estava na grande imprensa quando PC Farias e Suzana Marcolino foram mortos, na madrugada do dia 23 de junho de 1996. Sua participação neste caso se deu, anos depois, quando da reconstituição da cena.

Para começar seu trabalho, que não foi fácil, o repórter teve que levantar tudo o que os veículos de comunicação tinham publicado a fim de juntar os elementos necessários e acompanhar com precisão a encenação da morte.

Ele informou-se que na noite da morte houve um jantar na casa de PC, com as presenças dele e de Suzana, do irmão e da namorada e mais dois amigos. Sabia até alguns detalhes do jantar, que viriam a ser reveladores no momento da autópsia. O encontro gastronômico durou umas três horas e os participantes tinham bebido bastante uísque. Por volta da uma hora da madrugada, todos foram embora. PC, antes de dormir, pediu aos homens que faziam sua segurança, um sargento e três policiais, que fosse acordado somente às 11 horas da manhã.

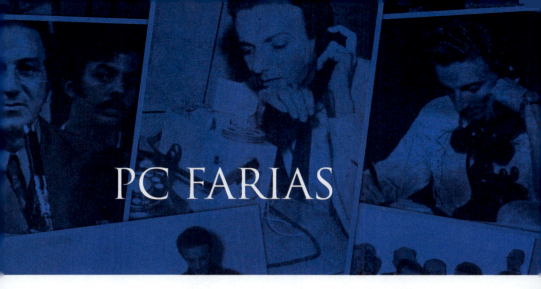

PC FARIAS

Na hora marcada, a camareira da casa bateu na porta para acordar o senhor PC Farias. Ninguém respondeu. O primeiro a ser informado sobre a falta de resposta do casal foi o cabo Reinaldo. Depois de também bater nas janelas reiteradas vezes, ele decidiu arrombá-las, o que fez com facilidade. Foi quando constataram a morte dos dois ocupantes do quarto. A arma do crime estava sobre a cama.

Não houve qualquer estranhamento quanto ao fato de ninguém ter ouvido os tiros. Muitas festas juninas estavam acontecendo naqueles dias. O tiro poderia ter sido confundido com fogos de artifício.

A imprensa foi chamada para uma coletiva e os policiais, com anuência do irmão de PC Farias, anunciaram que tinha havido uma cena de ciúmes seguida de um homicídio e um suicídio. Suzana matou o namorado e tirou sua própria vida, na sequência.

Na primeira semana de julho, esta versão passou a ser alterada. O médico-legista de Maceió, AL, George Sanguinetti contrariou algumas informações do médico-legista Badan Palhares, de Campinas, SP, e contribuiu com algumas informações que provocaram incertezas. Ele disse que pelas marcas no rosto de Suzana, provavelmente, ela teria sido espancada, mostrando alguma reação.

Naquela época não foi pedida a reconstituição dos fatos. O que pareceu muito estranho. Existe uma certeza entre os bons policiais, ainda mais os investigativos: o "cadáver fala". Houve certo empenho em silenciar o que poderia vir a dizer os cadáveres de PC Farias e Suzana Marcolino.

Somente em abril de 1999, a justiça de Alagoas determinou a reconstituição do crime, mais de dois anos depois da ocorrência.

Saulo Gomes estava na TV *Record*. O repórter anunciou seu desejo em cobrir a matéria, mas foi informado que a rede só não tinha emissora em duas capitais brasileiras, Maceió era uma delas. Sem equipe local, seria muito difícil fazer a cobertura.

Saulo não aceitou de imediato aquela resposta. Ele fez alguns telefonemas a amigos na expectativa de reencontrar algum conhecido que com ele tinha vivido o episódio do tiroteio em Alagoas. O repórter foi informado que o vice-governador do estado tinha participado da história do impedimento, mas que ele era o dono da TV *Bandeirantes*, uma emissora concorrente. Saulo Gomes não se intimidou, ligou e conseguiu falar com o político e empresário Geraldo Sampaio.

A receptividade foi das melhores. Os dois relembraram a sexta-feira 13 e, no final, Saulo conseguiu o que queria. O dono da *Bandeirantes* pediu a seu filho Juca, responsável pela emissora, que cedesse ao repórter da *Record* uma equipe, um estúdio e o que mais ele precisasse. Aquele pedido do pai deve ter causado muita estranheza ao filho, afinal as duas concorriam pela preferência da audiência.

O repórter voltou aos seus chefes imediatos e contou o que tinha conseguido. Autorizado, ele seguiu para Maceió, onde encontrou um levante de repórteres. A imprensa estrangeira e veículos de comunicação dos quatro cantos do Brasil estavam lá em busca de novas informações sobre a morte de PC Farias e Suzana Marcolino.

Saulo tinha tudo para ser só mais um. A imprensa não estava autorizada a acompanhar de perto a reconstituição. Todos estavam do outro lado do muro, somente esperando as informações serem postas à disposição. Para fazer a cobertura, foi necessário um credenciamento. Era uma multidão de repórteres. Saulo começou a ganhar destaque durante sua conversa com o secretário de segurança Miranda, da Polícia Federal. Enquanto procedia com o preenchimento do documento, puxou conversa e contou que um de seus filhos era da polícia alfandegaria. Dois minutos depois, eles já tinham coisas em comum. Miranda era da mesma turma do filho de Saulo. A conversa parecia uma prosa. Mas até aí nenhum privilégio, só um pouco mais de amabilidade.

Existe uma certeza entre os bons policiais, ainda mais os investigativos: o "cadáver fala". Houve certo empenho em silenciar o que poderia vir a dizer os cadáveres de PC Farias e Suzana Marcolino.

Quando o delegado chamou o diretor da polícia técnica Ailton Villanova para apresentá-lo ao repórter da *Record*, foi uma festa:

Claro que eu o conheço. Por favor, deixa eu lhe dar um abraço. Acompanho sempre o seu trabalho, desde há muito tempo.

Mais um ponto para Saulo. Entretanto, ainda não havia vantagens, só mais simpatia. Ele aproveitou um momento de distanciamento dos outros companheiros que continuavam preenchendo os cadastros e fez uma oferta pontual para os policiais:

Sei que vocês fazem a reconstituição com o uso somente de fotos e gráficos. Com a repercussão deste caso, não acham melhor fazer com uso de imagens em vídeo?

O secretário sorriu:

— Saulo, você está falando da polícia de Alagoas. Tem dia que não temos dinheiro para abastecer as viaturas. Nós não temos equipamentos para filmagem.

— Esta é minha oferta. A *Record* pode fazer toda a filmagem e ceder as fitas e gravar como vocês precisarem e desejarem.

Houve um silêncio. "Seria ótimo, mas como explicar aquela deferência à emissora?" certamente se questionava o secretário.

Saulo era mesmo perspicaz. Ele estava oferecendo um trabalho à Secretaria de Segurança propondo a utilização de uma câmera que nem mesmo era de sua emissora. O interessante é que por fim o secretário aceitou. Eles assinaram um termo de parceria pactuando que a *Record* iria gravar toda a reconstituição em vídeo e fornecer o material para a Secretaria de

Segurança consultar posteriormente, com direito de uso jornalístico das gravações pela *Record*.

Uma câmera não seria o suficiente para fazer aquilo que Saulo tinha proposto. Depois de assinado o termo, ele imediatamente recorreu ao então presidente da TV *Record* Onorildo Gonçalves, contou toda a história e pediu autorização para contratar uma equipe de filmagem com os recursos necessários para o trabalho.

Dessa forma, a *Record* tornou-se a única emissora a ter acesso direto na reconstituição do crime de morte de PC Farias e Suzana Marcolino. O carro da equipe de Saulo, também alugado, ficou estacionado na vaga do empresário morto. Os técnicos de vídeo e áudio instalaram uma parafernalha até com refletor de luz externo para garantir boa imagem dos lugares dos seguranças. A reconstituição tentaria aproximar-se ao

Saulo era mesmo perspicaz. Ele estava oferecendo um trabalho à Secretaria de Segurança propondo a utilização de uma câmera que nem mesmo era de sua emissora. O interessante é que por fim o secretário aceitou.

máximo do horário do crime. O repórter ficou dentro da casa durante todo o dia. Ele não queria ser visto pelos companheiros de imprensa para não causar um rebuliço. Como de fato causou, quando os outros souberam que a *Record* teria acesso ao local e os demais não.

A jornalista Mariana Kotscho foi a primeira a reconhecer Saulo Gomes do lado de dentro da casa. Ela organizou um grupo de jornalistas que juntos foram até o Secretário de Segurança tomar satisfação e pedir explicação do porquê daquele privilégio à equipe da *Record*. Miranda foi muito simples e objetivo. Disse que qualquer um que tivesse feito a mesma proposta de Saulo Gomes, a polícia teria aceito. Mas como foi ele quem fez, somente a *Record* teria acesso às imagens. O secretário informou ainda a existência de um documento que esclarecia todas as condições do trabalho.

Houve muito falatório, o debate atrasou o início da reconstituição, mas no final somente a *Record* gravou tudo. Saulo não tinha dispensado o cinegrafista emprestado pela TV *Bandeirantes*, cuja a equipe estava do lado de fora. Ele usou aquela câmera para registrar algumas imagens da casa, da visão que se tinha do lado de fora e outros detalhes que complementavam a sua cobertura.

A primeira questão observada no trabalho na polícia técnica foi em relação ao arrombamento das janelas. No dia da reconstituição, eles não conseguiram abrir com facilidade. Foi necessário muito esforço, tempo e ferramentas para arrombá-las, o que se deu somente quebrando-as. Ali se fez o apontamento de que as janelas provavelmente estavam destrancadas. Em 1996, elas não tinham sido danificadas.

Saulo estava absolutamente submerso neste trabalho. Ele buscou todas as informações que podia para se aproximar da verdade, com a certeza de que muitos desejavam ocultá-la. Por muita insistência, o repórter conseguiu autorização do advogado do garçom que trabalhou na casa de PC naquela noite para fazer uma única pergunta. Para estranheza dos que acompanhavam, Saulo perguntou:

Genivaldo, o que você serviu para o grupo naquela noite? PC e Suzana comeram bem?

O garçom informou que tinha servido arroz à grega, camarão e batata inglesa e que, sim, o casal tinha comido muito bem. Aquela pergunta tinha uma proposta. Saulo guardava um laudo feito na Bahia que mostrava como se dava a digestão no estômago humano em relação ao tempo e ele comparou com os laudos liberados sobre PC e Suzana. Era sabido por todos que no estômago de PC tinha ainda muito alimento, mostrando que sua morte deveria mesmo ter ocorrido em até duas horas depois da ingestão dos alimentos. E que no estômago de Suzana, mesmo considerando que ela possa ter comido muito menos, ao não mostrar qualquer vestígio de alimento, confirmava que sua morte tinha sido aproximadamente cinco horas depois da ingestão da comida.

Saulo buscou todas as informações que podia para se aproximar da verdade, com a certeza de que muitos desejavam ocultá-la.

Outra informação apurada por Saulo Gomes foi em relação a um possível romance entre Suzana e um dentista de São Paulo, com quem o repórter fez uma entrevista. No celular de Suzana, constavam três ligações para o paulista, confirmando, inclusive, até que horário ainda estava viva. No fundo de uma delas, dava para ouvir passos no assoalho de madeira. Gente movimentando-se muito perto.

O que estava em discussão era se o laudo de Badan Palhares estava certo, concluindo que tivera sido um homicídio seguido de um suicídio, ou se correto era o laudo de Sanguinetti, feito dois dias depois, informando que tivera ocorrido dois homicídios. Se o segundo fosse confirmado, quem houvera cometido os homicídios? Era uma correria atrás de provas e entrevistas.

Os estudos de Palhares e sua equipe, conforme ele mesmo escreveu e assinou um artigo no jornal *Folha de São Paulo*, foi baseado, para explicar a posição do tiro, na altura de Suzana Marcolino, que ele anunciava ser de um metro e 68 centímetros. Entretanto, durante entrevista feita por Saulo com o perito Ricardo Molina, também de Campinas, este afirmou que Suzana era mais baixa que PC Farias e que tinha um metro e 58 centímetros. Aquela informação fragilizou a conclusão do primeiro laudo, deixando a história ainda mais intrigante.

Foi uma correria de especialistas. Cada qual com suas defesas, muitas delas concordando que o primeiro laudo não refletia a verdade. No Rio Grande do Sul, o perito criminalístico Domingos Tocchetto fez um estudo do chamuscado de pólvora na mão de Suzana, e Saulo o entrevistou. O especialista explicou com detalhes que ela não tinha marcas nos dedos, mas somente nas palmas das mãos, o que, no mínimo, era muito estranho.

Aquela foi uma reportagem longa. Saulo deixou a TV *Record*. Um tempo depois, no programa "Sabadaço", ainda ao lado de Gilberto Barros, na TV *Bandeirantes*, ele retomou o caso da morte de PC e Suzana. Nessa segunda ocasião, o repórter convenceu

Sanguinetti a ir ao estúdio. A produção, sob orientação de Saulo Gomes, pediu ao legista que levasse, para mostrar aos telespectadores, um osso identificado como hioide para explicar como tudo indicava que Suzana tinha sido vítima de tentativa de estrangulamento. Esse osso localiza-se no pescoço. No caso dela, estava desarticulado, como se tivesse sido quebrado.

Para provar que o hioide de Suzana havia sido atingido, Saulo recorreu a fontes nunca reveladas para conseguir a gravação em vídeo do momento em que o legista Palhares fez o seu trabalho. Ele mesmo, com uma pinça, mostrou a desarticulação do osso do pescoço da vítima.

Aquelas mortes renderam muitas reportagens. Era um desenho do Brasil político. Um país que o repórter de verdade conhece muito bem.

Aquelas mortes renderam muitas reportagens. Era um desenho do Brasil político. Um país que o repórter de verdade conhece muito bem.

Ele que sempre transitou entre polícia e polícia, participou, como outras vezes, de um caso que unia os dois temas.

51

Nada parava Saulo Gomes. Os anos refletiam mais experiência do que cansaço. Quando parecia que ele tinha resolvido viver de férias, aposentado talvez, surgia o homem investigador pronto para revelar outras e novas informações. Trabalhar sempre foi condição de vida e ele nunca se propôs a fazer outra coisa.

Em novembro de 1994, Saulo Gomes conseguiu uma entrevista muito importante. Quando ele soube da morte de Che Guevara, em 9 de outubro de 1967, na Bolívia, seu desejo era ir até lá investigar quem tinha matado Che Guevara. Outros brasileiros foram, entre eles, Helle Alves, o fotógrafo Antônio Moura e o cinegrafista Walter Gianello do grupo Diários Associados. Na verdade, o trio estava em terras bolivianas acompanhando o julgamento do francês revolucionário Régis Debray, quando Che foi assassinado. Saulo não foi e ele reprimiu o desejo fazendo outras coisas no Brasil. Essa cobertura ficou entre as reportagens que ele gostaria de ter feito, mas não fez. Contudo, soube aplaudir a equipe do Diários Associados. O

QUEM MATOU CHE GUEVARA?

fotógrafo fez imagens estáticas do guerrilheiro morto e o cinegrafista conseguiu incríveis dois minutos e meio de imagens em movimento. Helle Alves acertou e o material produzido encantou a todos, especialmente os que admiravam o trabalho de Che. No Brasil, era muita gente. Helle até recebeu prêmio pela reportagem. O Diários Associados conseguiu muito dinheiro com a venda do direito de uso daquelas imagens tão raras.

Desde aquele ano, Saulo queria reportar a verdade sobre a morte do guerrilheiro. Em oportunidades diferentes, ele esteve três vezes na Bolívia tentando uma entrevista com o general Gary Prado Salmón, capitão em 1967, líder no combate aos revolucionários que seguiam Che e praticamente o responsável pela sua prisão. Os pedidos foram negados.

Em novembro de 1994, ocasião em que dirigia a revista *Momento Legislativo*, Saulo Gomes aproveitou-se da proximidade com o deputado Tonico Ramos e disse a ele que gostaria muito de voltar à Bolívia para mais uma vez tentar uma entrevista com o general Gary Prado.

Para satisfação do repórter, o deputado tinha um amigo militar que conhecia muitos outros militares bolivianos e disse que ia ajudar. Era comum militares de toda a América do Sul virem ao Brasil para fazer o curso de Estado Maior, um passo necessário para se tornar generais. Nos últimos dias de novembro de 1994, lá estava Saulo Gomes, em Santa Cruz de la Sierra com a entrevista agendada com o general.

Durante quatro ou cinco dias, o repórter fez-se presente na casa do militar já na reserva. No primeiro, a conversa gravada não estava totalmente autorizada, dependeria da boa argumentação e do convencimento de Saulo. Ele explicou que estava envolvido com a revista e que naquele momento seu trabalho era registrar a memória política do Brasil, mas que seu desejo era mesmo o de expandir a iniciativa e registrar a memória da América Latina. Contou ainda, mesmo não sendo tudo totalmente verdade, que queria iniciar o projeto com o general.

Diante da insistência de Saulo, o homem concedeu a tão esperada entrevista. Entre idas e vindas, foram quatro horas de registro. Ele começou contando a sua própria história e, só depois, sobre a prisão de Che Guevara. Falou ainda como aquele feito o tinha projetado na Bolívia, vindo a ocupar cargos importantes pouco tempo depois.

Saulo levou um documento para ser assinado pelo general, pactuando entre os dois que todas as informações registradas não poderiam ser reveladas em período menor de dez anos.

A íntegra da entrevista está organizada no livro do repórter *Quem matou Che Guevara*. O destaque ressaltado por Saulo é em relação à pergunta objetiva que fez ao general:

O senhor matou Che Guevara?

E a resposta pontual:

Não.

Prender o guerrilheiro e levá-lo a julgamento levaria o boliviano às ruas, fazendo do homem, que gostava de usar um chapéu específico com uma estrela em destaque, um herói. A força política e militar do país não queria correr o risco, por isso a ordem era mesmo de morte.

Depois de preso pelo então capitão Prado, Che Guevara ficou isolado, ainda no local de sua detenção. Todos aguardavam a presença de um helicóptero para transferi-lo. O capitão não mandou matar o homem nascido na Argentina, considerado um inimigo da Bolívia. Quando ele voltou de um embate com outros rebelados, foi informado que seu prisioneiro de guerra tinha sido executado, com ordens superiores.

Saulo perguntou mais uma vez objetivamente, depois de resumir a história para garantir a compreensão:

O senhor não matou, mas o teria matado se tivesse recebido a ordem?

O general reformado respondeu:

Não. Eu teria seguido o exemplo de um general que, muito antes de mim, ordenado pelos seus superiores políticos a matar os revoltosos de seu país, negou-se dizendo que tinha sido feito um militar, não um carrasco.

Saulo, depois da aproximação com o general, conseguiu, por intermédio dele, uma entrevista com Mario Terán, esse, sim, o homem que matou Che Guevara.

Em 2002, dois anos antes do prazo final para a liberação do conteúdo da entrevista, Saulo percebeu uma onda de interesse sobre a vida do guerrilheiro morto na Bolívia. Ele tentou novo contato com o general, naquele momento embaixador no México, e pediu a redução do prazo informando seu interesse de publicar um livro com o que tinha apurado sobre o revolucionário.

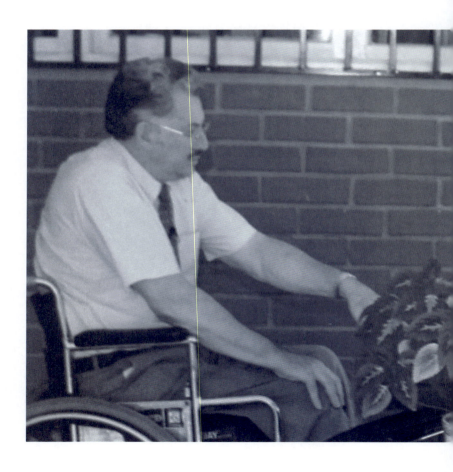

Com essa autorização, Saulo Gomes lançou sua obra e a repercussão mostrou que ele estava certo mais uma vez. As pessoas ainda queriam saber quem tinha matado Che Guevara. No Brasil, o livro alcançou a oitava edição em 2016. Traduzido para o italiano, naquele país, ele foi publicado em 2004 e atingiu a terceira edição em 2016.

Saulo Gomes e o general Gary Prado em sua residência, em Santa Cruz de la Sierra, Bolívia, 1994.

52

À FRENTE DO PROJETO EDITORIAL DA REVISTA *MOMENTO LEGIS-lativo*, uma edição da União Parlamentar Interestadual, o repórter investigativo Saulo Gomes, mais do que investigar, resolveu registrar para além do tempo histórias representativas da trajetória política brasileira.

Ao longo de 30 edições, ele entrevistou personagens emblemáticas. Joaquim dos Santos Andrade, o Joaquinzão, está na revista de dezembro de 1994. Ele contou a história do sindicalismo brasileiro a partir de sua atuação. Presidente por três anos da CGT – Central Geral dos Trabalhadores, Joaquinzão esteve lá quando Lula perdeu a eleição presidencial para Fernando Collor de Mello. Quanto a isso, ele respondeu a Saulo Gomes:

O Lula trocou de personalidade, ele mudou o palavreado, a fraseologia e a forma de se explicar diante da opinião pública nacional. Eu tenho o Lula na conta de um colega dirigente sindical. Um dirigente sindical é sempre um colega e devemos poupá-lo tanto quanto possível. O Lula é um cidadão de instrução primária, se bem que para ser presidente da República

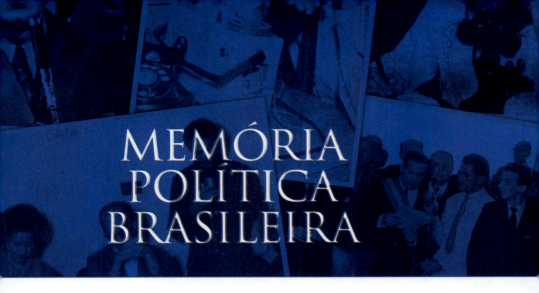

MEMÓRIA POLÍTICA BRASILEIRA

não é necessário ser bacharel em direito, mas acho que é preciso um pouco mais de conhecimento, sagacidade, porque um sindicato não é a mesma coisa que a presidência da República. Eu acho que até quadros ele teria dificuldade de formar se ganhasse as eleições. O Lula aprendeu muito, mas não teria gostado de vê-lo presidente para não ter que depois amargar o desgosto de vê-lo sacado pelos militares.

A investigação está para o jornalismo de Saulo Gomes como a política está para o jornalismo de Villas-Bôas Corrêa. O segundo, ao ser entrevistado pelo primeiro, explicou como deixou de ser um repórter de todas as matérias para se consagrar um repórter policial. Ele tinha ido atrás de um homem suicida no morro e não encontrou. Em um hotel, foi ligar para a redação e lá estava um senhor falando ao telefone, cabine aberta, aos berros, vociferando numa ligação interurbana que, naquele tempo, era um horror. Uma história confusa. Ele dizia que ia ter, à tarde, uma conversa com o ministro da guerra, da época, figura poderosíssima, o general Canrobert Pereira da

Costa. A conversa era sobre uma denúncia de uma tramoia em que ele estava sendo vítima de um complô, de uma negociata, que envolvia o ministro da aviação da época, Clóvis Pestana, e passava pelo vice-presidente da República, Nereu Ramos, através de um irmão dele, dono de um cartório. O jornalista estava certo de que aquilo tinha que dar samba:

Esqueci o que tinha ido fazer, me aproximei do camarada, me declarei jornalista. O sujeito se chamava Ivo Borcioni. Ele me contou sua história: estava vendendo madeira para fazer dormente para a aviação e tinha sido atropelado por agentes desse pessoal exigindo comissão. O homem esbravejava contra isso e queria protestar junto ao ministério do Exército. Eu disse: "Olha, se você quiser que a gente entre nisso, posso entrar, desde que eu vá com você assistir a essa conversa. Eu posso ir como seu advogado."

Então, combinaram.

Telefonei para o Silva Ramos e ele disse para eu ir lá. Eu era jovem, 20 anos, anel brilhando no dedo, fui como advogado desse Borcioni. Claro, não abri a boca, fui o mais silencioso advogado, assistindo e memorizando aquela conversa. E o Canrobert, supreendentemente, acolheu a denúncia e prometeu levar ao Dutra, deu guarida à denúncia, que envolvia o irmão do vice-presidente, o ministro da aviação. Daí saí com o Borcioni para a redação do *Notícia*, ele foi fotografado e fiz a matéria. Foi um banzé nesse país que não foi brincadeira. A oposição querendo fazer Comissão Parlamentar de Inquérito, desmentidos para todos os lados, ferveu a Câmara durante uma semana e eu subi no bojo dessa borbulha escandalosa.

Um dos líderes da Revolução de 1932, o economista Hugo Borghi falou com Saulo Gomes a fim de compartilhar as suas memórias. Ele contou que, ao eclodir a Revolução, entusiasmado como a maioria dos jovens de São Paulo pela causa constitucionalista, ele inscreveu-se na Força Aérea de São Paulo como aviador e participou de muitas lutas na capital, bombardeando trincheiras do governo federal. Ao terminar a Revolução, os aviadores foram aconselhados a emigrarem do Brasil. Borghi exilou-se na Argentina, onde viveu seis anos.

O trabalho de Saulo Gomes à frente da revista não fez censura a temas nem a pessoas. A seleção de entrevistados manteve-se vinculada ao mérito do trabalho e à riqueza das memórias. O paraense João Amazonas, por exemplo, reviu a história do comunismo no Brasil.

Saulo Gomes, mais do que investigar, resolveu registrar para além do tempo histórias representativas da trajetória política brasileira.

Ele criticou ao longo da conversa que "a federação no Brasil chega a ser um mito, porque o que existe mesmo é uma república centralizada e unitária".

Uma vez por mês, Saulo seguia fazendo registros históricos. Sua entrevista com Rachel de Queiroz, a imortal do sertão, mulher que gostava mais de ler do que escrever, foi publicada em novembro de 1993.

SAULO GOMES Foi na época que trabalhava como jornalista que a senhora entrou para o Partido Comunista?

RACHEL DE QUEIROZ Eu dizia sempre no jornal para os colegas: "Vocês que me desviaram, vocês é que me transviaram". Tive grandes amigos comunistas. Mas, na realidade, tornei-me comunista porque lia muito desde pequena. Minha mãe tinha uma biblioteca enorme. Mamãe adorava autores russos, como Máximo Gorki e, principalmente, o meu favorito até hoje, Dostoiévski. Cada vez mais chegavam novos livros, e continuei lendo o Lenin, o Trotsky e o Marx. Lia tudo isso com devoção, mas na verdade achava bastante chato. A literatura marxista é muito chata. Mas, nos anos 1928, 1929, comecei a me interessar por política social. Lembro que em 1931, aos 20 anos, quando vim ao Rio de Janeiro para receber o prêmio Graça Aranha, pela publicação de *O quinze*, já era militante. Nesta ocasião fiz vários contatos.

SG Recentemente a senhora recebeu o prontuário de número 883 da Delegacia de Ordem Política e Social de Pernambuco, onde foi fichada em maio de 1932. O que diz a ficha?

RQ Eles me ficharam como perigosa agitadora. Fui descrita como "comunista militante, brilhante escritora cearense que aos 19 anos escreveu o livro *O quinze*". Lembro que toda a vez que passava pelo Recife vinha um agente já conhecido me prender. Jamais imaginaria que eu tinha um prontuário no DOPS.

Essas memórias fazem parte da história do Brasil.

Saulo Gomes entrevista o presidente Eurico Gaspar Dutra; ao lado, o político mineiro Marcondes Salgado.

53

Toda a imprensa estava noticiando a implosão do Carandiru, em dezembro de 2002. Exatamente dez anos depois da rebelião iniciada no pavilhão 9, seguida de muita violência noticiada em todo o mundo. A casa de detenção que abrigava cerca de sete mil homens infratores representava tudo de errado no sistema de reabilitação humana.

O repórter investigativo Saulo Gomes não estava em nenhum veículo de comunicação naquele ano, mas tinha a certeza de que o tema valia um documentário e foi o que ele fez. Conseguiu a parceria que precisava de recursos técnicos e equipe com a ENG9, apresentou o pedido e foi autorizado a entrar no presídio e registrar os últimos dias daquele lugar.

A equipe de Saulo Gomes andou pelo prédio, conversou com presos e funcionários ao longo de 36 dias. No final, eles tinham 17 horas e meia de imagens e áudios sobre a vida no Carandiru. Eles passavam de quatro a cinco dias em cada pavilhão. Ali era um pedaço bem grande do mundo. Tinha de tudo. Histórias sem fim. Tristezas, saudades, arrependimentos,

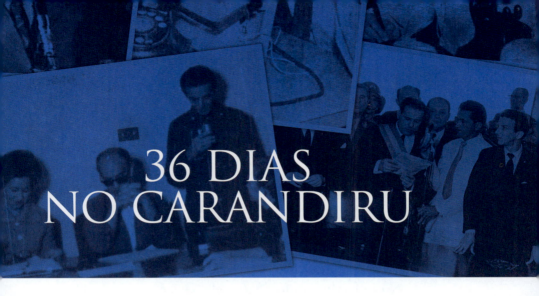

36 DIAS NO CARANDIRU

mas não faltavam malandragem, rebeldia, relatos de violência e dor. Muita dor.

Um pouco da trajetória do lugar, Saulo sabia simplesmente por ter vivido. O pavilhão 2, por exemplo, ele sabia, sem que ninguém para ele tivesse contado, que foi inaugurado em 11 de setembro de 1956, durante o governo de Jânio Quadros. O discurso do governador, no ano da inauguração, informava que aquele pavilhão tinha sido construído para atender a política carcerária de São Paulo. E depois foi construído outro, e outro, e outro… O presídio cresceu com a cidade.

No pavilhão 2, o preso tirava a roupa comum, era fotografado de todos os lados e, dependendo do seu crime, era encaminhando para uma direção. Para o pavilhão 9 iam os mais perigosos bandidos de São Paulo. Apelidado de Febem, pela baixa faixa etária de seus frequentadores, entre 18 e 22 anos, era o modelo do equívoco. Os destinados ao lugar vinham de instituições de menores e, se ali estavam, era porque não tinham sido reabilitados.

O pavilhão 5, apesar de sua estrutura arquitetônica embrutecida, era chamado de Jardim das Flores. Em um dos andares, ficava a residência dos homossexuais. Nos outros, ficavam os presos que estavam no seguro. Na língua policial, eram aqueles reconhecidos como "dedo duro", estupradores, assassinos de criancinhas. Eram os homens marcados para morrer, caso transitassem pelos outros pavilhões. Os crimes que eles cometiam não tinham perdão. Era a lei do cão. Uma legislação própria estabelecida entre eles.

No andar dos homossexuais, eles viviam em casais. Homens vestidos de mulheres casados com outros homens. As celas eram enfeitadas. A vida era diferente. Um pedaço menor do mundo, dentro de um mundo grande. Ali havia respeito e consideração. Todos nas suas diferenças eram mais iguais do que os outros iguais do resto do presídio.

O pavilhão 4 estava ali, mas não era para ser visto por ninguém. Eles tinham improvisado um hospital. Um andar só para os aidéticos, um para os loucos, não para os mais ou menos loucos, para os loucos mesmo. Outro andar para os tuberculosos. Havia os doentes em estado terminal vivendo o submundo.

Mas nem só de tragédia vivia o Carandiru. Tinham as lutas de boxe organizadas pelo Luiz Camargo, o Luizão, de onde saiu até mesmo um campeão. Tinha a cantina Laricas Lanches criada por eles mesmos no espaço de duas celas, para oferecer refrigerantes, salgados e outras comidas. Bebida alcoólica era proibida. Dinheiro em espécie também não circulava, um real era um cigarro. Nesse mercado paralelo, a vida seguia suas linhas tortas.

Saulo viu o túnel que eles tinham cavado na tentativa de fugir. Aprendeu mais sobre o código penal, já que todo o preso entrevistado respondia sua condenação citando o artigo na lei:

— Por que você tá aqui?

— Eu fui condenado pelo código 121.

— E você, por que está preso?

— Eu sou um 171.

— E você, que crime cometeu?

— 157.

O repórter investigativo conheceu o assaltante apelidado de "Metrô". Não era sem razão que ele tinha esse cognome. Metrô era especialista em surrupiar pessoas que usavam o transporte público. Em seu tempo livre, em vez de se meter em confusão, ele estudava as leis brasileiras. Metrô ficou tão bom que dali ele escrevia petições, pedia para advogados de fora assinarem e até ganhava causas com suas argumentações.

O Carandiru era um pedaço bem grande do mundo. Tinha de tudo. Histórias sem fim. Tristezas, saudades, arrependimentos, mas não faltavam malandragem, rebeldia, relatos de violência e dor. Muita dor.

Uma das últimas imagens do documentário é a cena da implosão do prédio. Ela foi seguida de muitos aplausos dos que acompanhavam aquele ato político.

Vista geral do antigo Carandiru.

Detalhes de corredor do Carandiru.

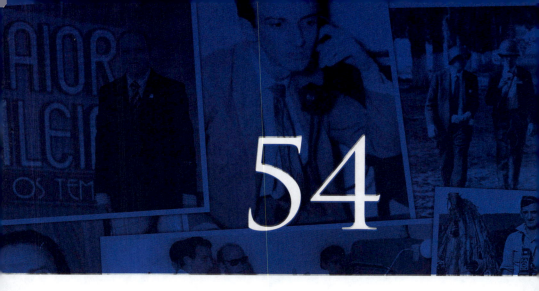

54

Do menino que nasceu em Madureira e viveu na casa 6 da rua Chuí, neto de dona Silvia, ainda restam muitas características. Ele desconhece não agradecer àqueles que lhe abriram as portas. Não esquece de quem passou pela sua vida. É modesto sem ser insensato. É persistente sem ser inconveniente. É emotivo permitindo-se chorar se assim sentir vontade. Ele chorou quatro vezes ao longo das mais de 36 horas de entrevista. Sem chamar a atenção. O choro rápido e contido era seguido de silêncio sem explicações complementares. Eram todas elas desnecessárias. Um lenço no bolso e, rapidamente, a retomada. Não sem um pedido, esse sim inadequado, de desculpas. Aos 88 anos, Saulo Gomes pode chorar sem pedir desculpas a quem quer que seja.

Se não acertou em tudo o que fez, também não errou muito. Quando errou, aceitou as consequências e, mais do que isso, aprendeu com os erros. Contra Saulo Gomes, foram apresentados 106 processos judiciais ao longo de sua trajetória de repórter investigativo. Ele foi absolvido nas 106 ações.

OITENTA E OITO ANOS

O repórter meio carioca, meio paulista, conseguiu algumas entrevistas improváveis porque ele sabia ganhar a confiança das suas fontes. O sentimento de confiança não é uma coisa qualquer, só o inspira quem o merece.

Depois do livro *Quem matou Che Guevara*, teve o lançamento do *Pinga-fogo com Chico Xavier* em DVD, volumes 1 e 2, então dois novos livros sobre Chico, baseados no "Pinga-fogo" e no filme *As mães de Chico Xavier*. Saulo subiu e desceu de avião por quase três anos seguidos divulgando suas obras.

Depois de sua história com o regime miliar, seu asilo político no Uruguai, a prisão no Brasil e as restrições que sofreu no Rio de Janeiro, Saulo fez-se, em 2012, vice-presidente da Associação Brasileira de Anistiados Políticos (ABAP), com sede em Brasília. Em 2014, foi para a presidência; mais uma vez reeleito presidente em 2015. No final de 2014, como resultado de um trabalho não menos investigativo, na condição de membro da Comissão da Verdade, na Ordem dos Advogados de Ribeirão Preto, Saulo Gomes publicou pela ABAP, junto com o jornalista

Moacyr Castro e o frei Manoel Borges da Silveira, o livro *A coragem da inocência de madre Maurina Borges da Silveira* sobre a vida de irmã Maurina, também perseguida durante os anos de chumbo.

Com 88 anos completos em 2 de maio de 2016, Saulo Gomes fala do futuro sem mencionar nenhuma vez que vai sair de férias. Com 60 anos de reportagem investigativa, ele não pensa em parar. Durante as conversas para a produção deste livro, muitas ideias surgiram. Dois temas de projetos, no mínimo, foram mencionados. Ele não se esquivou. Um dia, no meio do caminho, ele reclamou um pouco que estava com o raciocínio truncado. Soou como uma piada. A velocidade com que lembrava do que eventualmente pensava ter esquecido era tanta que mal dava tempo de buscar no Google qualquer informação para ajudá-lo.

> *A Saulo Gomes não foi dada nenhuma opção de escolha, mas, se por acaso ele tivesse opção, escolheria ser repórter investigativo.*

Saulo Gomes chega aos 88 anos de vida tendo dedicado 60 deles ao trabalho na imprensa brasileira. Homem de rádio, que escalou longas trajetórias na televisão. Escreveu para revistas, dirigiu veículos de comunicação em seus primeiros anos de fundação.

Escritor, ele continua repórter investigativo.

Contador de histórias e ainda repórter investigativo. O homem da notícia não só noticiou, ele documentou tudo ao longo do tempo. Seu acervo pessoal protege-o e valida suas verdades. Gravações, objetos, matérias de jornais e revistas, bilhetes, depoimentos, fotografias, está tudo lá, armazenado e identificado, guardado em pastas ou caixas. São as provas. O repórter investigativo nunca disse o que não podia provar.

Saulo Gomes é daqueles personagens que, se não tivesse sido repórter investigativo, teria sido infeliz. A ele não foi dada nenhuma opção de escolha, mas, se por acaso ele tivesse opção, escolheria ser repórter investigativo.

Saulo Gomes com sua simpatia. 2016.

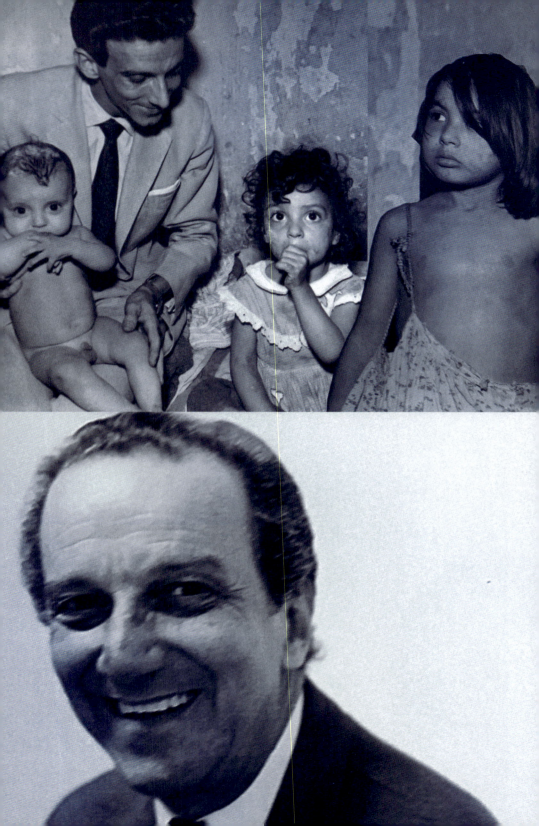